W0062360

CON
BOOK.

Marcus S. Kleiner ist Professor für Kommunikations- und Medienwissenschaft an der SRH Berlin University of Applied Sciences und deren Vizepräsident für Kreativität und Interaktion. Als Medienexperte tritt er regelmäßig in Fernsehen, Radio und Print auf. Die *Bild*-Zeitung betitelte ihn als »den vielleicht lässigsten Wissenschaftler des Landes«. Nachdem Kleiner in seinem letzten Buch *Streamland* den Streamingkonsum der Deutschen analysierte, blickt er nun ganz analog in 151 Momentaufnahmen auf Selbstbild und Außenwahrnehmung der Republik. Er reist am liebsten an Orte mit intensiver Atmosphäre und lebt in Duisburg und Berlin.

www.medienkulturanalyse.de
www.instagram.com/marcus.s.kleiner

© Conbook Medien GmbH, Neuss, 2021

Alle Rechte vorbehalten

www.conbook-verlag.de

Einbandgestaltung: Weiß-Freiburg GmbH – Grafik & Buchgestaltung
unter Verwendung von Motiven © Krischerfotografie (Cover), Simone Resca / Shutterstock.com (U4 rechts), Zdenek Hampl / Shutterstock.com (U4 Mitte), rangizzz / Shutterstock.com (U4 links)

Layout: David Janik

Bildnachweise (genannt sind die Kapitelnummern): #2: Anselm Kempf, #4: neftali, #5: Irina Fischer, #6: B.Mroczek, #7: nitpicker, #8: Heiko Kueverling, #9: Bildagentur Zoonar GmbH, #10: illpaxphotomatic, #11: Rido, #12: Valentin Valkov, #14: Subbotina Anna, #15: Master1305, #16: Tobias Arhelger, #17: Zdenek Hampl, #18: pixelklex, #20: Billion Photos, #21: trekandshoot, #22: Tobias Arhelger, #23: Sound and Vision, #24: Patrick Poendl, #25: Victoria P., #26: zabanski, #27: nevodka, #28: Bakhtiar Zein, #29: Wachiwit, #30: Lightspring, #31: Mahyuddin Mustafa, #32: Paapaya, #33: FGC, #34: Traveller70, #35: Plasteed, #36: Joerg Steber, #37: Prostock-studio, #37: Roman Samborskyi, #38: Jonas Weinitschke, #39: karanik yimpat, #40: Murat Yelkenli, #41: Andrii Yalanskyi, #42: rgmphotography, #43: LuckyN, #44: SSKH-Pictures, #45: taranchic, #47: 360b, #48: anela.k, #50: nitpicker, #51: Josep Curto, #52: aga7ta, #53: Petr Svoboda, #54: Firn, #55: kirillov alexey, #56: DG Stock, #57: FrankHH, #58: Queen soft, #60: Ralf Liebhold, #61: bissig, #62: fran_kie, #63: Garno Studio, #64: juerginho, #65: Navistock, #66: Chris Redan, #67: frank_a, #68: BOKEH STOCK, #69: Olga Kovalenko, #70: esfera, #72: elbud, #74: Igor_PS, #75: Iryna Mylinska, #76: nito, #77: Nina Alizada, #78: MartinJGruber, #79: ThePhotoFab, #80: Justin Adam Lee, #81: clu, #82: FooTToo, #83: gostua, #84: Kaesler Media, #85: Leremy, #87: Gaschwald, #88: Tupungato, #89: danymages, #90: F16-ISO100, #91: Keikona, #92: melitas, #93: monticello, #94: NAPAPORN NONTH, #95: nito, #96: photo-oxser, #97: 360b, #98: Ewa Studio, #99: anandoart, #100: Witaya Proadtayakogool, #101: Halfpoint, #102: YAKOBCHUK VIACHESLAV, #103: Jack Frog, #104: Borisb17, #105: Jack Jelly, #106: LuckyN, #107: Karolina Kolodziejczyk, #108: Iven O. Schloesser, #110: 279photo Studio, #111: Lunghammer, #112: Robson90, #113: HungryBild, #114: Fotomowo, #115: TanaCh, #116: Simone Resca, #117: nuvolanevicata, #117: Cineberg, #118: rlata, #119: VSM by Fabian Noll, #120: stockcreations, #122: Funny Solution Studio, #123: oatawa, #124: Nazar Skladanyi, #125: rangizzz, #126: Twin Design, #127: Canetti, #128: Jesus Haro, #129: Fat Jackey, #130: FooTToo, #131: Adwo, #132: mapman, #133: zixia, #134: matimix, #135: Nicku, #136: alphaspirit.it, #137: Cineberg, #138: Andrea Raffin, #139: tina7si, #140: Yuri Turkov, #141: Dzmitrock, #142: 4kclips, #143: Vladimir Wrangel, #144: panitanphoto, #145: Zenza Flarini, #146: WhiteYura, #148: nito, #149: Dan Olsen, #150: Jorm S, #151: Gudrun Beckh – alle Shutterstock.com • #19: firina, #63: karnizz, #71: cobalt, #73: alvarez, #121: bibi57 – alle iStockPhoto.com • #3: Veröffentlicht unter den Bedingungen der GNU Free Documentation License, Version 1.2, veröffentlicht von der Free Software Foundation • #13: jchizhe / Adobe Stock • #46: Lennart Menkhaus aus seinem Buch »Bilderbuchland« (ISBN 978-3-95889-400-6) • #49: Bundesarchiv, B 145 Bild-F013070-0005 / Wegmann, Ludwig / CC-BY-SA 3.0 • #86: Dontworry / wikimedia / CC-BY-SA 3.0 • #109: Ralf Zeigermann / wikimedia / CC-BY-SA 3.0

Druck und Verarbeitung: Multiprint, Bulgarien

894037 01 21 8

ISBN 978-3-95889-403-7

Die in diesem Buch dargestellten Zusammenhänge, Erlebnisse und Thesen entstammen den Erfahrungen und/oder der Fantasie des Autors und/oder geben seine Sicht der Ereignisse wieder. Etwaige Ähnlichkeiten mit lebenden Personen, Unternehmen oder Institutionen sowie deren Handlungen und Ansichten sind rein zufällig. Die genannten Fakten wurden mit größtmöglicher Sorgfalt recherchiert, eine Garantie für Richtigkeit und Vollständigkeit können aber weder der Verlag noch der Autor übernehmen. Lesermeinungen gerne an feedback@conbook.de

MARCUS S. KLEINER

DEUTSCHLAND
151

EDITION

CON BOOK.

Inhaltsverzeichnis

Deutschland 151

Porträt eines bekannten Landes in 151 Momentaufnahmen

Seit 48 Jahren lebe ich in Deutschland. Am 28. Juli 1973 wurde ich am Niederrhein geboren, in der kleinen Stadt Willich im Bundesland Nordrhein-Westfalen. Willich ist durch und durch provinzielle Romantik: ein paar nostalgisch-schöne historische Gebäude und Plätze treffen auf kleine, verschlafene und sehr saubere Straßen, die aus der Stadt hinaus in die blühende Natur führen und auf denen nach 22 Uhr kaum noch etwas los ist. Eine Kleinstadt, die von ganz viel Natur umrahmt ist, in der das Leben nicht besonders hektisch ist, in der man sich kennt und die Pflege der Dorfgemeinschaft ein Grundwert für alle Einwohner ist. Ein Rückzugsort und Schutzraum vor dem Getöse der Welt.

Das kulturelle Aushängeschild der Stadt Willich sind bis heute die Schlossfestspiele Neersen, die im idyllischen Schlosspark stattfinden und professionelles Freilichttheater vor historischer Kulisse präsentieren. Kein Wunder, wir sind im Land der Dichter und Denker und international bekannt für unsere Theaterkultur, auch wenn diese Wertschätzung heutzutage immer weniger wird.

Was aber im Unterschied hierzu in Deutschland niemals weniger wird, ist unsere Liebe zur Bürokratie und zur Amtssprache. In der deutschen Amtssprache nennt man die Region, in der ich aufgewachsen bin, Ballungsrandgebiet im Städte-Dreieck Düsseldorf-Mönchengladbach-Krefeld. Unsere Amtssprache ist wirklich typisch deutsch. Sie verdeutlicht unsere Lust an der Verkomplexisierung der Welt.

Genauso typisch deutsch sind unsere vermeintlichen Tugenden, für die wir außerhalb von Deutschland berühmt-berüchtigt sind: Fleiß, Pflichtbewusstsein, Pünktlichkeit, Sparsamkeit oder Zuverlässigkeit, um nur einige wenige hier zu nennen. Über Tugenden können Sie in meinem Buch viel lesen, sich darüber amüsieren oder ärgern, aber bitte nicht zu sehr.

Zwei dieser Tugenden sind Disziplin und Leistungsbereitschaft. Darauf sattelt zum Beispiel der Sport auf. Apropos Sport: An meinem Geburtstag fand die Eröffnung der X. Weltfestspiele der Jugend und Studenten in Ost-Berlin statt. Der Sport war das Einzige, was in der Deutschen Demokratischen Republik, dem Staat der Arbeiter und Bauern, als Wettkampfgedanke zugelassen war. Ansonsten war der Osten stolz auf seine Planwirtschaft, den Sozialismus und die Solidarität, die er gegen den Westen stellte.

Von der Eröffnung der Weltfestspiele der Jugend habe ich am 28. Juli nichts mitbekommen. Als heutiger Spätaufsteher musste ich bei meiner Geburt um 09:28 Uhr erst mal klarkommen. Wurden die Weltspiele eigentlich im westdeutschen Fernsehen übertragen? 1973 war das deutsche Fernsehprogramm noch sehr dürftig, ganz im Unterschied etwa zu den USA. Und unser gegenwärtiges Streamland lag noch in weiter Zukunft.

Deutschland war damals geteilt und zeichnete sich durch ein großes deutschdeutsches Misstrauen aus, das bis 1989 konstant zu eskalieren drohte. Finden Sie, dass das heute wirklich anders geworden ist? Werden nicht gerade heute viele der politischen Probleme in Deutschland dem Osten in die Schuhe geschoben? Wie erleben Sie unser Zusammenleben nach zweiunddreißig Jahren Wiedervereinigung und der Überwindung der Ostalgie?

Ich bin ein Kind beider Welten. Mein Vater wurde 1935 in der industriell und landwirtschaftlich geprägten Kleinstadt Sömmerda, die in Thüringen in der Nähe von Erfurt liegt, geboren und flüchtete mit seinen Eltern in den 1960er Jahren nach Westdeutschland. Sömmerda war wie die Provinz Willich im Westen. Mit ihm und meinen Großeltern habe ich viel über die deutsch-deutschen Beziehungen gesprochen. Meine Großeltern sind nie wirklich im Westen angekommen. Mein Vater hat meine Mutter kennengelernt. In Düsseldorf. Eine glücklichere Geschichte, ohne die ich keine Geschichten zu erzählen hätte. *Deutschland 151* ist biografisch gefärbt. Es ist ein persönlicher Blick auf unser Land, der aber nicht beim Persönlichen stehen bleibt.

Auf dem Land gibt es die Dorfdisco: in Scheunen, Zelten oder in den Sälen der Dorfkneipen. Willich und Sömmerda sind aber auch als Orte wie eine Dorfdisco. Man kann sich gar nicht vorstellen, dass in dem gleichen Land eine Stadt wie Berlin existiert. Eine Stadt, in der Nina Hagen, die erste deutsche Punksängerin, die aus dem Osten stammte und ihren musikalischen Durchbruch im Westen mit »Standort West-Berlin« feierte, 1978, kurz vor meiner Einschulung im Jahr 1979, in die Republik schrie: »Alles so schön bunt hier!« Und damit auch international Gehör fand.

Aufgenommen wurde der Song im berühmten Berliner Hansa-Tonstudio in Kreuzberg. Hier haben sich, anders als in Willich oder Sömmerda, echte Weltstars die Klinke in die berühmten Hände gedrückt: David Bowie, Brian Eno, Iggy Pop, Nick Cave and the Bad Seeds, Boney M., R.E.M. und so

viele mehr. David Bowie startete hier 1977 mit der Platte *Low* seine berühmte Berlin-Trilogie. Er war ein Künstler, der schon lange bevor der Begriff überhaupt existierte, queer lebte und queere Kunst machte. Heute ist Berlin das queere Aushängeschild unseres Landes.

Berlin ist die Hauptstadt der deutschen Popkultur und des internationalen Partytourismus, denken zumindest die Berliner und tanzen dabei weiter im Techno-Über-Club Berghain, der immer wieder zum besten Club der Welt gewählt wurde. Chapeau! Zeit seines Bestehens ist das Berghain ein Resonanzraum für die queeren Kulturen des Landes, in dem die Ideen von Freiheit und Gleichberechtigung bei jedem Besuch unmittelbar lebbar und erlebbar sind. Mit großem internationalem Erfolg. Das Berghain ist einer der popkulturellen deutschen Sehnsuchtsorte, so wie es Ende der 1970er Jahre der Ratinger Hof in der Düsseldorfer Altstadt für die Punkkulturen einer war. Die Deutschen und ihre Popkultur, das ist eine durch und durch ambivalente Geschichte, wie auch alle anderen deutschen Geschichten. Nur wenig der deutschen Popkulturen ist international anschlussfähig, wenngleich viele Popstars denken, sie seien in Deutschland weltberühmt. Ich werde Ihnen einige dieser ambivalenten Popgeschichten erzählen.

Geschichten über Deutschland sind also immer auch Medien- und Popkulturgeschichten. Mein Buch ist daher voll mit Medien- und Popkulturgeschichten, denn Medien und Popkultur prägen unsere Sicht auf die Welt und auf uns selbst. Sie sind Biografiegestalter. Und die deutsche Medien- und Popgeschichte hat sich in uns alle eingeschrieben, bevor wir uns – etwa im Subkulturleben oder durch die Erfolgsgeschichte der sozialen Medien – zu unseren Zeiten in diese Medien- und Popkulturwelt eingeschrieben haben.

Medial eingeschrieben haben mich meine Eltern zum ersten Mal in den Sommermonaten des Jahres 1973 auf Fotografien. Mir hat die brütende Hitze überhaupt nicht gefallen. Übermäßige Hitze mag ich bis heute nicht. Heiße Regionen sind daher auch nicht meine Lieblingsreiseziele. Diese Bilder sind in den privaten Familienalben gelandet, die heute so nostalgisch-schön vergilbt sind und bei Diaabenden den Freunden und Nachbarn gezeigt wurden. Besonders beliebt waren in den 1970ern die Super-8-Filme. Alles Spuren eines weit entfernten Lebens und einer anderen Medienzeit. Wäre ich heute Kind, dann hätten meine Eltern die Kinder- und Urlaubsbilder bestimmt auf Instagram gepostet, und als Musik hätte meine Mutter vielleicht Bowie in den Storys erklingen lassen. Aber auch in den sozialen Netzwerken der Gegenwart steht Nostalgie hoch im Kurs. Es gibt so viele Filter, die es allen Nutzern ganz leicht ermöglichen, ihre Bilder und Videos mit einem Retro-Look auszustatten.

Auf den ersten Kinderfotografien war mein Kopf daher immer hochrot und ich nur leicht bekleidet. Vielleicht war ich aber auch nur oft wütend. Wir Deutschen sollen bekanntlich häufig wütend und missmutig sein. Humor ist nicht unsere Kernkompetenz, und mit Satire können wir mittlerweile auch internationale Krisen auslösen, die keine Lachnummern mehr sind. Gut, der Humor soll keine deutsche Kernkompetenz sein, die Mode aber auch nicht. Das deutete schon mein erstes Sommeroutfit in den unvorteilhaften kurzen Hosen und mit Söckchen an den Füßen an, auch wenn das wahrscheinlich funktional war und meine Eltern mich damit bestimmt nicht ärgern wollten.

Es war ein besonders heißer Sommer, der uns im Juli und August 1973 zu schaffen machte. Ein Jahrhundertsommer. Das hat uns Deutsche aber nicht davon abgehalten, auch in diesem Sommer vor dem Gewinn der zweiten Fußballweltmeisterschaft 1974 wieder als Urlaubsweltmeister etwa mit dem Auto auf dem Brenner Richtung Italien zu reisen. Urlaubsweltmeister sind wir bis heute. Wir lieben es, zu reisen. Beim Reisen sind wir aber leider keine Modeweltmeister. Wer von Ihnen trägt nicht gerne im Urlaub Sandalen und Socken oder Funktionsjacken, und wer von Ihnen hat sich gleichzeitig darüber nicht schon genauso oft amüsiert? Vielleicht sind meine Eltern 1973 auch gar nicht mit mir verreist, sondern auf Balkonien geblieben und haben einfach jeden Abend angegrillt. Die Deutschen und ihre brennende Leidenschaft für das Zuhausebleiben, den Balkon, das Grillen, das Eigenheim und die Gartenlaube – auch das ist eine Geschichte, von der ich Ihnen erzählen möchte.

Trotz aller Reisemobilität war das Jahr 1973 die Blaupause für das Entstehen eines neuen ökologischen Bewusstseins: Wir alle haben eine Verantwortung, knappe Ressourcen zu schonen und die Umwelt zu schützen. Vielleicht erinnern sich noch einige von Ihnen an den 25. November? Dieser Tag ist als der erste autofreie Sonntag in die deutsche Nachkriegsgeschichte eingegangen und war eine politische Reaktion auf die Ölkrise. Auf den Straßen und Autobahnen herrschte gähnende Leere und eine ungewöhnliche Stille. Erstmals in der Geschichte unseres Landes gab es ein bundesweites Fahrverbot. Das war bestimmt nicht für jeden der knapp dreizehn Millionen Autobesitzer ein Grund zur Freude. Wäre ich heute ein Kind, würde ich wahrscheinlich bei Fridays for Future mitlaufen und mich für den Klimaschutz engagieren. Heute gibt es aber, trotz Fridays for Future, keinen autofreien Tag mehr. Und der Weg der jungen Protestierenden ist so manches Mal mit Franchise-Kaffeebechern gepflastert. Deutschland war schon immer ein widersprüchliches und vieldeutiges Land, das einfach nicht zu fassen ist. Ich möchte mit meinem Buch ein Bewusstsein hierfür schaffen.

Das Jahr 1973 ging für mich aber dennoch entspannt zu Ende. Ich habe den Jahreswechsel, wie meine Eltern mir berichteten, schlicht verpennt und sollte im neuen Jahr zu früh für sie aufwachen. Sie haben Silvester mit Freunden gefeiert. Es gab Bier, Bowle und Böller. Meine Eltern waren sich wie immer bei der Musikfrage nicht einig: Mein Vater wollte Schlager- und Volksmusik hören, meine Mutter zu den aktuellen Pop-Hits tanzen. Ganz hoch im Kurs stand bei ihr zu dieser Zeit der Song *Hell Raiser* der britischen Rockband The Sweet, der in meiner Geburtswoche der Nummer-eins-Hit in Deutschland war. Vielleicht nimmt meine bis heute anhaltende Liebe zu den unterschiedlichen Spielarten des Rock 'n' Roll und mein Aufwachsen in den unterschiedlichen Rock-Subkulturen – vor allem waren

das Heavy Metal, Psycho- und Rockabilly – hier ihren Ausgang.

Kurz vor Mitternacht sind dann alle schunkelnd und Arm in Arm vor die Tür gegangen und haben das neue Jahr ökologisch sorglos mit vielen Böllern begrüßt. Die Raketen, die sie in die Luft gejagt haben, haben die kleinen Dorfstraßen, die Bauernhöfe, die Felder und niederrheinischen Weiden erhellt. Das muss idyllisch gewesen sein. Es gibt auch noch ein paar Fotos von diesem Abend, die ich mir immer wieder gerne mit einem nostalgischen Schaudern anschaue. Irgendwann habe ich aufgehört, den Jahreswechsel zu verschlafen. Immerhin vergibt Willich, heute ein Teil der Bio-Region Niederrhein, mittlerweile einen Nachhaltigkeitspreis zur Steigerung ökologischer, ökonomischer und sozialer Nachhaltigkeit. Ich begrüße das neue Jahr nicht mit einem herzhaften Böllerreigen, sondern immer wieder mit dem Song *Hells Bells* der australischen Hardrocker AC/DC. Das klingt für meine Mutter heute aber schlimmer als das Böllern in den ersten Momenten des Jahres 1974.

Sie merken, es gibt viele Geschichten über Deutschland und die Deutschen zu erzählen. Ich kann sie nicht alle erzählen, aber ich kann 151 persönliche und momenthafte Eindrücke von Deutschland aufschreiben – von der Nachkriegszeit bis zur Gegenwart, in kurzen kantigen Texten und mit ausdrucksstarken Bildern. Darauf freue ich mich, und ich finde es großartig, wenn Sie mich dabei begleiten.

Marcus S. Kleiner
im August 2021

Ambivalenz und Ambiguität

Einfach nicht zu fassen

Die Deutschen sind immer entschieden, können sich aber häufig nur schwer entscheiden. Sie lieben die Eindeutigkeit, leben aber mehrdeutig. Dabei ist Ambiguitätstoleranz nicht ihre Tugend.

Ambivalenz meint »das gleichzeitige Erleben widersprüchlicher Emotionen« (Christopher Baethge), aber auch von Wünschen, Idealen und Haltungen. Ambiguität hingegen bedeutet Mehrdeutigkeit. Und das Bild von Deutschland und den Deutschen, das ich in diesem Buch zeichne, ist mehrdeutig. Ich werde weder Deutschland noch die Deutschen auf einen eindeutigen nationalen oder charakterlichen Wesenskern reduzieren.

Allerdings werde ich immer wieder die Widersprüchlichkeit und Mehrdeutigkeit der deutschen Geschichte sowie im Denken, Fühlen und Handeln der Deutschen herausstellen. Ich werde zeigen, wie sich die Deutschen häufig mit ihrem Eindeutigkeitsbegehren im Weg stehen. Der eigene Blick der Deutschen wird dabei durch die permanenten Vergangenheitsbezüge in Politik, Kultur, Kunst oder mit Blick auf die deutschen Tugenden getrübt, um nur wenige Themenfelder zu nennen.

In den Medien wird in den letzten Jahren kontinuierlich die Ambivalenz und Ambiguität der Deutschen betont: Ihre Einstellung zur Technik wird als ambivalent eingeschätzt. Beim Thema Nachhaltigkeit sollen die Deutschen, zumindest bei Urlaubsreisen, ambivalent sein. Das Verhältnis zum Islam bleibt ambivalent. Das Goethe-Institut spricht von der »Ambivalenz der Aufarbeitung« hinsichtlich der nationalsozialistischen Vergangenheit. Die Deutschen habe eine ambivalente Einstellung zur EU und ihren Institutionen, aber auch eine ambivalente Wahrnehmung des Zusammenhangs von flexiblen Arbeitszeiten und der erlebten Vereinbarkeit von Familie und Beruf.

Eindeutigkeit ist in Deutschland vor allem eine rechtspopulistische, verschwörungsmythische oder anderweitige identitäre Obsession, die Ambivalenz und Ambiguität zu ihrem Feindbild erklärt. Dabei lassen die Vertreterinnen und Vertreter der Eindeutigkeit, die, am Rande bemerkt, Puls beim »Gendern« bekommen, außer Acht, dass Deutschland und die Deutschen noch nie eine eindeutige nationale oder charakterliche Identität besaßen.

Die Deutschen befinden sich permanent zwischen den Stühlen und sind einfach nicht zu fassen. In meinem Buch stelle ich Ihnen 151 Facetten dieser Ambivalenz und Ambiguität vor. Am Ende haben Sie kein eindeutiges Ergebnis, keine Best-of-Deutschland-Liste oder die Antwort auf die Frage, was Deutschland im Innersten zusammenhält. Vielmehr eine Vielzahl an mehrdeutigen und kontroversen Perspektiven, Stimmen und Kritiken. Keine Freifahrt auf dem Traumschiff Eindeutigkeit, aber eine Einladung, ambivalent und ambig (allerdings nicht alternativ!) über Deutschland nachzudenken.

Angrillen

Nach der Grillsaison ist vor der Grillsaison

Angrillen ist immer etwas Besonderes. Endlich wird die Grillsaison eröffnet. Überall im Freien wird gebrutzelt und geröstet. Aromen schwängern die Luft. Holzkohle knistert. Geselligkeit macht sich breit.

Der Duft von Grillgut ist fest mit Frühjahr und Sommer verknüpft. Was darf es sein? Eine deftige Thüringer Rostbratwurst, ein saftiges Nackensteak, ein frisches Lachsfilet, ein gut marinierter Maiskolben oder ein würziges Tofu-Patty? Für die meisten Deutschen bleibt das Schweinefleisch der Favorit, dicht gefolgt von Geflügel und Rind. Brot, Brötchen, Kartoffeln, Gemüse und Salate begleiten sie, aber das Fleisch bleibt der Star. Fleisch ist eben unser Gemüse. »Der Mensch ist«, wie Heinz Strunk, zumindest mit Blick auf uns Deutsche sagt, »kein Beilagenesser.«

Ketchup, Barbecue- und Knoblauchsoßen gehören zu den beliebtesten. Die Marke Heinz ist sehr erfolgreich. Der Name klingt deutsch, auch wenn die Firma aus den USA stammt. Kindheitserinnerungen weckt der Curry-Gewürz-Ketchup der Marke Hela mit Firmensitz in Ahrensberg in Schleswig-Holstein. Die Deutschen brauchen es überschaubar und vertrauensvoll traditionell. Experimentierfreude ist zwar theoretisch spannend, taugt aber nur selten für die vorsichtige deutsche Lebenspraxis.

Ein paar kalte Getränke, eine Einladung an Familie, Freunde oder Nachbarn, die richtige Musik, lockere Kleidung, und der Grillabend wird zum Fest. Wohlfühlen ist angesagt. Vorausgesetzt, es entsteht später kein Streit darüber, wem die letzte Wurst zusteht. Die Deutschen sind bekanntlich nicht so gut im Teilen. Nicht zu vergessen – darauf komme ich noch zurück –, haben sie einen ausgeprägten Sinn für Gerechtigkeit und Fairness und streiten daher gerne und viel. Manchmal sogar bis zur letzten Wurst.

Weil die Deutschen so gerne streiten, muss alles gesetzlich geregelt sein. Für das Grillen gibt es deutschlandweit keine allgemeingültigen Vorschriften. Reguliert wird es durch die Grillverordnungen des jeweiligen Bundeslandes, den Mietvertrag sowie die Hausordnung. Anarchie beim sogenannten Wildgrillen wird allerdings mit einem Ordnungsgeld bestraft.

Bleiben wir kulinarisch. Kaum ein anderes Land grillt so häufig wie wir. Einer aktuellen Umfrage zufolge grillen über 97 Prozent der Deutschen gerne, fast 38 Prozent sogar auch im Winter. Jährlich geben wir 1,2 Milliarden Euro nur für Grillfleisch aus. Knapp 144.000 Tonnen.

Der Grill bleibt in männlicher Hand. Zumindest denken das die Grillmeister. In Umfragen geben viele Männer an, dass das Fleisch bei ihnen in den besten Händen ist. Fernsehköche wie Tim Mälzer sind daher eher Quotenköche, die tief im Herzen lieber nur am Grill stehen möchten.

Diese Liebesgeschichte veranschaulicht die deutsche Freude an Festen und der Geselligkeit, aber auch die Vorliebe für Traditions- und Ritualpflege. Nicht zuletzt die Herausforderung, die immer noch festgefahrene Ordnung der Geschlechter zeitgemäß in Unordnung zu bringen.

Atomkraft

Erlösung oder Verdammnis

Einst versprach sie das technologische Paradies, dann wurde sie zum Sinnbild der Apokalypse. Die Atomenergie spaltet bis in den Kern.

Zu Anfang war die »Atomeuphorie«. Die Menschen pilgerten auf der ersten Genfer Konferenz zur friedlichen Nutzung der Atomenergie zu einem Leichtwasserreaktor »wie Gläubige zur Huldigung eines mächtigen Gottes« (Robert Jungk). Sogar ein Theologe wie Klemens Brockmöller mahnte die Christen, dass angesichts der Kernenergie »staunendes Erkennen und kraftvolle Bereitschaft zu neuen Möglichkeiten« angesagt sei, »die der Schöpfer Gott in die Natur hineingelegt hat, damit der Mensch sie entdecken und in Gebrauch nehmen« kann.

Dem Feuer der Technizisten in Wirtschaft, Medien und Politik stand schon wenig später das Feuer der Anti-AKW-Bewegung gegenüber. Ikonografien des Widerstands: Der runde Aufkleber mit der lächelnden Sonne und dem Slogan »Atomkraft? Nein Danke«. Die Sonnenblume der Grünen. Das Wendland. Aktivistinnen und Aktivisten, die sich gegen Castor-Transporte an Bahngleise ketten. Ganze Familiengeschichten ranken sich um den Krieg gegen die Interessen einer mächtigen Energiewirtschaft.

Die Reaktorkatastrophe von Tschernobyl im Frühjahr 1986 genügte nicht, aber der GAU im japanischen Fukushima im Jahre 2011 wurde zum Zündfunken für die deutsche Abkehr von der Kernkraft, die ebenso konsequent vonstattenging wie ihr Aufbau. Aus »Atomeuphorie« wurde »Atomausstieg«. Zusammen mit der kompletten Umstellung auf regenerative Stromerzeugung geht es erneut um Visionen. »Mit der Energiewende haben wir in Deutschland eine sehr wichtige Entscheidung vorgezogen, die in den anderen Ländern noch bevorsteht«, sagte Norbert Allnoch, der Direktor des Internationalen Wirtschaftsforums Regenerative Energien, im Herbst 2012.

So sehr dies ökologisch wünschenswert wäre, erweist es sich doch als recht anmaßendes Weltbild einer zwangsläufigen, zielgerichteten Geschichte, mit der »wir« schon mal anfangen. Am deutschen Energiewesen soll erneut die Welt genesen.

Wie sehr die deutsche Seele diese seltsame Kernkraft bis ins Mark fürchtet, zeigt im Übrigen der internationale Serienerfolg *Dark* auf Netflix. Sein Panorama: Eine düstere Kleinstadt inmitten eines finsteren Waldes, hinter dem sich der Reaktor eines Kernkraftwerks erhebt. Der dort illegal eingelagerte Atommüll reagiert in Kombination mit der Aktivierung einer numinosen Zeitmaschine und erzeugt ein Wurmloch, das zum Ausgangspunkt einer der verstörendsten und verwirrendsten Handlungen wird, die jemals erdacht wurden. Deutsche Ängste treffen auf deutsches Pathos, deutsche Kunstsperrigkeit, deutsche Provinzenge – und eine Verarbeitung christlicher Symbolik, die sich kein atomeuphorisierter Theologe jemals hätte ausdenken können.

Aufklärung

Das europäische Projekt in Deutschland

Die Aufklärung war eine Zeitenwende in Deutschland. Ihre Auswirkungen? Demokratie und Freiheit, aber auch Totalitarismus und Terror.

Der aus Königsberg stammende Philosoph Immanuel Kant gilt vielen als typisch deutscher Denker. Seine *Kritik der reinen Vernunft* (1781) hat die abendländische Geschichte geprägt. So wie die Aufklärung in Deutschland philosophisch untrennbar mit Kant verbunden ist, wird Deutschland im Ausland neben England und Frankreich als das Land gedacht, von dem das rationale Denken seinen Ausgang nahm. Steht Deutschland heute noch in dieser Tradition der Aufklärung?

Um diese nur scheinbar rhetorische Frage zu beantworten, ist zu berücksichtigen, dass im Alltagsgebrauch der Ausdruck »aufgeklärt« über die Jahrhunderte eine andere Bedeutung erfahren hat, als Kant sie 1784 in seinem berühmten Aufsatz *Was ist Aufklärung?* im Sinn hatte. Er schrieb: »Aufklärung ist der Ausgang des Menschen aus seiner selbstverschuldeten Unmündigkeit«, wobei »selbstverschuldet« mangelnden Mut meint und nicht etwa fehlende Intelligenz.

Alle Ausführungen zum Begriff der Aufklärung bleiben unvollständig, beachten sie nicht die beiden deutschen Philosophen Max Horkheimer und Theodor W. Adorno, die als Vertreter der Kritischen Theorie 160 Jahre nach Kants Definition den Vernunftbegriff einer radikalen Kritik unterzogen. Geprägt durch die Erfahrung des Faschismus, aber auch des Kapitalismus, formulierten sie ihre *Dialektik der Aufklärung* und identifizierten eine aufgeklärte Gesellschaft als Voraussetzung für Freiheit, stellten jedoch die These auf, dass Aufklärung das Potenzial habe, sich jederzeit in ihr Gegenteil, in Mythologie, zu verkehren. Zwar sei der Mythos dem Rationalen gewichen, aber durch die Tatsache, dass die herrschenden gesellschaftlichen Verhältnisse als zwingend notwendige und richtige gedeutet würden, seien die Massen erneut einer Facette des Mythologischen aufgesessen. Diese Haltung habe letzten Endes den Erfolg des Totalitarismus in einer nur scheinbar aufgeklärten Gesellschaft ermöglicht.

Seit Adornos und Horkheimers Studien sind Jahrzehnte vergangen. Wie ist es heute um die Aufgeklärtheit nicht nur der Deutschen, sondern der Menschen weltweit bestellt? Viele der Verschwörungserzählungen, die derzeit Konjunktur haben, entstammen sie nun der Querdenkerszene, dem QAnon-Kult oder der Incel-Bewegung, entbehren jeglicher Verstandesmäßigkeit und können getrost dem Mythischen zugeschrieben werden. Dennoch entscheiden ihre Anhänger sich ihnen vorbehaltlos hinzugeben. Zu groß ist die Attraktivität ihrer Inhalte oder der vermeintliche Glanz und Mut ihrer Vertreter.

Ein erneuter Rechtsruck war nicht erst in den letzten Jahren zu bemerken, hat aber insbesondere seit der Gründung der AfD die Grenzen des Sagbaren und erst recht des Denkbaren verschoben. Die Forderung auf Pegida-Demos, Geflüchtete im Meer ertrinken zu lassen, wäre mit Adorno und Horkheimer gesprochen eine »neue Art der Barbarei«. In Deutschland bleiben Aufklärung und Anti-Aufklärung nicht voneinander zu trennen und bedingen sich wechselseitig.

xion sich gegenübersieht, was Erweiter
absolute Freiheit in
Theo
revolutionären
gerät zum perenn

Autobahn

Die Lieblingsstraße der Deutschen

Mit 13.000 Kilometern ist das deutsche Autobahnnetz das viertlängste der Welt – und das einzige ohne Tempolimit. Seit Anfang der 1920er Jahre changiert es zwischen Fortschritt, Ideologie, Freiheit und Frust.

Die Vorgeschichte beginnt 1921 in Berlin mit der Automobil-Verkehrs- und Übungsstraße, kurz AVUS, einer nicht öffentlichen Renn- und Teststrecke mit einer Länge von 8,3 Kilometern, die heute Teil der Berliner A115 ist. Den Begriff »Autobahn« prägte der Bauingenieur Robert Ehlert Friedrich Otzen im Jahr 1929 – in Anlehnung an den Begriff Eisenbahn. Otzen war seit 1926 der Vorsitzende des Projekts HaFraBa e. V., des Vereins zur Vorbereitung der Autostraße Hansestädte-Frankfurt-Basel und »ersten großen Autobahn-Projekt(s) in Deutschland«.

Die erste deutsche Autobahn, das heißt »die erste öffentliche, kreuzungsfreie Kraftfahrstraße«, wurde am 6. August 1932 zwischen Köln und Bonn eingeweiht. 20 Kilometer lang, mit einer erlaubten Geschwindigkeit von 120 km/h, wenngleich die meisten Autos jener Zeit nur 60 fahren konnten. Der damalige Kölner OB Konrad Adenauer bezeichnete sie als »Straße der Zukunft«. Er sollte recht behalten. Sie wurde im Jahr 1955 in das Straßennetz der A555 integriert.

Bis zur »Machtergreifung« der Nationalsozialisten blieb diese Strecke einzigartig. Der Mythos, Adolf Hitler habe die Autobahn erfunden, ist falsch. Allerdings haben die Nazis alles dafür getan, dass genau diese Wahrnehmung entstand. Die Autobahn zwischen Köln und Bonn wurde zur Landstraße herabgesetzt, damit die Strecke Frankfurt–Darmstadt die angeblich erste Autobahn bildete. Adolf Hitler inszenierte sich am 23. September 1933 beim Spatenstich. Das von den Nazis gebaute Netz blieb im Krieg größtenteils unzerstört und wurde, wie der Journalist Götz Thieme hervorhebt, zur »Grundlage für das Wirtschaftswunder – und für die Ende der 1950er Jahre aufkeimende deutsche Reiselust: Mobilität als Ausdruck demokratischer Bewegungsfreiheit«.

Für viele ging's mit dem ersten eigenen Auto über den Brenner nach Italien, dessen Strände man gerne »Teutonengrill« nannte. Auch der Transitverkehr durch die DDR zwischen der BRD und West-Berlin wurde zu einem deutsch-deutschen Autobahnerlebnis. Ärgerlich die Grenzkontrollen, beliebt die Intershop-Raststätten mit Genusswaren weit unter Westpreis.

Im November 1973 erlebt die Euphorie den ersten Dämpfer. Aufgrund der Ölkrise werden ein autofreier Sonntag und ein sechs Monate geltendes Tempolimit von 100 km/h angeordnet. 1974 erkennen die Düsseldorfer Techno-Pioniere Kraftwerk auf ihrem Album samt 22-minütigem Hit *Autobahn* im Klang derselben den »Sound der Bundesrepublik«.

Das Thema Tempolimit begleitet heute die Klimadebatte. Unvergessen die Aussage von Verkehrsminister Andreas Scheuer, eine solche Begrenzung sei »gegen jeden Menschenverstand«. Auch auf Aussagen von Politikerinnen und Politikern kann diese Einschätzung zum Tempolimit manchmal zutreffen. Das ambivalente Nationalsymbol Autobahn wird sich wandeln müssen, wenn der Deutschen Lieblingsstraße in Zukunft von Elektroautos oder autonomen Fahrzeugen frequentiert wird.

Balkonien

Naherholung

Warum in die Ferne schweifen, wenn der eigene Balkon ein traumhaftes Reiseziel bildet? Zu Hause ist es eben einfach schön.

Anhaltende Erschöpfung, innere Anspannung und Rückenschmerzen – die Deutschen befinden sich immer kurz vor dem Burn-out. Sie brauchen ihre tägliche Dosis Erholung. Aber bitte, auf keinen Fall in Freizeitstress geraten.

Was tun? Die Lösung liegt nah, nicht in Italien, Kroatien, Spanien, Tunesien oder Brasilien: Balkontür auf, rausgehen und abschalten. Dieser Trend bei der Urlaubsplanung wird auch »Staycation« genannt. Ein Neologismus, der sich aus den englischen Wörtern *stay* (bleiben) und *vacation* (Urlaub) zusammensetzt: einfach das Nichtstun genießen und sich dabei nicht genötigt fühlen, an jedem Urlaubstag etwas Neues zu erleben.

Die Deutschen lieben es, ihre Freizeit auf dem Balkon zu verbringen. Im Jahr 2020 gab es in der deutschsprachigen Bevölkerung ab 14 Jahren rund 58,67 Millionen Personen, die einen Balkon oder eine Terrasse hatten. Balkonien macht das Freizeit- und Urlaubsleben leichter: Keine Wartezeiten. Kein Stau auf der Autobahn. Keine langen Schlangen am Flughafen. Keine Roaming-Gebühren. Keine Einschränkungen bei der Kleidungsauswahl. Nur Menschen, die wir wirklich sehen wollen. Und keine Animateure, die schon morgens um 8 Uhr nerven.

All-inclusive. 24/7. Total individuell. Und absolut sicher. Mit gemütlichen Sitz- und Liegemöglichkeiten, einem kleinen Planschbecken, buntem Sonnenschirm, vielen Lichterketten, unterschiedlichen Pflanzen, Obst- und Kräuteranbau für ein mediterranes Urlaubsgefühl und nach Möglichkeit einem Grill, denn Angrillen muss jederzeit möglich sein. Endlich Zeit für all die Dinge, die man schon lange machen wollte, aber einfach immer wieder nicht dazu gekommen ist: Yoga mit YouTube. Ein Buch lesen. Innere Entdeckungsreisen, ohne sich zu sehr zu bewegen.

Urlaub auf dem Balkon ist nicht mehr traurig oder spießig, sondern auch in den sozialen Medien ein Trend. Unter #balkonien kann man bei Instagram über 440.000 Bilder bewundern. Und sich aufregen, dass Freunde und Kollegen an aufregenden Reisezielen auf der ganzen Welt einen beneidenswerten Urlaub verbringen.

Die Liebe zum eigenen Balkon zeigt genauso wie der Hang zum Campingurlaub innerhalb von Deutschland, die Freude am Schrebergarten oder der Stolz auf das Eigenheim, dass die Deutschen, wenn sie ehrlich sind, eigentlich denken: Zu Hause ist es doch am schönsten. Und wenn sie dann einmal im Ausland Urlaub machen, sind sie eben mürrisch, meckrig oder griesgrämig, wenn dort vieles anders ist als zu Hause.

Bayreuth

Schaulaufen rund ums Gesamtkunstwerk

Bei der Errichtung seines Festspielhauses hatte Richard Wagner weitreichende Visionen. Ob sie jeder Pilger teilt?

Einen Schlüsselort deutscher Hochkultur bildet der sogenannte Grüne Hügel. Die Anhöhe in Bayreuth beherbergt das weltweit bekannte Festspielhaus, welches Richard Wagner persönlich zwischen 1872 und 1875 errichten ließ, um seiner Vision vom »Gesamtkunstwerk« einen angemessenen Rahmen zu verleihen. Wagner wollte die Einheit der Disziplinen, das Universelle, eine »Genossenschaft aller Künstler«. Zum einen um Musikdramen zu erzählen, in denen die Geschichte ebenso wichtig war wie die Komposition. Zum anderen um durch diese Arbeit eine soziale Utopie zu verwirklichen. Womit er erneut aufblitzt, der stets unbescheidene Charakterzug des deutschen Geistes: Idealismus, Visionen, Utopien.

Die Art und Weise, wie im Rahmen der Bayreuther Festspiele seit 1876 (mit Unterbrechungen) die Konzepte Wagners umgesetzt werden, ändert sich ständig. Sie wirkt als Triebfeder künstlerischer Evolution oder als Schauplatz persönlicher Eitelkeiten. Was es heißt, den langen Aufführungen des *Ring des Nibelungen,* des *Tannhäuser* oder des *Parsifal* beizuwohnen, wird sehr unterschiedlich bewertet. Christiane Peitz vom *Tagesspiegel* spricht einerseits kritisch distanziert von Wagners Kunst als »Verklärung statt Aufklärung« und kann sich andererseits ihrer Wirkung nicht entziehen. »Wagner, die Festspiele, im Kern ist es ein musikalisches Urerlebnis. Da beginnt keine Oper, da erklingt das Rumoren der Welt.« Der legendäre Humorist Vicco von Bülow (Loriot) antwortete auf die Frage nach dem vollkommenen Glück: »Bayreuth (Ankunft).« Und auf die nach dem größten Unglück: »Bayreuth (Abfahrt).«

Dennoch bleibt fraglich, ob alle Besucher des Grünen Hügels diesen Enthusiasmus für die Sache teilen, denn Bayreuth bedeutet auch: soziale Anwesenheitspflicht. Die Prominenz aus Politik, Kunst und Medien hat sich zu zeigen, ganz egal, ob sie irgendwas mit dem Stück verbindet oder nicht. Das Gesamtkunstwerk als eitles Schaulaufen und Klatschspaltenfüllinstrument statt als soziale Utopie.

Der Antisemitismus des Mannes Richard Wagner, über dessen Widerhall in seinem Werk bis heute gestritten wird, hat nie dazu geführt, dass der Grüne Hügel ernsthaft Schaden nehmen konnte. In Israel wurde Wagner seit 1938 nur ein einziges Mal kurz aufgeführt – als Zugabe in einem Programm Daniel Barenboims, der zuvor das Publikum darüber abstimmen ließ. Dieser Moment war dann wohl tatsächlich eine soziale Utopie.

Beamte

Auf der Suche nach einem guten Image

Brauchen wir Beamtinnen und Beamte oder nicht? Eine Frage, die so lange gestellt wird, wie es sie gibt. In Deutschland existiert das Beamtentum seit der Zeit Friedrichs des Großen. Der Staat baut auf sie, die Bürgerinnen und Bürger ärgern sich.

In Deutschland arbeiten nach Angaben des Statistischen Bundesamtes rund 5 Millionen Beschäftigte im öffentlichen Dienst, davon rund 1,7 Millionen als Beamtinnen und Beamte sowie Richterinnen und Richter. Ihren Dienst üben sie zum Wohl der Allgemeinheit aus und orientieren sich in ihrem Handeln ausschließlich an Recht und Gesetz. Das Ziel lautet, die Stabilität der öffentlichen Sicherheit und Ordnung jederzeit zu gewährleisten und zu diesem Zweck auch »im Interesse der Allgemeinheit in die Rechte« der Bürgerinnen und Bürger eingreifen zu dürfen.

Der Dachverband DBB Beamtenbund und Tarifunion betont, dass das Beamtentum eine »handlungsfähige Regierung, eine unabhängige Justiz und eine rechtsstaatliche Verwaltung« sicherstellt und neutrale Behörden »es der Wirtschaft erst« erlauben, »verlässlich arbeiten und planen zu können«.

Die genannte Neutralität wird durch eine »amtsangemessene« Besoldung und Versorgung sichergestellt. Hinzu kommen im Todesfall die Absicherung der Familie durch das Beihilfesystem, die Vorteile der privaten Krankenversicherung und das Lebenszeitprinzip. Ein Rundum-Wohlfühlpaket, vielleicht aber auch gerade dadurch das Ende von Ambition und Engagement.

Es gibt in Deutschland nur wenig andere Berufsgruppen mit schlechterem Image.

Faul, träge, penibel, bieder, unfreundlich, unflexibel, privilegiert oder autoritätshörig – das sind nur einige der Attribute. Der Grund dafür wird, bestimmt auch neidgetrieben, vor allem in ihrer privilegierten Arbeitssituation gesehen, die ein sorgenfreies Leben ermöglicht. Zahlreiche Witze oder satirische Bücher nehmen dieses Leben aufs Korn, etwa das *Beamten-Beschäftigungs-Buch,* das mit Kreuzworträtseln oder Büro-Bingo helfen soll, die Nachmittage auf dem Amt zu überstehen.

Kein Witz an dieser Stelle: Das Image ist besser als gedacht. Aktuelle Umfragen von Forsa und DBB Beamtenbund und Tarifunion ergaben, dass trotz einer Gesamtbeliebtheit von nur 37 Prozent einzelne Gruppen wie Polizei, Richter oder Hochschulprofessoren auf den vorderen Beliebtheitsplätzen liegen. Zudem überwiegt die Wahrnehmung der positiven Eigenschaften wie Pflichtbewusstsein, Zuverlässigkeit oder Kompetenz. Institutionen wie die Müllabfuhr, Bibliotheken oder Museen schneiden (im Gegensatz zu Arbeitsämtern, Ministerien oder Schulen) gut ab.

Aktuell sorgt ein Gesetz zur äußeren Erscheinung von Beamtinnen und Beamten für Kritik. Tätowierungen, Piercings, Bärte oder religiöse Kleidungsstücke sollen den Eindruck der Neutralität gefährden. Wie viel Diversität möchte Deutschland wirklich? Und sollte sie in Beruf und Freizeit unterteilt werden?

So oder so bleiben uns die Beamtinnen und Beamten erhalten. Die Debatte über das Berufsbeamtentum ist allerdings viel zu festgefahren, um offen darüber zu streiten, in welcher Gesellschaft wir in Zukunft leben wollen.

Bebra

Deutscher Durchschnitt

Eine kurze Zeitgeistreise in die Mitte von Deutschland

Kennen Sie Bebra? Eine Kleinstadt im Nordosten Hessens mit 15.414 Einwohnerinnen und Einwohnern, die seit Mitte der 1980er Jahre die Bedeutung als wichtiger Eisenbahnknotenpunkt in Deutschland und Europa verlor.

Dennoch wirbt die Stadt auf ihrer Website noch heute mit dem alten Filmzitat, durch das sie zum Mittelpunkt von Deutschland erklärt wurde: »Was, Sie wollen noch bis Afrika? Da müssen Sie aber erst mal in Bebra umsteigen!«, so Heinz Erhardt in seiner Rolle als Friedrich Scherzer 1957 in der beliebten Filmkomödie *Witwer mit fünf Töchtern*. Auf der städtischen Website der Top-3-Bebra-Besucherinnen und -Besucher werden neben Heinz Erhardt noch Kaiser Wilhelm und Willy Brandt genannt. Noch Fragen?

Sie werden es oft lesen, aber schon an dieser Stelle möchte ich darauf hinweisen: Deutschland hat ein gewaltiges Nostalgieproblem. Im Januar 1987 erschien in dem damals populären Hamburger Lifestyle- und Zeitgeistmagazin *Tempo* der Artikel »Bebra ist überall« von Matthias Horx, eine Deutschland-diagnostische Miniatur. Die Stunde der wiederkehrenden Bekanntheit nach dem Ende der Eisenbahnknotenhochzeit schien gekommen. Die Idee zu diesem Artikel entstand, als Horx für seine Reportage »Deutschland vor der Wahl – ein Sittenbild« nach Bebra reiste. Herausgekommen ist ein Sittenbild des deutschen Durchschnittsspießers seiner Zeit mit der bekannt leicht überheblichen Attitüde, die *Tempo*-Autoren so an sich hatten.

Besonders eingeprägt hat sich bei mir die Wortschöpfung »Bebraistik« oder »Bebraismus« als »Begriff für die Ästhetik des Spießbürgertums, die sich seit 1945 in ungebrochener Tradition behauptet«. Ein »Ausdruck deutschen Schönheitsempfindens« und »daher auch die Lehre vom schlechten Geschmack«, der »alle Bereiche des täglichen Lebens« umfasse. »Von Architektur und Design (Eternit, Plastik) bis hin zu Ernährung (Currywurst, Bier), Politik (Kohl) und Lebensphilosophie (Bausparvertrag).«

Mein Blick auf Deutschland zeigt, dass es kein Bebra der Gegenwart mehr gibt. Es gibt Bebra-Haltungen, wie manche der deutschen Tugenden. Es gibt Bebra-Ernährung, wie die Liebe zum Schnitzel und zu Wurstwaren zeigt. Es gibt eine Bebra-Ästhetik wie Computerecken, Funktionsjacken oder Kuckucksuhren. Aber Bebra als konkreten Ort für den Durchschnitt gibt es nicht.

Deutschland ist ein ambivalentes, diverses und interkulturelles Land, nicht eindeutig zu fassen – auch wenn viele Innenstädte immer gleicher aussehen. Das gefällt einigen nicht, die daher lieber ängstlich-nostalgisch an Ideen von einem vergangenen, besseren Land festhalten. Für sie ist die Zeit genauso stehen geblieben wie das von Matthias Horx beschriebene Bebra und die Selbstdarstellung auf der Internetseite der Stadt.

Berghain

Ein urbaner Mythos

Seit seiner Eröffnung im Jahr 2004 ist das Berghain mit Sitz im Berliner Ortsteil Friedrichshain nicht nur ein einzigartiger Erlebnisort der Berliner Technokultur, sondern auch ein internationaler Sehnsuchtsort, über den unzählige Geschichten kursieren.

Für Brigitte Biehl und Norman Nodge

Aus diesen Geschichten entsteht der Mythos Berghain immer wieder von Neuem. Jeder Bericht von den Auserwählten, die es reingeschafft haben, klingt wie ein »modernes Märchen« (Daniel Sigge). Auch die unzähligen Medienberichte und Memes in den sozialen Medien tragen zur Mythosbildung bei.

Zu diesen Geschichten gehört die berühmte Schlange mit den All-Black-Techno-Uniformen. Der Künstler und das Gesamtkunstwerk Sven Marquart an der Tür. Die unermüdliche Rede, dass das Berghain die härteste Tür der Stadt habe und ein »Assessmentcenter der Berliner Nacht« sei (Sebastian Leder/Charlotte Parnack). Ein Fotoverbot und Sticker auf den Handykameras bewirken, dass das Berghain ein exklusiver Schutzraum zur Selbstdarstellung und Selbstverwirklichung für alle sein kann. Es wird so zu einem Erlebnisort für Offenheit, Freiheit, Ambivalenz und Toleranz – gerade mit Blick auf die LGBTÎQA*-Szene. Der Club als ein Ort, an dem man »aus dem Digitalen flüchtet« (Daniel Sigge) und in der Gemeinschaft ganz mit dem Hier und Jetzt verschmilzt. Draußen vor der Tür wird dann aber doch wieder fotografiert. Erleben allein reicht eben nicht aus. Die Berghain-Clubgänger möchten beweisen, dass sie auch wirklich dort waren.

Der Berghain-Resident-DJ Norman Nodge hat mir das Erlebnis Berghain im Gespräch einmal so beschrieben: »Du bist auch beim tausendsten Besuch erstaunt über diese immer neue Melange von Menschen, Bewegung und Raum. Du fühlst die Musik, lässt dich vom Anblick der tanzenden Menge anmachen, genießt mal banale, mal intellektuelle Gespräche an der Bar. Wenn du gehst, bist du erschöpft und glücklich.«

Das imposante vierstöckige Gebäude, ein ehemaliges Fernheizwerk im Stil des Sozialistischen Klassizismus, wirkt wie eine Festung gegen das Draußen. Dadurch entstehen die Freiräume für alle Identitätsentwürfe, Freikörperkulturen und Ausschweifungswünsche. Diese ermöglichte bereits der Berghain-Vorgänger Ostgut, ein 1998 eröffneter Technoclub, der ein fester Ort für schwule Fetisch- und Sexpartys war. Mit seinem neuartig rauen, düsteren und minimalistischen Technosound, der in der Verbindung von Club (Berghain) und Label (Ostgut Ton) entsteht, ist das Berghain ein Innovator. Darüber hinaus bietet es als Kunstort internationalen Ausstellungen sowie festen Exponaten, etwa der Fotokunst Wolfgang Tillmans', ein Zuhause.

Auf dem Land wäre ein Club wie das Berghain nicht denkbar. In einer anderen Stadt allerdings auch nicht. Es resultiert aus der Berliner Technokultur, die nach der Wende über die Stadt verteilt in ungenutzten Flächen und Gebäuden entstand. Sie besaß mehr Wiedervereinigungspotenzial als die politischen Bemühungen dieser Zeit. Ein Freiheitsversprechen, das in Berlin auf einen besonderen Resonanzraum getroffen ist. Das Berghain hat dieses Versprechen weiterentwickelt und popularisiert.

Bier

Reine Liebe, reiner Stolz

Deutschland ist das Land des Bieres, seine Braukunst ein international anerkanntes Markenzeichen. Mehr als 6.000 Biermarken gibt es in Deutschland. Das klassische Pils ist die beliebteste Sorte.

Mit dem Reinheitsgebot hat die Geschichte als Biernation endgültig begonnen. Ein Begriff, der wahrscheinlich zum ersten Mal 1909 im Berliner Reichstag von Regierungsrat Joseph Rheinboldt verwendet wurde. Die Geschichte des deutschen Reinheitsgebots ist allerdings viel älter. Bereits im 12. Jahrhundert finden sich erste Brauordnungen. So etwa 1196 im Stadtrecht Augsburgs oder in der von 1302 bis 1305 entstandenen Bierordnung der Stadt Nürnberg.

Als offizielle Geburtsstunde wird ab Mitte des 19. Jahrhunderts der 23. April 1516 genannt. Der Assoziationszusammenhang »Bayern – Bier – Reinheitsgebot« sollte damit hergestellt werden. Und wird es bis heute. Bier ist eben nicht nur eine Frage der Identität im internationalen Vergleich, sondern auch ein Kampf um die feinen nationalen Unterschiede.

Manchmal habe ich das Gefühl, dass in Deutschland nur existiert, was Gegenstand einer Verordnung ist. Spätestens seit 1516 gilt Bier »Made in Germany« als internationaler Standard.

Weltweit brauen die Deutschen nicht am meisten. Der Spitzenreiter ist China, gefolgt von den Vereinigten Staaten, Brasilien und Mexiko. Im Jahr 2020 lag der deutsche Pro-Kopf-Konsum bei rund 95 Litern. Im europäischen Vergleich tranken nur die Tschechen und die Österreicher mehr. Die 1.528 heimischen Brauereien haben in diesem Jahr rund 8,7 Milliarden Liter verkauft, Alkoholfreies und Malz nicht eingerechnet. Der Bierkonsum ist in den letzten Jahren allerdings rückläufig, aus Gründen des Gesundheitsbewusstseins, der Corona-Pandemie und des demografischen Wandels.

Die Deutschen wären aber keine Biernation, wenn sie auf diese Veränderung nicht kreativ reagierten. Mikrobrauereien haben sich auf Craft-Beer-Kreationen fokussiert, einen Wachstumsmarkt. Spezielle Biersorten, außergewöhnliche Hopfensorten oder spezielle Gärverfahren – der Geschmack macht's und bringt uns in neue Bierwallungen. Beliebt sind auch sogenannte Bierbuden oder Craft-Beer-Kioske, Bier-Shop und Bier-Lokal zugleich. Will der Deutsche sein eigenes Bierfest feiern, mietet er sich ein Bier-Bike und lässt es laufen. Ein Dorn im Auge der Ordnungsämter und Sicherheitsbehörden.

Ein anderes Zeichen für die Veränderung der Biernation ist das Aufkommen der Bier-Sommeliers, seit 2004 sogar als Ausbildung mit Diplom. In Deutschland ist man eben nichts ohne einen Qualifikationsnachweis. Bei der WM dieser Feinschmecker konnte sich die Deutsche Elisa Raus im Jahr 2019 als erste Frau durchsetzen. Bier und Braukunst sind nicht mehr ausschließliche Männerdomäne.

Bio

Ökologie und Zusammenhalt

Bio ist mittlerweile in aller Munde. Nachhaltig, umweltverträglich, artgerecht. Die Zahl der Ökolandbetriebe steigt. Gefühlt öffnet jede Woche ein neuer Bio-Supermarkt. Ein Bio-Land ist Deutschland aber trotzdem noch lange nicht.

Erst seit 2001 gibt es in Deutschland das sechseckige Bio-Siegel, eingeführt vom Bundesministerium für Ernährung und Landwirtschaft. Mittlerweile haben wir 100 Ökolabels und Bio-Siegel. Bis zum April 2021 wurden 91.640 Produkte von 6.125 Unternehmen in der Bio-Siegel-Datenbank registriert.

Regionale Produkte hat man schon vorher geschätzt. Gerade in der Provinz gehörte es zum guten Ton, die regionale Landwirtschaft zu unterstützen. Alternative Lebenskulturen hingegen fand man merkwürdig und sprach abwertend von den Müslis, den Weltverbesserern, den Baumumarmern oder den Alt-Hippies. Da es in Deutschland Volkssport ist, die Weltanschauung mit dem Aussehen in Verbindung zu bringen, wurden die Menschen in Jesuslatschen, bunten Batik-T-Shirts oder Strickpullovern zum Sinnbild der »Öko-Spinner« und ihrer alternativen Ideen.

Den bedeutendsten Anstoß zu einer »biologisch-dynamischen Lebensweise« in Deutschland gab Rudolf Steiner, der Begründer der Anthroposophie. Er entwickelte Ideen, wie die Landwirtschaft »mit energetisch wirkenden selbst hergestellten Präparaten die Bodenfruchtbarkeit« steigern konnte. Grundlagen für eine chemie- und kunstdüngerfreie Landwirtschaft.

Die Marke Demeter wurde 1928 als »Warenzeichen für biologisch-dynamische« Lebensmittel eingeführt. Bis heute existieren noch weitere dieser frühen Unternehmen, etwa Voelkel oder Weleda. Präsent vor allem in Naturkostläden, Hofläden oder im Reformhaus. Funktional, aber wenig sexy.

Die Popularisierung beginnt in den 1970er Jahren, angestoßen durch die alternativen Szenen und ihre Selbstversorgerprojekte. Eine andere Welt ist möglich. Jeden Tag. Und jeder kann sich daran beteiligen. In den 1990er Jahren wird Bio langsam »trendy«. 1999 gibt es 2.500 Bio-Läden in Deutschland. Die 2001 verkündete »Agrarwende« fördert die Entwicklung des Bio-Standorts Deutschland nachhaltig, genauso wie die zahlreichen Lebensmittelskandale.

Ende 2019 gab es in Deutschland über 34.000 »ökologisch wirtschaftende Betriebe mit einer Gesamtfläche von 1.613.834 Hektar«. Von der Forderung der deutschen Nachhaltigkeitsstrategie der Bundesregierung, dass im Jahr 2030 mindestens 20 Prozent der landwirtschaftlichen Flächen unter Öko-Bewirtschaftung stehen, sind wir aber noch weit entfernt. Auch beim Lebensmittelumsatz liegen Bio-Produkte unter zehn Prozent.

Das Beispiel der solidarischen Landwirtschaft, also der Zusammenschluss von landwirtschaftlichen Betrieben und Privathaushalten, als eine am Gemeinwohl orientierte Lebens- und Wirtschaftsgemeinschaft bietet neuerdings einen Ausstieg aus der Supermarkt-Mentalität: immer, alles, sofort, für mich, vielfältig und in großen Mengen. Denn Zusammenhalt ist mehr als ein Bio-Siegel.

Birkenstock

Du hast die Füße schön

Familienunternehmen sorgen für Dynamik und Stabilität in der deutschen Wirtschaft. Die Birkenstock-Sandale hat sich von einer schlichten orthopädischen Gesundheitslatsche zu einem globalen Trendschuh entwickelt.

Das Familienunternehmen wurde 1774 vom deutschen Schuhmacher Johann Adam Birkenstock im hessischen Langen-Bergheim gegründet. Seit dieser Zeit werden die Erfahrungen und das Wissen des Schuhmacherhandwerks von Generation zu Generation weitergegeben ... und wird der Großteil der Produkte in Deutschland produziert.

Die Unternehmenschronik nennt das Jahr 1896 als zweiten unternehmerischen Meilenstein. Der Schuhmachermeister Konrad Birkenstock »beginnt erstmals mit der Herstellung und [dem] Verkauf von flexiblen Fußbetteinlagen«. Bis zum Verkauf der ersten Sandale dauert es aber noch 67 Jahre.

Nebenher hat sich Birkenstock in die Fußbildungsarbeit gestürzt. Fachvorträge vor Meistern und Innungen. Schulungskurse und »Fußdienst-Fachkurse«, um das »System Carl Birkenstock«, das ist der Enkel von Konrad Birkenstock, zu verbreiten. Das Fachbuch *Fußorthopädie* 1947. Der Bestseller *Birkenstock-Fuß-Fibel* 1983, in einer Auflage von 360.000 Exemplaren. Ohne Bildungsarbeit, also die Verbindung von Theorie und Praxis, geht im Standort Deutschland eben gar nichts.

1963 präsentiert man mit dem schmalen einriemigen Modell »Madrid« samt individuell verstellbarer Dornschnalle aus Metall die »erste flexible Tieffußbettsandale«. Die Birkenstock-Internetseite präsentiert neben dem Bild dieses 1963er-Modells zwei Familien, die in lockerer Runde und bei Sonnenschein zusammen auf der Terrasse sitzen und harmonisch lächelnd miteinander reden. Ein Schuh für die ganze Familie, der Generationen vereint.

Vielleicht ist genau dieses Image auch der Grund und Ausgangspunkt, warum die Deutschen als Urlaubsweltmeister international für die Kombination von Sandalen und Socken berühmt-berüchtigt geworden sind. Birkenstock hat's vorgemacht. Gesundheitsbewusst, komfortorientiert und stilsicher – zu jeder Gelegenheit. Anders formuliert, aber genauso deutsch gedacht: Sicherheit *first*. Geschmack *second*. Für Matthias Horx wäre Birkenstock ein »perfektes Bebra-Moment«, ein »Abenteuer des schlechten Geschmacks« und eine »erhabene Scheußlichkeit«.

Die Marke Birkenstock vereinigt viele der deutschen Tugenden und Themen, auf die Sie in meiner Deutschlandreise treffen. Erfindergeist, Funktionalität, Gemütlichkeit, Heimatverbundenheit, Komfort, Nachhaltigkeit, Partnerlook, Traditionsbewusstsein, Unternehmertum und Qualität. Deutschland für die Füße.

2021 ist Birkenstock allerdings an die französisch-amerikanische Beteiligungsgesellschaft L Catterton und den Milliardär Bernard Arnault verkauft worden. Wie heißt es in dem 1966 von Nancy Sinatra gesungenen Lee Hazelwood-Hit? *These Boots Are Made for Walkin'.*

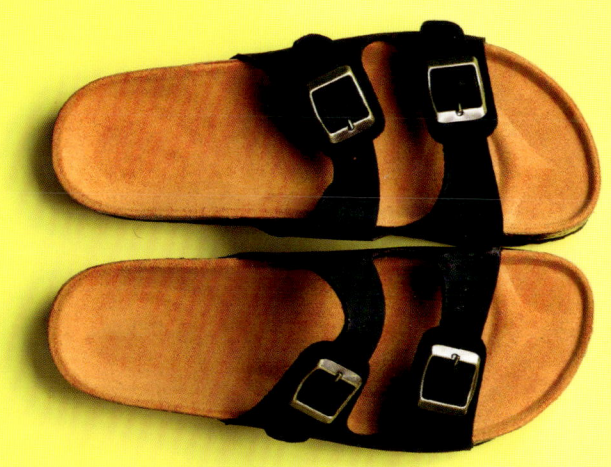

Blond

Rassismus, Klischee und Stereotyp

Romantisch-nationalistische Germanenmythen und völkische Vernichtungsideologie früher. Vorurteile von erotisch und erfolgreich bis zum Dummchen heute. Keine Haarfarbe ist stärker vorbelastet.

Lediglich 2 Prozent der Weltbevölkerung und rund 8 Prozent der Deutschen sind blond. Die Augenfarbe Blau kommt in Deutschland auch nicht am häufigsten vor, sondern Braun.

Kommt man auf Reisen ins Gespräch, wird man als blonder Mensch allerdings unmittelbar gefragt: »Bist du aus Deutschland?« Das verwundert immer wieder, denn genauso gut könnte man ja aus Skandinavien, dem Baltikum oder den Niederlanden stammen.

In der nationalsozialistischen Rassenlehre, die bis heute das Bild der Deutschen im Ausland mitbestimmt, entsprachen blonde Haare, blaue Augen, ein gesunder Körper und angeborene germanische Wehrhaftigkeit dem Idealbild des »Ariers«, also des »Herrenmenschen« mit vermeintlich »nordischem Blut«, bestimmt zum Herrscher der Welt. »Rassenhygiene« war die Aufgabe, die Haarfarbe ein politisches Statement.

Natürlich haben die Nazis das nicht ganz allein erfunden, sondern den Germanenmythos weiterentwickelt, der im 18. und 19. Jahrhundert im Kontext der Suche nach einer einenden und einheitlichen deutschen Identität und einem neuen Nationalbewusstsein entstanden war. Dieses völkisch-rassistische Bild wirkt bis zur Gegenwart in rechtsextremen Kreisen fort, hat sich allerdings auch gewandelt, wie das Konzept des Ethnopluralismus der Identitä-

ren Bewegung zeigt, das auch in AfD-Kreisen Zuspruch findet.

Zuspruch fand die Haarfarbe Blond aber auch in der Unterhaltungsindustrie und Popkultur. Auch hier gab sie Anlass zur Mythenbildung, und zwar einer sexistischen. Selbstbewusste Frauen wie Marlene Dietrich, Jean Harlow oder Marylin Monroe hatten das Image der blonden Sexbombe. Mal kühl, unnahbar und mysteriös. Mal naiv, dümmlich, aber erotisch.

In vielen Bereichen gelten die Blondhaarigen zudem als erfolgreich. Schlagersänger wie Roland Kaiser oder Helene Fischer. TV-Stars wie Dieter Bohlen oder Thomas Gottschalk. Supermodels wie Claudia Schiffer, Heidi Klum oder Lena Gercke. Fernsehmoderatorinnen, Schauspielerinnen, Bond-Girls, Fußballer, Politikerinnen.

In den 1980er Jahren kam es zu einem popkulturellen Showdown der Blondinen Heino und Der wahre Heino, letzterer eine Punk-Parodie der Kreuzberger Ikone Norbert Hähnel. Der echte Heino klagte, mit Erfolg. Der Schlager ist eben ein ernstes Geschäft. Als Sänger seiner kitschig-nationalbewussten Heimatmusik präsentiert sich Heino übrigens mit blonder Perücke ... und betont gerne, wie froh er sei, dass man in Deutschland wieder über Heimat sprechen könne.

Die Kontroversen zeigen, dass Identitätskämpfe in Deutschland vorbelastet sind und häufig fatale Konsequenzen haben. Ein Perspektivenwechsel von Identität und Nation hin zu Differenz und Interkultur wäre eine Möglichkeit, verändert mit der eigenen Vergangenheit und dem Stolz auf die deutschen Errungenschaften umzugehen, ohne die Schattenseiten zu leugnen oder die Errungenschaften nicht zu würdigen.

Brot

Ein Kulturgut zwischen Tradition, Trend und Krise

Die UNESCO hat die Deutsche Brotkultur 2014 zum immateriellen Kulturerbe erklärt. Deutsches Brot ist in seiner Vielfalt einzigartig und genießt weltweit große Beliebtheit. Das Bäckerhandwerk steht für Tradition und Qualität.

Erinnern Sie sich an Ihren letzten Brotmoment? Beim Frühstück am Morgen und dem ersten Biss in die Knusperkruste? Beim Einkauf in der Bäckerei Ihres Vertrauens, wenn Sie beim Aussuchen den Duft der Backwaren genießen? Beim Abendessen mit der Familie?

Vielleicht aber auch an Ihren Ärger, wenn Sie im Urlaub einmal zwei Wochen lang nur sehr leichtes, lockeres, weiches und recht geschmackloses Weißbrot essen mussten? Haben Sie sich dann nicht sehr nach einem guten deutschen Sauerteigbrot und einer ordentlichen Kruste gesehnt? Und diesen Ärger auch, wie es für uns Deutsche üblich ist, jeden Morgen von Neuem geäußert?

Schon seit einiger Zeit liegt es in Deutschland im Trend, das eigene Brot zu backen. Beliebte Blogs und Backbücher werden intensiv genutzt. Zudem gibt es einen regen Austausch in den sozialen Medien. Und auch die Hersteller von Backutensilien verzeichnen mittlerweile deutliche Umsatzsteigerungen.

Das Brot hat viel mit dem Lieblingsgetränk der Deutschen zu tun, dem Bier. Nicht ohne Grund heißt es: Bier ist flüssiges Brot. Beide Produkte basieren auf den Zutaten Getreide, Wasser und Hefe und durchlaufen einen Gärungsprozess. Zudem sind die klimatischen Bedingungen in Deutschland für den Getreideanbau ideal.

Das Deutsche Brotinstitut e. V. schätzt, dass in Deutschland täglich über 3.000 unterschiedliche Brotsorten gebacken und verkauft werden. Mischbrote auf der Grundlage von Weizen und Roggen sind dabei die Favoriten.

Begleiterscheinungen dieser Vielfalt sind nicht nur der Verlust des Überblicks, sondern ein diskussionswürdiger Erfindungsreichtum von Brotnamen. Ein paar Beispiele? Angeschobenes, Aztekenbrot, Benediktuskruste, Donna Clara, Hellas Stange, Kraftmeier, Promenadenmischung oder Torfstecher.

Natürlich gibt es auch einen Tag des Deutschen Brotes, geprüfte Brot-Sommeliers und einen Botschafter des Deutschen Brotes, im Jahr 2021 die Schauspielerin und *Tatort*-Kommissarin Almila Bagriacik. Nicht zu vergessen: In Ebergötzen in Niedersachsen wird die Kulturgeschichte des Brotes im Europäischen Brotmuseum e. V. ausgestellt.

Trotz dieser Erfolgsgeschichte und der historisch-kulturellen Bedeutung der Brotkultur steckt das Bäckerhandwerk in einer Krise. Im Zeitraum von 2008 bis 2020 ist die Zahl der Bäckereien in Deutschland von 15.000 auf 10.500 zurückgegangen. Ein Grund dafür besteht in der Konkurrenz durch Supermärkte, Discounter und Filialketten. Anscheinend sind uns deutsche Traditionen und Qualitäten nicht in allen Bereichen so viel wert, dass wir sie auch immerzu pflegen und hegen. Selbst machen oder günstig machen lassen ist uns manchmal eben lieber. Geschmackssicher ist das nicht immer.

Bundeszentrale für politische Bildung

Demokratieförderung

Seit 1952 informiert die Bundeszentrale für politische Bildung (bpb), die bis 1963 noch Bundeszentrale für Heimatdienst hieß, über Demokratie, Politik und Gesellschaft. Ihr Motto lautet: »Demokratie stärken – Zivilgesellschaft fördern.«

Die bpb mit Sitz in Bonn ist eine, wie es in schrecklichem Amtsdeutsch heißt, Geschäftsbereichsbehörde des Bundesministeriums des Inneren, für Bau und Heimat (BMI). Ihr Auftrag besteht darin, das »Verständnis für politische Sachverhalte zu fördern, das demokratische Bewusstsein zu festigen und die Bereitschaft zur politischen Mitarbeit zu stärken«. Politische Bildung soll einen kontinuierlichen und nachhaltigen Beitrag zum Zusammenhalt in der Gesellschaft leisten, gerade in Krisenzeiten. Damit dies gelingt, muss »die Toleranz-, Kritik-, aber auch Konfliktfähigkeit der Menschen« gefördert werden.

Dieser Auftrag wird mit zahlreichen Publikationen und Lernmaterialien, häufig kostenlos und immer kostengünstig, sowie Medienproduktionen, Bildungsangeboten und Veranstaltungen umgesetzt. Der Fokus liegt auf der außerschulischen Jugend- und Erwachsenenbildung sowie auf der politischen Bildung in der Schule.

In der Nachkriegszeit kam der Bundeszentrale für politische Bildung ebenso wie dem öffentlich-rechtlichen Rundfunk die wichtige Aufgabe zu, als Reaktion auf die Erfahrungen in der nationalsozialistischen Diktatur, »die Entwicklung eines sich auf Demokratie, Toleranz und Pluralismus gründenden politischen Bewusstseins zu fördern«. In meiner Schulzeit gehörten die *Informationen zur politischen Bildung (izpb)* zur Grundlagenliteratur in Sozialwissenschaften und Geschichte. Erinnern Sie sich noch an diese »schwarzen Hefte«?

Das Design und die Gestaltung haben sich bis heute kaum verändert. Lesefreundlich waren die *izpb*-Ausgaben nie, die Inhalte hingegen immer stark und oft pointierter und differenzierter als in den Schulbüchern. Das erste »schwarze Heft«, das ich im Unterricht gelesen habe, war die Nr. 210 zum Thema Menschenrechte. Ich war nicht der erste Leser. Viele Stellen im Heft waren angestrichen, einige Zeichnungen enthalten, Bandnamen waren zwischen die Texte gekritzelt worden und – nicht zu vergessen – ganz viel Lehrerschelte. Die aktuelle Ausgabe zum Zeitpunkt, an dem ich diesen Text schreibe, ist die Nr. 347 mit dem Themenschwerpunkt Klima.

An der Universität wurde die Lektüre der »schwarzen Hefte« durch die der Zeitung *Das Parlament* und vor allem ihrer Beilage *Aus Politik und Zeitgeschichte* abgelöst, um hier nur zwei weitere bekannte bpb-Publikationen zu nennen.

Neben der bpb gibt es als staatsbürgerliche Bildungsstellen in den sechzehn deutschen Bundesländern noch die Landeszentralen für politische Bildung. Zusammen sind sie bedeutsame staatliche Institutionen für die politische Bildungsarbeit und leisten einen nachhaltigen Beitrag zur Stärkung der Demokratie in Deutschland.

17

Burgen

Zeitreisen mit der ganzen Familie und neue Eventkultur

Nach Schätzungen der Deutschen Burgenvereinigung e. V. gibt es mehr als 25.000 Burgen, Schlösser, Ruinen und Bodendenkmäler in Deutschland. Jährlich ziehen sie Millionen Besucher an. Nicht nur aus Deutschland. Und kaum eine Rundreise durch Deutschland führt nicht zum Schloss Neuschwanstein.

Die Deutschen lieben Rankings. Sie verleihen ein Gefühl von Bedeutsamkeit, Orientierung und Objektivität. Schon in der Schulzeit messen sich die Kinder über die sogenannte zahlenbasierte Wettbewerbslogik. In allen Bereichen spiegeln Zahlen und die daraus resultierenden Rangordnungen gesellschaftliche Positionen sowie Macht- und Besitzverhältnisse wider.

Die Zahlen sprechen auch im Burgenland Deutschland eine deutliche Sprache. Testberichte.de hat 2020 auf Grundlage der Auswertung von über einer Million Google-Rezensionen die Top 1.000 der deutschen Burgen und Schlösser festgelegt. Eine Top 1.000 deutet nicht nur an, wie spektakulär unser Burgenland ist. Mehr weist sie auf den Qualitätsstandort Deutschland hin. Eine Einladung, hinzufahren, zu staunen und das Burgenfeeling selbst zu erleben.

Die ersten drei Plätze in diesem Ranking belegen die Felsenburg Neurathen in Sachsen, die Burgruine Waldeck in Bayern und die Ruine Achalm in Baden-Württemberg. In typisch deutschem Stolz überbieten sich die Internet-Beschreibungen mit Superlativen.

Mein letztes Burgenerlebnis fand im Sommer 2015 statt, auf dem Schloss Drachenburg am Nordwesthang des Drachenfels in Königswinter bei Bonn. Hat man die Mühen des 700-Meter-Aufstiegs vom Parkplatz zum Schloss und dann nochmals ein paar Hundert Meter bis nach ganz oben hinter sich gebracht, wird man mit einem eindrucksvollen Rheinpanorama vom Drachenfelsplateau aus belohnt. Heute wird die Drachenburg häufig als Event-Location genutzt, auch schon als Kulisse der Castingshow *DSDS*.

Schloss Drachenburg ist, wie viele andere deutsche Burgen auch, ein Beispiel für die europäische Burgenrenaissance und die Rheinromantik, die im 18. und 19. Jahrhundert aus der künstlerisch-romantischen Begeisterung für Ruinen, das Mittelalter und die Natur entstanden sind. Burgen wie die Wartburg in Thüringen sind hierbei häufig zu Nationalsymbolen verklärt worden.

Burgen und Schlösser können auch Anlass sein, sich kritisch mit der Vergangenheit auseinanderzusetzen. Etwa am Beispiel der Wewelsburg, »der Kult- und Terrorstätte der SS« (Jan Erik Schulte), im Kreis Paderborn in Nordrhein-Westfalen. Auch Schloss Drachenfels hat als »Adolf-Hitler-Schule« eine nationalsozialistische Vergangenheit.

Burgen und Schlösser sind Monumente der deutschen Geschichte, die aus der Vergangenheit in die Gegenwart wirken. Ein öffentliches Bilderbuch und Ausflugsziel mit Instagrammability. Als historische Nationaldenkmäler sind sie aber eben auch Zeichen von Geschichtsverbrechen, die nie richtig aufgearbeitet wurden. Geschichtsbewusstsein und Geschichtsvergessenheit liegen in Deutschland nahe beieinander.

In Sachsen liegt die
Felsenburg Neurathen

18

Bürokratie

Die große Hassliebe

**Niemand zieht gerne in den Papierkrieg.
Es sei denn, er könnte gewinnen.**

»Die Fesseln der gequälten Menschheit sind aus Kanzleipapier.« So schrieb einst Franz Kafka, der den Irrsinn der Bürokratie in bildhafte Texte fasste. Anders als viele geachtete Monolithen des deutschsprachigen Literaturkanons mögen die gleichnishaften und grotesken Visionen zwar Schüler des Gymnasiums noch quälen, haben aber unter freiwillig Lesenden echten Kultstatus. Ob das eigens für seinen Stil und seine Weltbetrachtung eingeführte Adjektiv »kafkaesk«, diverse Pilgerorte in Prag oder sogar Merchandise – Franz Kafka ist der düstere Popstar der Hochkultur.

Diese Beliebtheit erklärt sich unter anderem dadurch, wie der sensible »Hungerkünstler« die deutsche Ambivalenz gegenüber der Bürokratie verkörpert und ausgelebt hat. Zwar beschwerte er sich über seinen »Brotberuf« bei der Arbeiter-Unfallversicherungs-Anstalt für das Königreich Böhmen in Prag, übte ihn aber dermaßen gewissenhaft aus, dass er zigfach befördert wurde – und sowohl seine Erfahrungen als auch den Duktus seiner beruflichen Textproduktion für die Literatur fruchtbar machte.

Mit anderen Worten: Kafkas Hassliebe bringt das Verhältnis der Deutschen zur Bürokratie auf den Punkt. Auf der einen Seite drehen sie darüber Satiren und bauen sie ein ins politische Kabarett. Der Stammtisch lästert über vermeintliche Gurken-Krümmungs-Normen »in Brüssel«, übrigens eine der ältesten Fake-News. Der Kultursender 3sat präsentiert regelmäßig den »Irrsinn der Woche«. Reinhard Mey sang bereits 1977 vom *Antrag auf Erteilung eines Antragformulars*. Zu den am häufigsten geäußerten Versprechen von Politikern gehört der »Bürokratieabbau«. Am Ende stehen oft neue kafkaeske Gesetze, von einer unpraktikablen DSGVO bis hin zur Bonpflicht, die auf der Bäckertheke das Körbchen mit Altpapier füllt.

Die Bürokratie bestimmt den Alltag eines jeden Erwachsenen. Kein Haushalt bleibt ohne ein paar Regalmeter voll Aktenordner, des wohl deutschesten aller aus Pappe und Metall erstellten Objekte.

Der Deutsche verflucht den »Papierkrieg« und zieht doch gerne in denselben, wenn es seinen Interessen nützt. Wo man in anderen Milieus und Kulturen Konflikte eher unbürokratisch löst, ist der deutsche Biedermann ein klagefreudiger Geselle. Im Kleinsten führt er Prozesse wegen Bäumen, die über den Gartenzaun wachsen, und im Größten zieht er »bis nach Karlsruhe«, also vor das Verfassungsgericht. Geht's an die Geldbörse zur Finanzierung des Gemeinwesens, sucht er – so strategisch klug wie bürokratisch korrekt – nach den Lücken im Labyrinth, die sich zu seinem Vorteil auftun.

Nur in Deutschland kann neben Liebesromanen und Fantasy-Epen eine Sachbuchreihe wie *Der große Konz – 1000 ganz legale Steuertricks* zum Langzeit-Bestseller werden. Würde Franz Kafka heute leben, er hätte einem bei der Anwendung der Methoden gerne beratend und mit verschmitztem, bloß moderat schlechtem Gewissen zur Seite gestanden.

Die Skulptur des Künstlers David Černý steht seit 2014 in der Prager Innenstadt.

19

Campingplatz

Willkommen zu Hause

Camping boomt in Deutschland. Fast zehn Millionen sind als Camper in Deutschland unterwegs oder besitzen eine eigene Parzelle auf einem der über 3.000 Campingplätze.

Für viele ist Camping der Inbegriff von Erholung. Das selbstbestimmte, naturverbundene Outdoor-Leben verströmt gleichermaßen einen Hauch von Abenteuer und Entspannung. Das zeigt auch die Zahl der Neuzulassungen von Caravans oder Reisemobilen, die sich im Jahr 2020 auf knapp 107.000 belief.

Eine aktuelle Studie zum Campingtourismus zeigt, dass Deutschland das beliebteste Reiseziel deutscher Campingurlauber ist. Nur knapp über zwei der 34 Millionen Übernachtungen auf deutschen Campingplätzen entfielen auf ausländische Urlauber. Die am meisten besuchten Regionen sind Mecklenburg-Vorpommern, Bayern und Niedersachsen. Der Gesamtumsatz durch den Campingtourismus beläuft sich im Jahr 2020 auf rund 14 Milliarden Euro.

Die Mutter aller deutschen Camping-TV-Serien, *Die Camper,* die von 1997 bis 2006 bei RTL ausgestrahlt wurde, spielt mit vielen der klassischen Klischees und gibt uns ein paar Antworten auf den Reiz dieses Lebensstils. Gedreht wurde auf echten Campingplätzen in Monheim am Rhein und Odenthal im Bergischen Land. Die Seriencamper mit dem Dauerstellplatz sind nicht cool oder Camping-Retro-Fans mit VW-Neo-Hippie-Bully-Romantik, sondern spießig, prollig und schlicht. Männer in geflecktem Feinripp, mit ausgeleierter Joggingpeitsche, in geschmacksfreien kurzen Hosen und Socken in Sandalen. Das Campingleben in den kleinen, klar abgetrennten Parzellen mit Zaun und Gartenzwerg entspricht der vorurteilsbehafteten eigenen Weltsicht. So erklingen immer wieder das Loblied auf die authentische Malocherkultur und der daraus resultierende Spott auf alle Studierten, die Geiz-ist-geil-Mentalität der Schnäppchenjäger oder Vorurteile gegen einen Homosexuellen, der zum richtigen Mann gemacht werden soll. Die Serienfiguren sind konservative Bewahrer und beständige Alltagsneurotiker und der Campingplatz ihre geordnete und abgeschottete Welt.

Das scheinbare Gegenteil zu diesen Traditionscampern ist das aktuelle Trend-Phänomen der Reisebranche: das sogenannte Glamping. Naturtourismus veredelt durch Luxus und Komfort, der sogar über den eigenen häuslichen Standard hinausgeht.

Die deutsche Campingliebe zeigt, dass die Deutschen überall dort, wohin sie reisen, eine ständige Vertretung der eigenen Behaglichkeit und Lebensvorstellungen suchen. Mit der eigentlichen Idee vom Reisen, die Welt kennenzulernen und den eigenen Horizont zu erweitern, hat das wenig zu tun. Manchmal muss man sich eben auch als Deutscher bewegen – und das nicht nur mit Blick auf die eigene Reisemobilität. Ein Wagen hat, wie der tschechisch-brasilianische Medienphilosoph Vilém Flusser einmal schrieb, mit Wagnis und Erfahrung zu tun, weil man beim Fahren auf die Umgebung achtet, die einem nicht vertraut ist.

20

Castingshow

Keiner wird gewinnen

Castingshows sind ein Publikumsmagnet. Millionen fiebern mit, Tausende wollen mitmachen. Der Wunsch nach öffentlicher Aufmerksamkeit und medialer Beurteilung hat in den letzten zwanzig Jahren dazu geführt, dass Deutschland als »Casting-Gesellschaft« bezeichnet wird. Die Rollen sind hierbei klar verteilt.

Deutschland liebt den Wettkampf. Nicht nur beim Sport und in der Wirtschaft, sondern auch in den Medien. Das Gegeneinander setzt sich immer gegen das Miteinander durch, und auch die Castingshows haben ein eindeutiges Welt- und Menschenbild. Nur einer kann gewinnen. Wobei sich die Frage stellt: Gewinnen die Kandidaten oder die Sender?

Popstars (RTL II und ProSieben, 2000 bis 2015), *Deutschland sucht den Superstar* (seit 2002, RTL), *Die deutsche Stimme* (2003, ZDF), *Star Search* (2003 bis 2004, Sat.1), *Stefan sucht den Super-Grand-Prix-Star* (2003/2004, Sat.1), *Bundesvision Song Contest* (2005 bis 2015, Sat. 1), *Das Supertalent* (seit 2007, RTL), *Musical-Showstar* (2008, ZDF), *X Factor* (2010 bis 2012 und 2018, RTL) oder *The Voice of Germany* (seit 2011, ProSieben), um nur einige zu nennen, zeigen: Castingshows sind fast ausschließlich eine Angelegenheit des Privatfernsehens.

Es gehört zum guten Castingshow-Ton, dass alle Formate immer betonen, dass sie im Unterschied zu den anderen wirklich an den Kandidatinnen und Kandidaten und an musikalischer Qualität interessiert sind. Doch an wen erinnern Sie sich deutlicher: An die Jury oder an die Teilnehmerinnen und Teilnehmer? Verfolgen Sie deren Entwicklung weiter, wenn Sie bei einer Staffel mitgefiebert haben? Oder haben Sie abgeschaltet und auf die nächste Staffel gewartet oder sich einer anderen Castingshow zugewendet? Erinnern Sie sich eher an bestimmte kultige Ausdrücke der Jurymitglieder, wie Dieter Bohlens »Das toucht mich total!« oder »hammermäßig« oder Rea Garveys »Unfucking-fassbar«, oder an Aussagen der Kandidatinnen und Kandidaten?

Die Shows bleiben, die Kandidatinnen und Kandidaten kommen und gehen. Nur wenige bleiben auch nach dem Ende der Shows längerfristig mehr oder weniger erfolgreich im Musikgeschäft. Den Stempel »Made in Castingshow« verlieren sie nie.

Die Fortführung der Logik der Castingshows findet in den Castingshows unseres Medienalltags statt. Mit jedem Bild, das wir posten, oder jedem Tweet möchten wir nicht nur so viel Zustimmung wie möglich erreichen, sondern auch unsere Follower-Zahlen steigern, um digital von Bedeutung zu sein.

Die Castingshows vermelden jedes Jahr neue Rekorde bei den Bewerbungen. Die Quoten jedoch befinden sich im Sinkflug, vor allem bei der jungen Zielgruppe. Das Fernsehen, wie es viele von uns kannten, hat sich verändert. Die Zuschauerinnen und Zuschauer wandern zunehmend zu Streaming- und Videoportalen ab. Die Zukunft des klassischen Fernsehens, und damit auch der Castingshows, hängt davon ab, wie überzeugend es den Verantwortlichen gelingt, sich in die digitalen Kanäle einzuschreiben und ihren Programmauftrag aus der Perspektive der Digitalisierung zeitgemäß zu reformieren.

21

Computerecke

Nicht schön, aber funktional

Von einem Klassiker in deutschen Wohnzimmern zur Nostalgiekulisse deutscher Wohnkultur. Die Computerecke war die Schrankwand neben der Schrankwand in den ersten Jahrzehnten des Heimcomputerzeitalters.

Viele von Ihnen hatten in den 1990ern und 2000ern bestimmt eine Computerecke im Wohnzimmer. Oder manche von Ihnen haben sie im Schlafzimmer aufgebaut. In dieser Zeit waren die Computerecken ein kollektiv genutzter Wohnungsort für die Computer-, Spiele- und Interneteuphorie. Manchmal aber auch der Heimarbeitsplatz oder das private Büro.

Die Computerecke war immer wieder Anlass für Alltags- und Familienstreitigkeiten. Die Frage lautete: Wer darf sie wann und wie lange nutzen? Manchmal war es aber auch der Browserverlauf, der zum Beziehungs- und Familienstreit führte. Sie wissen, was ich meine.

Ein Blick auf die Computerecken dieser Zeit legt eine weitere Frage nahe: Wie viel Hässlichkeit hält die deutsche Vorliebe für Funktionalität aus? Die Computerecken bestanden in der Regel aus einem großen, sperrigen, aber sehr funktionalen Computertisch, beliebt in den Farben Weiß oder Schwarz, und einem Bürostuhl.

Auf dem Computertisch herrschte eigentlich immer Chaos. Zumindest bis Besuch kam, aber selbst dann sah der Computertisch immer irgendwie überladen und unordentlich aus. Die Geräte – Bildschirm, Tastatur, Maus und Joystick sowie Drucker – waren lange Zeit noch sehr klobig und Formen wie Farben wenig ansprechend. Später wurden die Geräte schmaler und größer. Das verbesserte allerdings nicht den Eindruck von Überladenheit. Besonders beliebt war es bei den Rauchern, die Aschenbecher bis zum Limit mit Zigarettenstummeln zu füllen und immer einen leichten grauen Aschekranz um den Aschenbecher herum zu haben. Getränkeflecken und Essensreste inklusive. Computerecken waren häufig Schmuddelecken.

Auch in den Kinder- und Jugendzimmern der 1980er- und frühen 1990er Jahre fanden sich Computerecken, die gefühlt den halben Raum einnahmen. Groß und funktional, aber sperrig und hässlich aus heutiger Sicht.

Die Computerecken sind mittlerweile nach und nach aus den Wohnzimmern und Wohnungen verschwunden. Die Nutzung von Notebooks, Tablets und Handys – mobilen Computerecken für unterwegs – macht sie überflüssig. An vielen Transferorten, etwa in der DB-Lounge, werden zudem Arbeitsplätze aufgebaut, die an öffentliche Computerecken erinnern.

Das Verschwinden der Computerecken wird durch das Verschwinden von Schrankwänden, zumindest bei den 18- bis 29-Jährigen, begleitet. Bevorzugt werden heute vor allem modulare, flexible und locker aufbaubare Wohnwände, die viel Stauraumlösungen besitzen und leicht immer wieder verändert werden können.

An der Computerecke kann nachvollzogen werden, dass es in Deutschland häufig mehr um Funktionalität als um ästhetische Stimmigkeit und Formempfinden geht. Nicht schön, aber immerhin funktional. Deutschland, das Land der Pragmatikerinnen und Pragmatiker.

22

DAAD

Internationalisierung und Interkulturalität

Der Deutsche Akademische Austauschdienst e. V. ist die nach eigenen Aussagen weltweit größte Förderorganisationen für den internationalen Austausch von Studierenden und Wissenschaftlern. Der Verein fördert die Internationalisierung der deutschen Hochschulen sowie die interkulturelle Verständigung und Kompetenz.

Gegründet wurde der Verein 1925 in Heidelberg als Akademischer Austauschdienst e. V. (AAD). Durch die »Machtergreifung« der Nationalsozialisten im Jahr 1933 wurde der AAD ideologisch vereinnahmt und im Jahr 1945 schließlich aufgelöst. Am 5. August 1950 gründete sich in Bonn der DAAD. Seit seinem Bestehen hat er über »2,6 Millionen junge Akademiker im In- und Ausland gefördert«.

Das Motto lautet: »Wandel durch Austausch.« Hierdurch möchte der DAAD einen nachhaltigen »Beitrag zur Gestaltung einer Weltgemeinschaft leisten, die Antworten auf die drängenden Fragen der Zukunft findet«. Der DAAD versteht sich als unabhängiger Vermittler zwischen den Hochschulen und »Außennetzwerken«. Die Träger des anvisierten Wandels sind engagierte Studierende, Wissenschaftler und Hochschulen.

Die Aufgabengebiete des DAAD sind vielfältig und gehen weit über die Vergabe von Stipendien und Preisen wie dem Jacob- und Wilhelm-Grimm-Preis hinaus. Der DAAD fördert etwa die Internationalisierung der Hochschulen und Forschung, die internationale Studierenden- und Wissenschaftlermobilität, die transnationale Bildung, die »Stärkung der Germanistik und der deutschen Sprache im Ausland und die Unterstützung von Entwicklungsländern beim Aufbau leistungsfähiger Hochschulen«.

Der DAAD wird wesentlich aus öffentlichen Mitteln finanziert. Im Jahr 2020 belief sich das Gesamtbudget auf 549 Millionen Euro. Der vom DAAD geförderte internationale Austausch im Studium und in der Wissenschaft gehört zu den wichtigsten Treibern des akademischen Fortschritts, der längst kein ausschließlich nationales Thema mehr ist.

Im Ländervergleich belegt Deutschland den zweiten Platz hinter den Niederlanden, die mit Nuffic eine dem DAAD vergleichbare Förderorganisation haben. Nur die »Studierendenmobilität« könnte noch höher ausfallen. Diese liegt mit 35 Prozent ganze 15 Prozent unter dem für 2020 ausgelobten Ziel der deutschen Hochschulen. Auch die internationalen Forschungskooperationen könnten sich noch steigern, denn die deutsche Wissenschaft genießt international einen ausgezeichneten Ruf.

Die Arbeit des DAAD ist nicht nur durch die Förderung der Internationalisierung und der Interkulturalität vorbildlich. Vielmehr ist der DAAD für mich auch ein Leuchtturm, um diese beiden Themen bildungspolitisch und kulturell weiter auszubilden.

23

David Hasselhoff

Der Mann in der Lampenjacke

Vom unkonventionellen Ermittler mit sprechendem High-Tech-Auto und Chef der Strand-Security in roten Badehosen über den musikalischen Mauerbezwinger bis zum oberkörperfreien Cheeseburger-Liebhaber mit Alkoholproblem: David Hasselhoff ist eine unbegrenzte (Un-)Möglichkeit, die die deutschen Herzen höherschlagen lässt.

David Hasselhoff hat die Jugend meiner Generation beeinflusst: *Knight Rider* und *Baywatch* waren Erlebnisse in der Tristesse der deutschen TV-Gegenwart Mitte der 1980er-und Anfang der 1990er Jahre. Perfekter Körper, perfekte Frisur, perfekte Moral. Immer ein Gewinnerlächeln auf den Lippen, stets im Kampf für die Liebe und gegen die Ungerechtigkeiten dieser Welt. Hasselhoff, dessen Vorfahren aus der Bremer Gegend stammen, war zunächst ein Star aus den ironiefreien Achtzigern.

Echte Fans wählten den »Hoff« als Vorbild für die eigene Lebensgestaltung. Aufkleber zeigten ihn mit krauser Mähne, wallendem Brusthaar, enger Badehose und laszivem Blick. Die Dokumentation *Being David Hasselhoff* von 2019 erforscht dieses Phänomen, verzichtet aber auf die Auseinandersetzung mit den Abwegen und Abgründen seiner Biografie. So etwa seinen Londoner Promotion-Auftritt im Hitler-Kostüm für das 2012er-Album *This Time Around,* das lediglich eine Ansammlung von Liebessongs enthielt. Die britische Zeitung *The*

Mirror feierte diesen Auftritt, der anscheinend eine Hommage an Mel Brooks' Film *To Be or Not to Be* aus dem Jahr 1983 darstellen sollte, dennoch.

Den bis heute anhaltenden Hasselhoff-Mythos löste vor allem sein Auftritt an Silvester 1989 aus, als er in blinkender Lederjacke und Piano-Schal am Brandenburger Tor in einem Kran über den Köpfen Hunderttausender seinen Hit *Looking For Freedom* sang. Dieser Auftritt, vom ZDF live übertragen, hat sich ins kollektive Gedächtnis der Deutschen eingebrannt. Kurz vor Ende der DDR war der Song die Nummer eins der deutschen Charts, 1989 die meistverkaufte Single und seitdem eine »Hymne der Einheit«.

2019 war David Hasselhoff in Deutschland mit seiner *30 Jahre Looking for Freedom-Tour* unterwegs. Die Tickets kosteten bis zu 530 (!) Euro. In den USA sind keine Konzerte bekannt. Was lief auf der Leinwand bei diesen Konzerten? Der Mitschnitt seines Silvesterauftritts. Der Kult um die Verbindung von David Hasselhoff und Deutschland zeigt zumindest, dass es hierzulande einen ausgeprägten Nostalgiewahn gibt, der Ereignisse wie das Silvesterkonzert unaufhörlich wiederholt und historisch überhöht.

Natürlich ist es absurd, zu denken, dass Hasselhoff etwas mit dem Fall der Mauer zu tun hat. Die Legende aber existiert. Dadurch wurde der unpolitische Serienstar zu einer Figur mit gewisser historischer Relevanz, auch wenn Hasselhoff immer wieder betont, dass dieser Zusammenhang willkürlich ist.

24

Deutsche Bahn

Abweichungsweltmeister

Die Deutsche Bahn bezeichnet sich als Rückgrat der deutschen und europäischen Wirtschaft, als Schlüssel für eine nachhaltige Mobilitätswende und Klimaschützer. Ihr Image ist trotz dieser Leistungsbilanz nicht das Beste. Irgendwie ans Ziel zu kommen ist nicht alles. Ein Erlebnisbericht trifft auf Konzernzahlen.

Ich bin Berufspendler und Stammgast bei der Deutschen Bahn. Und das seit 2006. In dieser Zeit bin ich immer irgendwie und irgendwann ans Ziel gekommen. Fast immer.

Wäre die Deutsche Bahn bei ebay, ich müsste schwer überlegen, ob ich darauf biete. Allein wenn ich daran denke, wie viel Lebenszeit mir ihre Unpünktlichkeit schon geraubt und wie viel Wartezeit und Umwege sie mir aufgenötigt hat. Erinnern Sie sich noch an den in dieser Hinsicht zynischen Clip und Werbeslogan: »Diese Zeit gehört dir«? Im Gegensatz zum Stauchaos auf den deutschen Autobahnen soll die Fahrt mit der Deutschen Bahn ein bewegter Wohlfühlort sein. Ein Stück Zuhause beim Reisen. Einsteigen und abschalten. Zeit für sich. Das hört sich doch richtig hyggelig an, finden Sie nicht? Ich frage mich, wie weit Alltag und Werbung auseinanderliegen können.

Nehmen wir die Toiletten, sollten sie nicht außer Betrieb sein, oder das kulinarische Angebot, falls Bordbistro oder Restaurant geöffnet haben und auch noch ein vollständiges Sortiment bereithalten. Die konstant-unkonstante Internetverbindung. Die Klimaanlage, die, sofern sie funktioniert, eher Erfrierungsgefühle als Behaglichkeit erzeugt. Von den Interaktionsritualen, Kommunikationshaltungen, Steckdosenbelagerungswollüsten und Essgewohnheiten der anderen Fahrgäste ganz zu schweigen.

Auch das Leben an den Bahnsteigen erscheint nur selten entspannt. Spontane Gleiswechsel, ausfallende Züge oder nicht wartende Anschlüsse machen das Bahnfahrerleben alles andere als hyggelig.

Der Selbstbericht 2020 der Deutschen Bahn AG soll nicht nur den Geschäfts- und Nachhaltigkeitsbericht dokumentieren, sondern »einen umfassenden Überblick geben über den DB-Konzern und die Leistungen in den drei Nachhaltigkeitsdimensionen Ökonomie, Soziales und Ökologie«. Um es kurz zu machen: In jeder Hinsicht ist die Deutsche Bahn atemberaubend gut, nachhaltig und zukunftsweisend. Auch die Kundenzufriedenheit stieg im Fernverkehr von 76 auf 80 und regional von 66 auf 69 Prozent. Sogar die Pünktlichkeitsstatistik hat sich von 76 auf 82 Prozent gesteigert.

Die Deutsche Bahn hält Deutschland in Bewegung – mobil und emotional. Zu den Motoren des Konzernerfolgs gehören einige der deutschen Tugenden wie Effizienz und Pünktlichkeit, die sich bei einem Realitätscheck eher als Wunschvorstellungen erweisen, an die man glauben muss, damit sie Wirklichkeit werden.

25

Dialekt

S'Läba isch kei Schlotzer

In der deutschen Sprache gibt es viele regionale Varietäten zum Hochdeutschen, die nur in bestimmten Regionen gesprochen werden. Außerhalb der Herkunftsregionen sind die regionalen Dialekte zumeist schwer verständlich und tragen auch nicht selten zur Belustigung bei.

Ich habe zwei Jahre in Stuttgart gearbeitet. Glauben Sie mir, das hat mich sprachlich oft an die Grenzen des Verstehens gebracht. Wenn ich ein Brötchen beim Bäcker, Entschuldigung, beim »Bäggr«, wollte, aber kein »Weckle« bestellt habe, wurde ich verständnislos bis streng von den Verkäuferinnen und Verkäufern angesehen, die mich zuvor mit einem »Was wellad se?« zur Kaufhandlung aufgefordert hatten.

Ich hatte beim Betreten des Ladens, »Lädle«, noch nicht mal den einfach schwäbischen Tagesgruß, »Griaßgodd« beziehungsweise »Griaßgodd midanand« hinbekommen, sondern den »Bäggr« mit einem ungehörigen »Guten Tag« betreten. Eigentlich hätte ich ohne Bestellung sofort wieder gehen müssen.

Als ich mich bei einem anderen »Bäggr« noch etwas umsehen wollte, weil ich beim Kuchen, also »Kuacha«, noch unentschieden war, sagte die Verkäuferin: »A Auswahl, wia d'Mäus en de Huddzla.« Das bedeutet: Ein großes Warenangebot. Und wörtlich: »Eine Auswahl, wie sie Mäuse in getrockneten Früchten haben.« In dieser Zeit war »Schwäbisch schwätza« für mich eine permanente Grenzerfahrung.

Das Institut für Deutsche Sprache (IDS) in Mannheim hat bei einer Umfrage herausgefunden, dass jeder zweite Deutsche behauptet, einen Dialekt, also eine regionale Sprechweise, zu beherrschen, ohne dabei aber auch anzugeben, wie gut. Nach Aussagen des IDS sind in den Bundesländern Bayern, Baden-Württemberg, Sachsen, Thüringen und Saarland die meisten Dialektsprecher in Deutschland zu finden.

Es gibt zwischen sechzehn und zwanzig große Dialektgruppen in Deutschland. Alle mit eigenen Vokabeln, Sprachregeln und charakteristischen Sprachmelodien. Dazu gehören Bayrisch, Berlinerisch, Allgäuerisch, Kölsch, Moselfränkisch, Ostfriesisch oder Thüringisch, um hier beispielhaft nur einige zu nennen. Besonders beliebt bei den Deutschen ist der bayrische beziehungsweise »bairische« Dialekt. Im Gegensatz dazu löst der sächsische Dialekt regelmäßig Spott und Belustigung aus. Der sächsische Dialekt gehört auch zu den unbeliebtesten in Deutschland.

Dialekte verlieren in Deutschland zunehmend an Bedeutung, weil sie immer weniger in den Regionen gepflegt und kollektiv gesprochen, aber auch nur noch selten von Generation zu Generation weitergegeben werden. Zudem wird das Dialektsprechen oft als minderwertig wahrgenommen. Der Dialekt hat ein Imageproblem in Deutschland. Die Vielfalt der deutschen Sprache, in der auch die kulturelle Vielfalt in Deutschland zum Ausdruck kommt, verliert dadurch an bedeutsamen Facetten. Nicht nur aus sprachlicher Hinsicht. »Was könna mir dagega dun?«

26

Dichter und Denker

Kein U für ein E

Die Gründe gehen, das Image bleibt.

Für jede Nation halten sich Bilder davon, wie ihre Menschen angeblich so sind. Die Franzosen tragen das Baguette unterm Arm und führen kultivierte Gespräche beim Wein auf der orange beleuchteten Caféterrasse. Die Amis wuchten je nach Landstrich erlegtes Wild auf den Pick-up oder gründen in Kalifornien ein Start-up, treffen sich dann aber gemeinsam beim Superbowl, um mit gigantischen Schaumstoffhänden zu wedeln.

Und die Deutschen? Sie blättern mit zerfurchter Stirn in bedeutungsschweren Werken, wenn sie diese nicht sogar selbst verfasst haben, oder erfinden auf der Suche nach dem, was die Welt im Innersten zusammenhält, nebenher den Raketenantrieb, den Computer oder die Röntgenstrahlung.

Anders ausgedrückt: Die Franzosen sind Hedonisten und Connaisseure, die Amerikaner Cowboys und Unternehmer und die Deutschen »Dichter und Denker«.

Der stolze deutsche Bildungsbürger des 20. Jahrhunderts meinte mit den »Dichtern und Denkern« vor allem die scheinbar goldenen Zeiten der Aufklärung, der Klassik und der Romantik, denen bei völlig verschiedenem Inhalt und verschiedener Programmatik doch allen eine der Redewendung angemessene Tiefe zu eigen war. Doch auch darüber hinaus entwarfen deutsche Geistesgrößen neben literarischen Werken einen umfangreichen Kranz möglicher Welterklärungen, von Hegelianismus bis Marxismus, von Kants Vernunftphilosophie bis zu Fichtes Idealismus, von Schopenhauers Pessimismus bis zu Nietzsches furioser Tabula rasa.

Nach dem Grauen zweier Weltkriege und des »Dritten Reichs« mussten Denker wie Theodor W. Adorno oder Erich Fromm dabei helfen, irgendwie zu verarbeiten, wie ausgerechnet das Dichter-und-Denker-Dasein die größte Barbarei des 20. Jahrhunderts nicht zu verhindern wusste.

Noch heute drückt sich das besagte Image ganz praktisch aus, etwa auf dem Buchmarkt. Dort sind in der Belletristik die Abteilungen für »Unterhaltung« und »ernste Literatur« weiterhin streng voneinander getrennt. Niemand kann dem Feuilleton ein U für ein E vormachen. Und wendet sich ein Akademiker populärwissenschaftlich an die Masse, kann er sich der abschätzenden Beurteilung durch sein angestammtes Milieu sicher sein. Aus Sicht der Türhüter in Kulturbetrieb und Feuilleton unterscheidet sich die hohe Literatur vom unterhaltsamen Kitsch übrigens immer noch dadurch, dass sie sprachlich mehr Wert auf die Ästhetik legt und inhaltlich mehr Reflexion und Innerlichkeit zulässt. Mit anderen Worten: dichten und denken statt hämmern und handeln.

Jeder weiß: Frankreich, das ist auch Straßenkampf, Banlieue und Industrie. Und in den USA wird der Tellerwäscher oftmals nicht Millionär, sondern aus Mangel an Alternativen Berufssoldat. Und Deutschland, das ist auch Trash-TV, Gangsta-Rap und Buchhandlungen, in denen die lukrativste Warengruppe die »Non-Books« sind. Dem Image, es statt mit Geschenkartikelkäufern mit existentialistischen Bücherwälzern zu tun zu haben, kann die Wirklichkeit weiterhin wenig anhaben.

Das Goethe-Schiller-Denkmal
steht vor dem Deutschen
Nationaltheater in Weimar.

27

Digitalisierung

Wann geht es endlich los?

Digitalisierung ist gut. Sehr gut sogar. Als Idee. Machen schließlich weltweit alle mit. Allerdings braucht gut Ding bekanntlich Weile, wie schon das alte Sprichwort rät. Kürzlich stellt sich eine schockierende Erkenntnis ein: »Deutschland hat die Digitalisierung verschlafen.«

Diese Erkenntnis erscheint optimistisch-selbstkritisch und wie ein Versprechen, ähnlich dem zum Breitbandausbau: »Jetzt schaffen wir das schon!« Die Politik hatte das Problem erkannt und ging lösungsorientiert vor. Mit einer digitalen Agenda nach der anderen.

Aus Sicht des Digitalexperten der *Süddeutschen Zeitung*, Dirk von Gehlen, ist der digitale Wandel in Deutschland »zerredet« und durch eine »offene antidigitale Politik« verhindert worden. Als Beispiele führt er den Bildungsbereich, das Gesundheitswesen, die Justiz, den Finanzsektor, die Gastronomie und die Kulturbranche an. Denken Sie allein an das »Digitalisierungs-Dilemma« der deutschen Schulen, das die Corona-Pandemie verdeutlicht hat. Daheim prägt das Digitale den Alltag der Jugendlichen, aber eine digitale Schulbildung ist fast unmöglich. Die deutsche Politik zeigte lange kein Verständnis für die gesellschaftsverändernde Bedeutung des digitalen Wandels. Sie betrachtet ihn, so von Gehlen, wie »eine Sonderausstattung am Auto: eine Spielerei, aber fürs Fahren nicht relevant«. Als politisches Strategiethema ist die Digitalisierung erst von der FDP im Bundestagswahlkampf 2017 entdeckt worden. Einer der Wahlkampf-Slogans lautete: »Die Digitalisierung ändert alles. Wann ändert sich die Politik?«

Ein anderer viel zitierter Slogan lautete: »Digital *first*. Bedenken *second*. Denken wir neu.« Auf diese Weise sollten alle Bedenkenträger aus den Reihen der politischen Gegner kritisiert werden, die vor Datenmissbrauch oder anderen Gefahren warnten. Der Cambridge-Analytica-Skandal im Jahr 2018 konfrontierte die FDP dann mit den täglichen Abgründen der Digitalwirtschaft. Die Partei zeigte sich in einem Facebook-Post des Parteivorsitzenden Christian Lindner geläutert, entwicklungsfähig und vor allem wieder handlungsbereit. Dennoch kündigte sie mit einem neuen Plakat schon wieder eine Zeitenwende der Digitalpolitik an. Der neue Slogan lautete: »So zu tun, als hätte die Politik keinen Einfluss auf Facebook und Co: Das ist zu defensiv.«

Deutschland hat zu lange politisch weggeschaut, wenn es um die Digitalisierung ging. Die politischen Versuche, die verlorene Zeit schnellstmöglich aufzuholen, sind bisher nur bedingt kompetent. Dennoch braucht das Land der Dichter und Denker dringend ein weiteres großes D: die Digitalisierung. Damit es nicht den internationalen Anschluss verpasst. Gleichzeitig ist darüber nachzudenken, was »Made in Germany« mit Blick auf die Digitalisierung bedeutet.

28

Distanziert

Abstand halten

Wir sind keine Weltumarmer. Wir betrachten immer zuerst einmal die Welt um uns herum.

Einfach mal locker machen? Das ist nicht so beliebt ... und wird den Deutschen seit der Schulzeit abtrainiert. Sie wollen den Überblick behalten. Und den eigenen Standpunkt.

In der U-Bahn beschäftigen sie sich lieber mit dem Handy als mit den anderen Menschen. Kopfhörer in den Ohren, den Blick auf das Display gerichtet. Ein Schutzraum in der Öffentlichkeit. Mit denen, die ihren Geschmack und ihre Meinung teilen, kommen sie schneller zusammen. Andere finden sie suspekt und bedrohlich. Das Eigene macht die Deutschen glücklich. Das Fremde wirkt angsteinflößend. Also Abstand halten.

Bei der Mallorca-Party oder im Club ist die Welt ganz anders: »Hallo, du auch hier?« Für subtiles Flirten sind die Deutschen nicht bekannt. Vielleicht brauchen sie daher auch den Karneval oder das Oktoberfest als Katalysatoren gegen die eigenen Hemmungen.

Soziales Miteinander steht hingegen professionell hoch im Kurs. Wir sind eine Netzwerkgesellschaft, die durch soziales Kapital leistungsfähig bleibt. Meine beruflichen Kontakte erhöhen meine persönliche Bedeutung und steigern das Vertrauen in meine Professionalität. Auch das grenzenlose Anhäufen von digitalen Freundinnen und Freunden, Abonnentinnen und Abonnenten, Followerinnen und Followern sowie Kontakten in den sozialen Medien stellt kein Problem dar. Digital ist eben besser als real. Nah kommt man sich dabei ja zum Glück nicht.

Die Grenze zwischen Öffentlichkeit und Privatheit ist von grundsätzlicher Bedeutung. Deutschland ist keine Gesellschaft der offenen Türen und Häuser. Distanzräume sind wichtig. Das eigene Büro. Die eigene Wohnung. Privatheit als Komfortzone. Täglich daraus herauszutreten, fordert und überfordert. Nur digital lassen die Deutschen alle rein.

Die Deutschen denken viel darüber nach, was die anderen über sie denken. Daher gehen sie nicht nur gerne bei anderen Menschen auf Distanz, sondern sind auch Weltmeisterinnen und Weltmeister darin, sich von Themen zu distanzieren. Oder von sich selbst. Zuletzt bei der Kampagne #allesdichtmachen, durch die 56 deutsche Schauspieler ironisch eine öffentliche Diskussion über die aktuelle Corona-Politik anregen wollten. Die Frage, ob dies gelungen war, stellt sich hier nicht. Vielmehr geht es darum, dass einige der Beteiligten angesichts des Lobs von rechts und der Kritik der meisten anderen Seiten ihre Videos wieder zurückzogen. Haltungsvoll haltungslos.

Die Deutschen sollten häufiger auf Distanz zu sich selbst gehen. Bevor sie noch zu einer Cocooning-Nation werden, die überall und bei allem Grenzen zieht, um sich selbst nicht zu verlieren. Die Corona-Pandemie hat gezeigt, dass ihnen das Abstandhalten doch nicht so lieb ist, wie sie immer dachten.

29

Disziplin

Erfolg durch Anpassung

Die Disziplin ist eine Tugend, die erfolgreich macht. Das lernen wir schon in der Kindheit, nicht immer mit Freude. Denn Disziplin fordert Anpassung und Selbstbeherrschung, bevor sie sich auszahlt. Für ihre Disziplin werden die Deutschen weltweit respektiert, aber nicht geliebt.

Disziplin und ich waren lange Zeit keine Freunde, zum Unmut meiner Mutter, einer Lehrerin, die meinen Freiheitsdrang zwar förderte, mir aber auch erklärte, warum und wofür Disziplin manchmal wichtig sei. Und sogar Spaß machen kann. Mit meinem Vater, einem Juristen, begann ich spielerisch Argumente zu erfinden, die ich gegen den Disziplinwunsch meiner Mutter ins Feld führen konnte. Wir spielten Gericht, mein Vater in Anwalts- und meine Mutter in Richterrobe. Wahrscheinlich ein Grund, warum ich später Philosophie studiert habe: um bessere Argumente zu entwickeln.

In der Schule nutzte eine Lehrerin einen Begriff, der blöd klang, mir aber äußerst gut gefallen hat: den berühmt-berüchtigten »inneren Schweinehund«. Auf ihn konnte ich meine Unlust zur Disziplin abwälzen. Das machen die Deutschen sowieso gern: die Schuld bei anderen suchen. Den »inneren Schweinehund« gibt es nur im Deutschen, er ist unübersetzbar. Meine Lehrerin wollte uns allerdings keine Entschuldigung liefern, sondern uns deutlich machen, dass wir unsere Ziele nicht erreichen, wenn wir willensschwach sind und uns gerne ablenken lassen.

Mit einem negativen Begriff pädagogisch motivieren wollen – das lassen sich nur die Deutschen einfallen. Ein Hinweis auf die deutsche Anpassungsseele. Die Neigung, durch Angst Aufmerksamkeit zu erhalten und Menschen zum Handeln zu bewegen, kennen die Deutschen auch vom Militär. Das Wesen der Disziplin ist – darin reichen sich Schule und Militär die Hände – die Anpassung an die Regeln der Autoritäten. Das setzt sich im Berufs- und Alltagsleben fort.

Die Corona-Krise zeigte, dass durch die massiven Einschränkungen der bürgerlichen Freiheiten die tugendhafte Disziplin dauernd und überall gefordert war. Bei aller Kritik an den Maßnahmen ist die große Mehrheit der Deutschen aber nur selten vom disziplinierten Gesundheitsschutz abgewichen.

All dies geht auf die preußischen Tugenden zurück, die im 18. Jahrhundert seit Friedrich Wilhelm I. propagiert wurden. Sie sind von der protestantisch-calvinistischen Moral geprägt und von den Ideen der Aufklärung inspiriert. Die preußische Gesellschaft sollte sich am Militär orientieren, das als Musterbeispiel galt. Gut, dass Geschichte auch Geschichte bleiben kann.

Im Alltag disziplinieren sich die Deutschen aber auch gerne dazu, stets an einer besseren Version von sich selbst zu arbeiten – im Sport und der vom ökonomischen Denken beeinflussten Selbstoptimierung. Fitness-Tracker oder die Apple Watch ermöglichen die permanente Kontrolle unserer Körperfunktionen und feiern Verkaufserfolge. Nur wer diszipliniert ist, wird erfolgreich sein, denken die Deutschen ... und überwinden angepasst und eifrig ihren »inneren Schweinehund«.

30

Diversität

Bunte Republik

Deutschland ist eine offene und vielfältige Gesellschaft. Diversität ist gesetzlich verankert. Die gelebte Vielfalt, die Wertschätzung dieser Vielfalt und die Verteidigung der offenen Gesellschaft gegen ihre Feinde haben einen nachhaltigen Einfluss auf die zukünftige Entwicklung in einer globalisierten Welt.

Diversität meint die Vielfalt der Menschen sowie den Pluralismus von Lebensstilen und Weltanschauungen. Der Begriff berücksichtigt die Merkmale ethnisch-kulturelle Herkunft, Alter, Behinderung, Geschlecht, Religion, Weltanschauung und sexuelle Identität.

»Fast 19,3 Millionen der insgesamt 82 Millionen Menschen in Deutschland haben einen Migrationshintergrund«, berichtet Martin Orth auf deutschland.de zur bunten Republik. »10,8 Millionen Menschen leben mit einer schweren Behinderung. Es gibt über 400 religiöse Gemeinschaften und 7,4 Prozent der deutschen Bevölkerung bezeichnen sich als LGBT: lesbisch, schwul, bisexuell und/oder transgender.«

In Deutschland wird diese Vielfalt durch unterschiedliche Initiativen sowie Vereine unterstützt und gefördert, wie zum Beispiel durch die im Jahr 2006 gegründete Charta der Vielfalt, die sich für ebendiese in der Arbeitswelt engagiert. Der Verein veranstaltet zudem jährlich einen Deutschen

Diversity-Tag. Seit 1996 gibt es den Verein Eine Welt der Vielfalt e. V., der u. a. durch Fortbildungsangebote und Diversity-Trainings einen Beitrag »zur Sensibilisierung für Vorurteile und Diskriminierung und zur Förderung des kulturellen Bewusstseins in Bildungseinrichtungen, Verwaltungen, Unternehmen und Organisationen der Zivilgesellschaft« leistet. Sein Engagement soll der Ausbildung von Stereotypen und Vorurteilen entgegenwirken, aber auch zur Reduktion von institutioneller und individueller Diskriminierung beitragen. Vereine wie diese, durch die Diversität institutionell sowie vereinsbasiert geschützt und gefördert wird, rücken die gesellschaftliche Teilhabe aller Menschen und den Abbau von Diskriminierungen jeder Art in den Fokus, ebenso wie die Antidiskriminierungsstelle des Bundes.

Diversität stellt die Grundlage für das soziale Band der deutschen Gesellschaft dar. Und wird von der Mehrzahl der Deutschen – das *Vielfaltsbarometer 2019* der Robert Koch Stiftung spricht von 68 Prozent der Bevölkerung – als Bereicherung und Chance begriffen, um gemeinsam in der Vielfalt die Gesellschaft zu gestalten und sich selbst dabei diversitätssensibel weiterzuentwickeln. Hierbei darf allerdings nicht aus dem Blick kommen, dass es in Deutschland, etwa mit Blick auf die LGBTIA*-Community, trotz dieser Initiativen und Grundeinstellung auch weiterhin unverkennbar Diskriminierung gibt.

31

Dosenpfand

Über Einweg mit Pfand zu Mehrweg statt Einweg?

Die Einführung des Dosen- und Flaschenpfands im Jahr 2003 war ein Prestigeprojekt der rot-grünen Bundesregierung. Durch die Pfandpflicht für Einwegverpackungen sollte der Verpackungsmüll reduziert, die Nutzung von Getränken in Mehrwegverpackungen erhöht und die Umweltverschmutzung verringert werden.

In der Verpackungsverordnung, die schon 1991 unter Kohl der damalige Bundesumweltminister Klaus Töpfer (CDU) auf den Weg brachte, war die Pfandpflicht für Dosen und Plastikflaschen bereits enthalten. Sie sollte in Kraft treten, wenn der Marktanteil dieser Waren 28 Prozent übersteigt. Im Jahr 1991 war dies zum ersten Mal der Fall. Bis zur endgültigen Einführung dauerte es aber weitere zwölf Jahre. Die Opposition protestierte, die Getränkeindustrie klagte, und zahlreiche Experten hatten Bedenken. Angela Merkel wetterte 2003 als CDU-Vorsitzende: »Der Schwachsinn kennt an dieser Stelle keine Grenze.«

Zum 1. Januar 2003 wurde die Pfandpflicht für Getränkedosen und Einwegflaschen mit Bier, Mineralwasser und kohlesäurehaltigen Erfrischungsgetränken erhoben. Im Mai 2005 wurde die Pfandpflicht auf alle Einweggetränkeverpackungen eingeführt. Ein Jahr später wurde durch die Deutsche Pfandsystem GmbH (DPG) ein organisatorisch einheitliches und rechtlich verbindliches Rücknahmesystem geschaffen. Damit beruhigten sich die Kontroversen um den Einwegpfand, und ein ökologisch nachhaltiger sowie effizienter Werkstoffkreislauf für Einweggetränkeverpackungen konnte etabliert werden.

Das Prestigeprojekt von SPD und Grünen bleibt bis heute umstritten. Durch die Pfandpflicht sollten alle Getränkeeinwegverpackungen massiv zurückgedrängt und die Mehrwegquote auf mindestens 80 Prozent gesteigert werden. Die Quote, die seit Januar 2019 im Verpackungsgesetz festgesetzt wurde, liegt bei 70 Prozent. Beide Quotenziele wurden bisher nicht erreicht. Die PET-Einwegflasche ist bei Wasser, Saft und anderen Erfrischungsgetränken die erste Wahl der Verbraucher. Experten betonen zudem, dass die hohe Recyclingquote die ökologische Bilanz der Einweggetränkeflasche und Dosen deutlich verbessert hat. Einweg mit Pfand soll der Mehrwegflasche mittlerweile ebenbürtig sein. Aus der Sicht des Bundesumweltamtes bleibt hingegen die Mehrwegflasche die bedeutend umweltfreundlichere Alternative. Viele Verbraucher scheint das nur bedingt zu interessieren, denn die Mehrwegquote in Deutschland lag im Jahr 2019 nur noch bei knapp 42 Prozent.

Einweg mit Pfand oder Mehrweg statt Einweg – diese Frage wird auch in den nächsten Jahren in Deutschland zu Kontroversen führen und nicht eindeutig beantwortet werden. Die Tendenz spricht allerdings für Einweg mit Pfand. Die Steigerung der Mehrwegquote bleibt somit immer noch eine Utopie. In Deutschland sind die individuellen Konsumgewohnheiten häufig wichtiger als ein verändertes ökologisches Bewusstsein.

32

Earth Speakr

Zukunftsideen

Für den kulturellen Beitrag der deutschen EU-Ratspräsidentschaft hat der dänisch-isländische Künstler Ólafur Elíasson 2020 eine App entwickelt, die Kinderstimmen für die Zukunft des Planeten sammelt.

Wie stellen Sie sich die Zukunft vor? Denken Sie, dass Sie hierzu einen Beitrag leisten können? Und wenn Sie diese Frage mit ja beantworten: Wie könnte dieser Beitrag konkret aussehen?

Sprechen Sie mit Ihren Kindern über die Zukunft? Was sagen Ihre Kinder? Und wie beeinflussen die Aussagen Ihrer Kinder Ihr Denken und Handeln? Wie viel Aufmerksamkeit schenken Sie den Ideen Ihrer Kinder über die Zukunft der Welt? Nehmen Sie die Haltungen Ihrer Kinder ernst?

Ólafur Elíasson nimmt die Perspektiven der Kinder ernst und möchte ihnen die Möglichkeit geben, weltweit in den sozialen Medien gehört zu werden. Seine kostenlose App *Earth Speakr* hat er auf Einladung des Auswärtigen Amts, das das Projekt finanziert, und in Zusammenarbeit mit dem Goethe-Institut als kollektiv-partizipatives Kunstprojekt entwickelt.

Die App gibt es in fünfundzwanzig Sprachen. Sie lädt Kinder und Jugendliche zwischen 7 und 17 Jahren spielerisch ein, sich mit den »großen Umweltfragen« zu beschäftigen. Die Botschaften sollen den »Entscheidungseliten in Klimafragen« durch die App auf originelle Art als Sprachbotschaften und Videos geschickt werden.

Die Kinder wählen dazu animierte Gesichter aus – die App ermöglicht es nicht, dass die Kinder und Jugendlichen echte Bilder von sich machen – und projizieren diese Gesichter auf Objekte, die ihre Botschaften kommunizieren. So kann sich zum Beispiel eine Blume über Luftverschmutzung beschweren. Am Ende soll dabei im Idealfall ein »europäischer Chor« der Stimmen der Kinder und Jugendlichen entstehen. Kinder und Jugendliche sind für Elíasson »Expertinnen und Experten für Hoffnung«. Sie sollten somit mehr Einfluss auf politische Richtungsentscheidungen nehmen können.

In Deutschland leben zurzeit rund 10,7 Millionen Kinder. Die Gesamtbevölkerungszahl liegt bei rund 83 Millionen Menschen. Der Einfluss der Kinder und Jugendlichen wäre aus dieser Perspektive von großer Bedeutung. Kinder sind für Elíasson unsere Zukunft.

Es bleibt abzuwarten, ob die deutsche Politik diese Kinderstimmen ernst nimmt und sich in Zukunft stärker für die Partizipation von Kindern und Jugendlichen am politischen Prozess in Deutschland engagiert. Vielleicht bleibt dieses Projekt aber auch nur ein Prestigeprojekt, das in der Theorie richtig ist, aber nicht für die Praxis taugt. Vielleicht brauchen wir dazu erst eine deutsche Greta Thunberg.

33

Effizienz

Deutschland macht's effizient

Bei den Deutschen geht alles immer ruck, zuck und zack, zack. Gibt es ein Problem, haben sie die Lösung.

Kennen Sie noch Bernd Stromberg, genial gespielt von Christoph Maria Herbst. In der Serie *Stromberg* ist er zuerst der stellvertretende Leiter und später der Abteilungsleiter der Schadensregulierung in der fiktiven Capitol Versicherung.

Eine Leitungsfunktion beinhaltet als Aufgabenbereich das Effizienzmanagement, damit der Zeitaufwand der Arbeit ressourcenschonend im Verhältnis zur Produktivität steht. Das nennt man Wirtschaftlichkeit. Darin sind die Deutschen anscheinend so richtig gut. Nach den USA, China und Japan ist Deutschland die viertgrößte Volkswirtschaft der Welt. Die umsatzstärksten Branchen sind die Automobilindustrie, der Maschinenbau, die chemisch-pharmazeutische Industrie, die Ernährungsindustrie und die Elektrotechnikbranche. Das deutsche Bruttoinlandsprodukt (BIP) belief sich 2019 auf 3,449 Billionen und 2020 auf 3,332 Billionen Euro. Dagobert Duck würde vor Freude quietschen. Als Wirtschaftsstandort ist Deutschland ein Kind des Wirtschaftswunders. Aus einem Wunder ist eine dauerhafte und verlässliche Wirklichkeit geworden ... und der Erfolg gründet auf Effizienz.

Stromberg und sein Team aus der Capitol Versicherung sind das genaue Gegenteil von Effizienz. Sie arbeiten ungern, sind überschaubar kompetent, lassen sich schnell und gerne ablenken und erzeugen mit ihrer Arbeit mehr Probleme, als dass sie Lösungsstrategien entwickeln. Das ist die amüsante Fernsehrealität. Im Effizienzland Deutschland geht es ganz anders zu. 2019 haben wir in Deutschland knapp 63 Milliarden Stunden gearbeitet. Die ganze unsichtbare Arbeit nicht inbegriffen. Die durchschnittliche Jahresarbeitszeit lag bei 1.386 Stunden. Bei Selbstständigen und mithelfenden Familienangehörigen waren es durchschnittlich 1.902.

Dieses Arbeitsethos hat aber auch Folgen, die den Effizienzstandort selbstverschuldet belasten. Das zunehmende Auseinanderdriften von tariflich vereinbarter und tatsächlicher Arbeitszeit führt zu anhaltender Erschöpfung, Schmerzen, psychischen Erkrankungen und der Angst, im Beruf zu versagen oder mit den technischen Entwicklungen nicht mehr mithalten zu können. Auch der Zeitdruck oder die Hektik, immer erreichbar sein zu müssen, überfordern viele. Ganz zu schweigen von der vorausgesetzten Bereitschaft, Überstunden zu machen. Mit der Arbeit als Lebensmittelpunkt wird Work-Life-Balance zu einem modernen Mythos, der immerhin noch Gewinne und Klicks generiert.

In Bereichen wie der deutschen Bürokratie mit ihren Formularschlachten stellt sich allerdings die Frage, ob es mit der Effizienz weit her ist. Ihnen werden weitere Beispiele einfallen. Das Thema der Effizienz ist daher ein guter Anlass, darüber nachzudenken, ob die deutschen Tugenden nicht einmal neu gedacht und zeitgemäß umformuliert werden sollten. Etwas weniger ist bekanntlich häufig viel mehr.

34

Eigenheim

Wie Deutschland wohnt

Die Wohnung ist nicht nur ein individueller Lebensraum, sondern ein Spiegel der eigenen Persönlichkeit, gestaltet mit viel Zeit, Geld und Liebe. Mehr als die Hälfte der Deutschen wohnt zur Miete. So viele wie in keinem anderen europäischen Land. Im Land der Mieter träumen viele aber vom Eigenheim oder der Eigentumswohnung.

»Wohnen bedeutet«, wie der Philosoph Martin Heidegger schreibt, »an einem bestimmten Ort zuhause zu sein.« Dieser Ort bietet Schutz, Sicherheit, Privatheit, freie Lebensgestaltung, Geborgenheit und Wohlfühlen.

Die Wohnsituation bestimmt die Lebensqualität. Daher investieren die Deutschen viel Geld für die Einrichtung. Im Jahr 2020 lagen die Konsumausgaben allein für Möbel laut *Statista* bei rund 46 Milliarden Euro. Für alle Einrichtungsgegenstände und Haushaltsgeräte haben die Deutschen sogar 115,2 Milliarden Euro ausgegeben. Im *Datenreport 2021 – Sozialbericht für Deutschland* wird deutlich, dass das Thema Wohnen »seit Jahren eines der drängendsten Themen in Deutschland« ist. Gerade mit Blick auf den mangelnden Wohnraum, die hohen Mieten in Großstädten oder den permanenten Anstieg der Immobilienpreise.

Die Mietpreise haben sich in den letzten Jahren in Deutschland kontinuierlich erhöht. Ein Ende der Aufwärtsspirale ist nicht in Sicht. In der Caritas-Studie *Menschenrecht auf Wohnen* aus dem Jahr 2017 haben drei Viertel der Befragten angegeben, dass bezahlbares Wohnen eines der zentralen Themen sei, mit dem sich die Politik beschäftigen sollte. Der Deutsche Caritasverband setzte sich 2018 mit der sozialpolitischen Kampagne *Jeder Mensch braucht ein Zuhause* dafür ein, dass angesichts der zunehmenden Wohnungsnot in Deutschland mehr bezahlbarer Wohnraum zur Verfügung gestellt wird – für jeden. Nach aktuellen Schätzungen der Bundesarbeitsgemeinschaft Wohnungslosenhilfe haben mehr als eine halbe Million Menschen keine Wohnung.

Die Wohnungsfrage wird auch in Zukunft eines der großen sozialpolitischen Themen in Deutschland bleiben und ist ein bedeutsames Thema im Bundestagswahlkampf 2021. Die Haltungen der Parteien sind erwartungsgemäß kontrovers. So geben CDU/CSU das Ziel aus, mehr als 1,5 Millionen neue Wohnungen bauen zu lassen, den sozialen Wohnungsbau zu fördern und das Wohngeld regelmäßig anzupassen. Auch die SPD setzt auf Wohnungsbauinitiativen. Der Anstieg der Bestandsmieten soll hingegen verhindert werden. Bündnis 90/ Die Grünen wollen sich dafür engagieren, dass sich Mieter und Eigenheimbesitzer auch in Krisenzeiten nicht um den Verlust ihrer Wohnungen und Eigenheime sorgen müssen. Zwangsräumungen sollen verhindert und die Mietpreisbremse soll stärker ausgebaut werden. Die Linke will den Mietendeckel bundesweit durchsetzen und 15 Milliarden in den sozialen Wohnungsbau investieren.

Es wird sich zeigen, ob die zukünftige Bundesregierung die sich immer weiter zuspitzende Wohnkrise in Deutschland bewältigen kann.

35

EMMA

Für Frauen von Frauen

EMMA steht für Emanzipation. Seit 1977. Eine feministische Zeitschrift, die sich konsequent und kontrovers für Frauenrechte, Gleichstellung und Chancengleichheit engagiert und bis heute mutig, unabhängig und umstritten geblieben ist.

Für Ingrid Kleiner

Es begann mit einem furiosen Start. Gleich die erste Ausgabe, die am 26. Januar 1977 in einer Auflage von 200.000 Heften erschienen ist, war in nur wenigen Tagen ausverkauft, ebenso der 100.000er-Nachdruck. Die EMMA hatte den Nerv der Zeit getroffen.

Ihre Gründung steht im Zusammenhang mit der Neuen Frauenbewegung in Deutschland, die seit 1968 entstanden und eng mit der Geschichte der Studentenbewegung verbunden ist. Für ihre Aktivistinnen war es in den späten 1960er und 1970er Jahren bedeutsam, eigene Foren und Freiräume wie Frauengruppen, Frauenzentren, Frauencafés oder Frauenkneipen zu gründen, um sich über ihre Erfahrungen auszutauschen und sich zu solidarisieren und zu organisieren.

Diese Foren und Räume mussten »autonom« sein, also »frei von männlicher Dominanz«, wie sie damals etwa noch unter den Aktivisten des Sozialistischen Studentenbundes (SDS) vorherrschte, gegen die sich die Feministinnen ebenfalls wendeten, wie bei Susanne Hertrampf in ihrem Beitrag *Ein Tomatenwurf und seine Folgen* für die Bundeszentrale für politische Bildung nachzulesen ist.

In dieser Zeit entstanden auch unabhängige Medien, die eine eigene, nicht männer-dominierte Öffentlichkeit schaffen sollten. Federführend war die EMMA, entlang derer sich die Entwicklung des Feminismus in Deutschland ablesen lässt, nahezu ohne Unterbrechung geführt von Alice Schwarzer, die maßgeblich die Entwicklung und öffentliche Wahrnehmung der Zeitschrift dominiert.

So erfolgreich, wie der Start der EMMA war, ist der seit Längerem stattfindende Einsturz der Verkaufszahlen und die Kritik an Schwarzer. Sie entzündet sich etwa an der Auseinandersetzung um die Kölner Silvesternacht 2015, den Islam und fundamentalistischen Islamismus, den Antirassismus, den Frauenbildern migrantischer Frauen, der Regulierung von Prostitution oder dem aktuellen Netzfeminismus. Mit Blick auf einige dieser Themen wird der EMMA und allen voran Alice Schwarzer eine zunehmend »rechtsliberale Feminismusvariante« und umgekehrter Sexismus vorgeworfen.

Zwischen der Gründung 1977 und der Gegenwart liegen knapp 45 Jahre, in denen die EMMA die Welt aus der Perspektive von Frauen in den Blick genommen und immer wieder Debatten angestoßen hat, die zuvor keine Öffentlichkeit hatten, von der Auseinandersetzung um die Genitalverstümmelung, den sexuellen Missbrauch von Mädchen durch ihre (Stief-)Väter oder die PorNO-Kampagne bis zu den Kampagnen gegen Brustkrebs, für die Lesbenehe oder gegen die Leihmutterschaft.

Die EMMA war und ist unbequem. Sie hat die Entwicklung des Feminismus in Deutschland öffentlichkeitswirksam begleitet und nachhaltig mitbeeinflusst. Die Auseinandersetzung mit der Frauenbewegung in Deutschland nach 1977 kann daher nicht ohne den Blick auf sie geführt werden.

36

Energiewende

Grüne Innovation und klimaneutrale Zukunftsgestaltung

Durch die Energiewende wird die Stromversorgung umgestellt. Weg von den nicht-nachhaltigen Trägern hin zu erneuerbaren Energien, mehr Energieeffizienz und größerem Klima- sowie Umweltschutz.

»Umschalten auf Zukunft« – so lautet das Motto der Energiewende. In dieser Zukunft, anvisiert wird das Jahr 2050, sollen die Strom- und Energieversorgung größtenteils aus dem Zusammenspiel der erneuerbaren Energien stammen, also Wasserkraft, Windenergie, Sonnenenergie, Biomasse und Erdwärme. Der Energiebedarf soll durch mehr Effizienz verringert werden. Zudem möchte man den Atomausstieg bis 2022, den Ausstieg aus der Kohle bis spätestens 2038 und die Treibhausgasneutralität vor 2050 erreichen.

Im Jahr 2020 stammte »bereits rund 46 Prozent des Stroms aus Wind, Sonne, Wasser oder Biomasse«, wie das Bundesministerium für Wirtschaft und Energie hervorhebt. Das im Jahr 2000 in Kraft getretene und seitdem beständig weiterentwickelte Erneuerbare-Energien-Gesetz (EEG) sei dem Ministerium zufolge ein zentrales »Steuerungsinstrument für den Ausbau erneuerbarer Energien«.

Der wichtigste Vorläufer des EEG ist das Stromeinspeisungsgesetz (StromEinspG) aus dem Jahr 1990, durch das die Produktion erneuerbarer Energien in Deutschland wegweisend vorangetrieben wurde. Erstmals waren Versorgungsunternehmen dazu verpflichtet, »elektrische Energie aus regenerativen Umweltprozessen von Dritten ab-

zunehmen und zu vergüten«. Es folgte ein jahrelanger Rechtsstreit über dieses Gesetz, das 1996 vom Bundesverfassungsgericht und 2001 vom Europäischen Gerichtshof zugunsten der Unterstützer der erneuerbaren Energien entschieden wurde.

Die gesellschaftliche Akzeptanz der Umsetzung der Energiewende hängt von der Kostenbelastung ab. Bisher sind die Strompreise für private Haushalte und kleinere sowie mittlere Unternehmen noch sehr hoch. Die gesellschaftliche Verantwortung liegt aber auch darin, einen täglichen Beitrag durch energieeffizientes Handeln zu leisten.

Die Energiewende steht in der Kritik. Bei den höchsten Strompreisen in Europa gilt zugleich die Versorgungssicherheit als gefährdet. Der Umstieg geht nicht schnell genug voran. Der Ausbau der Stromnetze und die Klimaschutzziele werden trotz Milliardenhilfen verfehlt. Diese und andere Kritikpunkte können zu einem erheblichen Vertrauensverlust in die kompetente Umsetzung der Energiewende durch die Bundesregierung führen.

Für die Zukunft der Energiewende in Deutschland ist unter anderem die Beantwortung der folgenden Fragen von Bedeutung: Wie kompetent ist Deutschland mit Blick auf die konkrete Umsetzung der Energiewende? Was sind wir bereit, langfristig für die Energiewende zu tun und zu investieren? Ziehen die Deutschen bei diesem Thema mehrheitlich an einem Strang, oder ist auch die Energiewende ein weiteres Beispiel für die gesellschaftliche Spaltung in Deutschland?

37

Ernst

Nur nicht die Fassung verlieren

Das Leben ist ernst. Gegen den Ernst hilft der Blödsinn. Die Entscheidung ist schwer: dauerhaft Dürer-Gesichter in Anbetracht jeder Lage oder doch lieber Lachsalven am laufenden Band in der Witzerepublik.

Die Amerikaner besitzen die Fähigkeit, sich für alles und nichts zu begeistern. Schnell finden sie alles »amazing«. Das amerikanische Gewinnerlächeln ist weltbekannt. Jim Carrey hat es sogar perfekt persifliert. Die Deutschen hingegen sind Skeptiker. Sie sehen meistens so aus, als seien sie zu Stein erstarrt. Und auch die Qualität unserer Schauspieler wird anders eingeteilt: Lachen = seicht = Matthias Schweighöfer, der bekanntlich viel lacht und dessen Lachen ansteckend ist. Für manche von uns. Ernste Miene = tief = intellektuell = Ulrich Tukur. Hat irgendjemand von Ihnen Ulrich Tukur schon mal lachen gesehen?

Der Spaß in unserem Ernst-obsessiven Land kam früher weniger aus der Wirklichkeit als aus dem Fernsehen. Comedy-Formate gab es seit den 1960er Jahren in den öffentlich-rechtlichen Programmen. Aus dieser Zeit wehte der Wind von Chauvinismus und Herrenwitzen in die Fernsehkindheiten Ende der 1970er und Anfang der 1980er Jahre. Ein Protagonist des deutschen Fernsehchauvinismus war etwa Hans-Joachim Kulenkampff. In seiner Sendung *Einer wird gewinnen* präsentierte er der Fernsehnation seine Assistentinnen »Uschi« und »Gaby« mit anzüglichen Anspielungen oder Bemerkungen zu ihren schönen Beinen.

Den Programmauftrag einer kritischen Auseinandersetzung mit Politik und Gesellschaft bedienten die öffentlich-rechtlichen Sender mit dem politischen Kabarett eines Dieter Hildebrandt, der den Charme eines meiner Sozialwissenschaftslehrer ausstrahlte, oder jüngerer Kollegen wie Matthias Richling, die schon mit Mitte 20 Sechzigjährige waren.

Mit Blödelbarden wie Karl Dall, Didi Hallervorden oder Otto Waalkes wollte das deutsche Fernsehen schriller sein als das Leben. Auch diese deutsche Nonsenskultur kam nicht ohne Sexanspielungen aus. Das Überleben des Herrenwitzes, nur bemüht ironischer.

Ab den 1990er Jahren waren wir dann endgültig in der Fernsehspaßgesellschaft angekommen. Comedy, Satire, Parodie, Nonsens, politisches Kabarett – in den verschiedenen Formaten von Köpfen wie Hape Kerkeling, Harald Schmidt, Herbert Feuerstein, Jürgen von der Lippe, Wigald Boning, Olli Dittrich, Oliver Kalkofe, Anke Engelke, Bastian Pastewka oder Kaya Yanar vermischten sich die Ansätze.

Deutschland – mehr Spaß geht nicht. Und alle denken, wir wären so ernst. Vielleicht brauchen wir aber gerade deshalb so viel Medienspaß, weil wir uns nicht locker machen wollen, da wir Angst haben, die Kontrolle zu verlieren oder mehr Freude als Leiden am Leben zu empfinden. Was soll man tun, wenn schon die 14- bis 17-Jährigen sich laut aktueller Sinus-Studie durch eine neue Ernsthaftigkeit auszeichnen? Somit sind auch die nachkommenden Generationen in den deutschen Generationenvertrag der Ernsthaftigkeit eingestiegen.

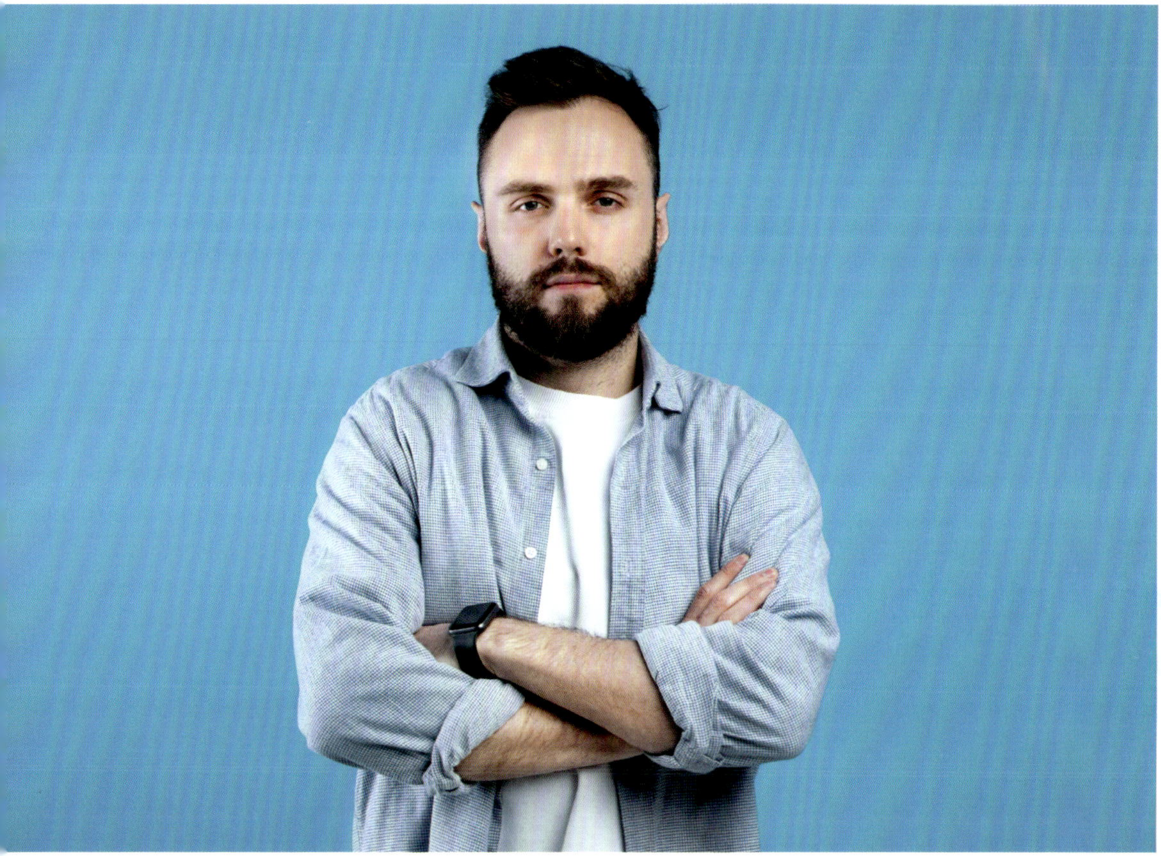

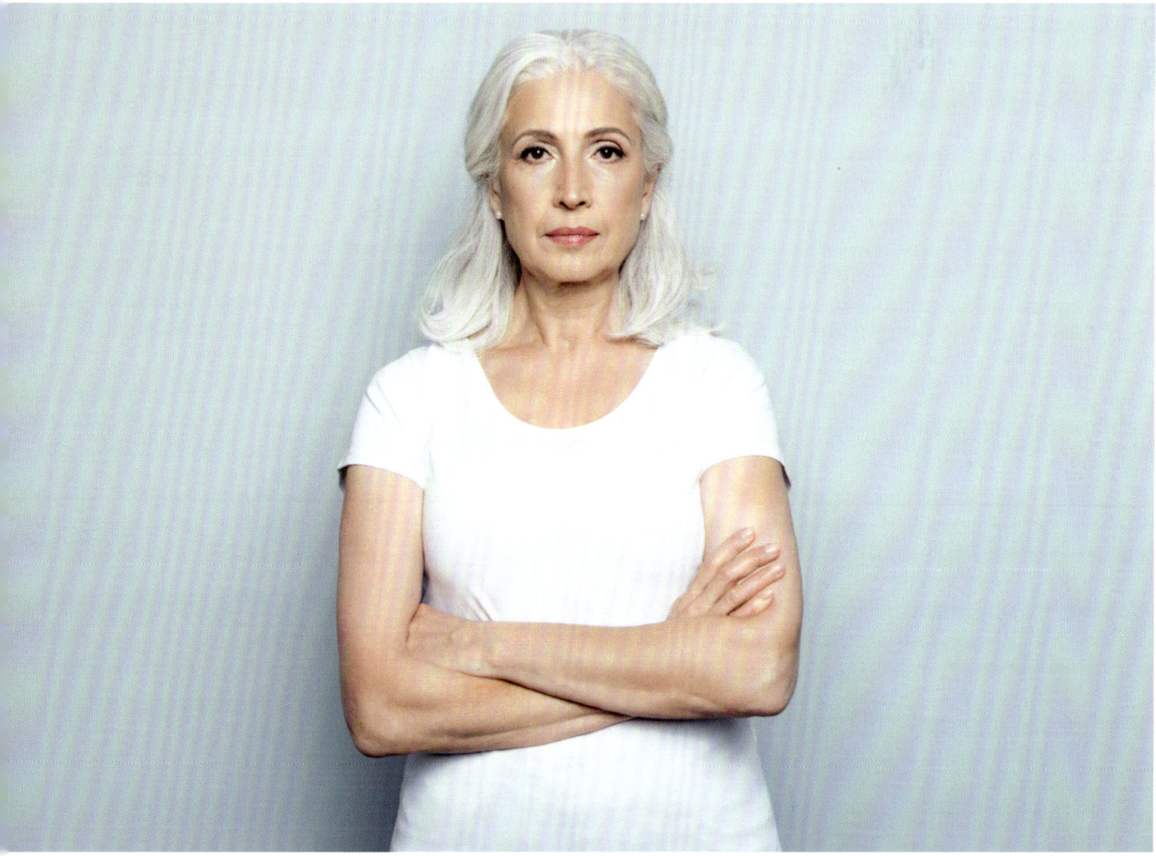

38

Exportweltmeister

Made in Germany

Die deutsche Wirtschaft genießt international einen guten Ruf. Der Außenhandel gilt dabei als das Rückgrat. Es werden mehr Güter exportiert als importiert. Und das seit 1952. Deutsche Produkte besitzen ein ausgezeichnetes Image und sind ein internationaler Exportschlager.

In Europa ist Deutschland die stärkste Volkswirtschaft und das größte Exportland. Weltweit belegt es hinter den USA, China und Japan den vierten Platz als Volkswirtschaft. Und den dritten hinter China und den USA als weltweit größtes Exportland. Zwischen 2003 und 2008 war Deutschland sogar sechsmal hintereinander Exportweltmeister.

Im Jahr 2009 musste es diesen Titel aufgrund der globalen Finanz- und Wirtschaftskrise an China abtreten. 2020 exportierte Deutschland Waren im Wert von rund 1.205 Milliarden Euro und importierte Waren im Wert von ungefähr 1.025. Ein Exportüberschuss von gut 179 Milliarden Euro. Corona-bedingt ist die Exportrate im Vergleich zu 2019 allerdings um 9,3 Prozent und beim Import um 7,1 Prozent zurückgegangen.

»Rund jeder vierte Arbeitsplatz in Deutschland hängt« laut der Bundeszentrale für politische Bildung »vom Export ab«. Die wichtigsten Exportgüter sind nach Angaben des Statistischen Bundesamtes Automobile und Automobilteile, Maschinen und chemische Erzeugnisse, die größten Exporteure die AGs Volkswagen, Daimler und E.ON.

Die Beliebtheit der deutschen Produkte liegt vor allem an der Qualität, aber auch an der Genauigkeit der Arbeit und an der Korrektheit bei Lieferterminen und Zahlungen. Zudem werden das Design, die fortschrittliche Technik, die hohen Sicherheitsstandards, das strenge Einhalten der Umweltrichtlinien und die Nachhaltigkeit gelobt. Im Made-In-Country-Index 2017 von *Statista* belegt Deutschland vor der Schweiz und der Europäischen Union den ersten Platz. Das zeigt an, dass deutsche Produkte weltweit die höchste Reputation besitzen.

Im Jubel über die Exportnation gerät laut der Journalistin Beate Krol außer Acht, dass Deutschland sich »von der Weltkonjunktur« abhängig macht und die Exportindustrie zu viel Einfluss auf die Politik nehmen könne. Krol nennt als Beispiel das Engagement der Bundesregierung gegen die Behinderung der »deutschen Automobil-Exporte« durch die »EU-Abgaswerte«. Auch die »Bürger- und Menschenrechte« fallen Export »zum Opfer«. Man denke etwa an die Waffenexporte in »autokratische Systeme und Diktaturen« wie Saudi-Arabien. Nicht zuletzt zahlen die Arbeitnehmer, wie Krol kritisiert, »den Preis für den Exporterfolg«. Um international konkurrenzfähig zu bleiben, »setzen viele deutsche Exportunternehmen auf Leiharbeit, befristete Beschäftigung und niedrige Löhne«.

Soziale Verantwortung von Unternehmen ist nicht durch gute Zahlen, hohe Gewinne und internationale Reputation zu ersetzen. Die Deutschen sind allerdings viel zu oft von ihren eigenen Erfolgen berauscht, sodass sie die Klarsicht und die Beziehung zur Welt um sich herum zunehmend verlieren.

39

Filterkaffee

Mehr als nur ein Heißgetränk

Kaffee ist das Lieblingsgetränk der Deutschen. Wir trinken mehr Kaffee als Bier oder Wasser.

In den Kiezen und hippen Vierteln der Großstädte verstehen sich in den letzten Jahren immer mehr Cafés als »Vermittler einer besseren Kaffeekultur«. Genussorte und Bildungsstätten für die, die Lust auf Kaffeewissen haben. Ein Beispiel dafür wäre das Kaffee 9 in Berlin-Kreuzberg, das neben ungemütlichen Holzstühlen zum gemütlichen Kiezblick beim Kaffeegenuss auch Stand-up-Vorträge des Personals über die jeweilige Kaffeebohnensorte, die Zubereitungsart oder die Herkunft des Kaffees bietet. Wem das noch nicht reicht, der kann auch Veranstaltungen und Workshops besuchen, »denn das Wissen rund um die Bohne ist unerschöpflich«, wie es auf der Website heißt.

In Lokalitäten wie dem Kaffee 9 gibt es nicht nur den stylishen Vollautomaten, sondern auch andere Zubereitungsarten und -geräte wie Kaffee aus dem Handfilter oder der Chemex-Kanne. Eine leichte Überforderung für jeden, dessen Kaffeegeschmack so schlicht und unflexibel deutsch ist wie meiner.

Mir reicht ein frisch gemahlener Americano aus Kaffeebohnen, die nicht auch noch für mich tanzen müssen, oder ein doppelter Espresso. Zu Hause mahle ich meine Bohnen selbst und fülle sie dann entweder in meine French Press oder die Bialetti-Espresso-Kanne. Die Top 3 der beliebtesten Kaffeemaschinen in Deutschland sind der Vollautomat, die Filterkaffeemaschine und die Pad-Maschine. Milch im Kaffee ist für mich persönlich eine Todsünde. Die Mehrzahl der deutschen Kaffeetrinkerinnen und Kaffeetrinker mag den Kaffee mit diversen Milch- und Süßungsprodukten. Ohne den Zusatz »Barista« geht es heute auch nicht mehr, weder beim Kaffee noch bei der Milch.

Trotz des vielfältigen Angebots bleibt Deutschland in der Breite das Land des Filterkaffees als generationsübergreifendes Lieblingsgetränk. »Rund 164 Liter« Kaffee trinken die Deutschen pro Jahr, laut einer repräsentativen Umfrage unter mehr als 5.000 Kaffeetrinkern zwischen 18 und 64 Jahren rund drei Tassen am Tag. Nur rund 34 Prozent gaben an, dass sie regelmäßig zu nachhaltigen, fairen oder ökologischen Sorten greifen. Vor allem der höhere Preis hält viele davon ab. Für rund 65 Prozent ist es dennoch wichtig, auch beim Kaffee auf Nachhaltigkeit zu achten, wie ein Blick auf die wiederverwendbaren Coffee-to-go-Becher zeigt.

Auch bei einem Genussthema wie dem Kaffee sehen die Deutschen, dass sie Traditionsmenschen sind und bleiben, ob jung oder alt. Sie können sich nur schwer von dem lösen, was sie kennen, um sich für das offen zu halten und auf das einzulassen, was sie nicht so gut kennen. Mit Kaffee verbinden die meisten deutschen Konsumentinnen und Konsumenten vor allem den Genuss. Bei allem, was sich daneben um das Thema der Nachhaltigkeit dreht – Umwelt, Klima, Ökologie, Transparenz oder Fairness –, haben wir noch deutlichen Nachholbedarf.

40

FKK

Organisierte Nacktheit

Wir sind freiheitsliebend. Nicht nur philosophisch und politisch, sondern auch mit Blick auf die ganzheitliche Körperkultur. Die Wurzeln der Freikörperkultur liegen im späten 19. Jahrhundert in Deutschland.

Die Region um Berlin war das Zentrum und die neu entstehende Freikörperkultur ein Bestandteil der Lebensreformbewegung, über die ich noch im Kapitel über das Reformhaus spreche. Das Ziel jener Lebensweise, die kein Nudismus war, bestand darin, gemeinschaftliche Nacktheit mit Gleichgesinnten frei zu praktizieren, in Harmonie mit der Natur und tolerant gegenüber Andersdenkenden.

Die soziale Nacktkultur verfolgte das Ziel, den Auswirkungen »der Verstädterung und der Industrialisierung« mit einer natürlichen »Gesundheitsförderung und Gesundheitserhaltung« zu begegnen, wie Kurt Fischer betonte. Zugleich stellte FKK eine Protestbewegung gegen die Tabuisierung von Nacktheit in der Öffentlichkeit dar. Nacktgymnastik gehörte genauso dazu wie der nackte Ausdruckstanz oder das Licht-Luft-Baden, um nur drei Beispiele zu nennen.

Das erste FKK-Gelände entstand 1903 in Lübeck. Der Spielfilm *Wege zu Kraft und Schönheit* aus dem Jahr 1925 trug zur Popularisierung der Freikörperkultur bei. Da in Deutschland immer alles die richtige Ord-

nung haben muss, wurde auch die öffentliche Nacktheit seit ihrem Entstehen zur Vereinssache. In den 1920er Jahren gründete sich unter anderem der Reichsverband für Freikörperkultur (RFK) und nach der »Machtergreifung« durch die Nationalsozialisten in den 1930er Jahren der Kampfring für völkische Freikörperkultur, später Bund für Leibeszucht.

In der Nachkriegszeit ist der Deutsche Verband für Freikörperkultur (DFK) zum Dachverband für die Interessensvertretung der Freikörperkultur und des Naturismus geworden. Seit 1963 ist er auch Mitglied des Deutschen Sportbundes, des heutigen Deutschen Olympischen Sportbundes.

Seit den 1970er Jahren etablierte sich aber auch die unorganisierte Nacktheit, die nicht im Verein ausgelebt werden muss, sondern überall dort, wo sie möglich und nicht explizit verboten ist. Auffallend ist, dass das Thema »Diversität« bei aller hervorgehobenen Offenheit und Fortschrittlichkeit noch keine Berücksichtigung in der Kultur der FKKler gefunden hat. Sie hält traditionell an der Ordnung der Geschlechter fest.

Den Grund für schrumpfende Mitgliederzahlen im DFK sieht der Leipziger Sexualforscher Kurt Starke aber eher in den Schönheitsidealen, die vor allem in den sozialen Medien kursieren, und in der Angst, an den FKK-Stränden von anderen fotografiert oder gefilmt zu werden. Die Beachtung der Netiquette ist daher von großer Bedeutung.

Die legendäre Buhne 16
auf Sylt

41

Fleiß

Wie die Deutschen wurden, was sie sind

Der deutsche Fleiß ist der Gründungsmythos der Bundesrepublik nach dem Zweiten Weltkrieg. Diese Tugend ermöglichte in den 1950er Jahren das Wirtschaftswunder. Der rasante wirtschaftliche Aufschwung erzielte eine neue Identität als Fleißnation und ein neues nationales Selbstbewusstsein.

Der deutsche Journalist und Schriftsteller Kurt Tucholsky hat schon in der Weimarer Republik festgestellt: »Das heiligste, das der Deutsche hat, ist die Arbeit.« Scharfsinnig entlarvte er die deutsche Fleißtugend als ein Laster, das vom Leben und dem Lebensgenuss ablenkt. Das deutsche Lebensziel lautet – so möchte ich Tucholsky weiterdenken: Noch vor dem Glück, der Freude und der Liebe, kommt die unermüdliche und zielstrebige Arbeit. Ausdauernd, leistungsfähig und produktiv. Durch sie erhalten die Deutschen die gesellschaftlich bedeutendste individuelle Identität.

Diejenigen, die keine Arbeit haben, müssen dagegen mit einem stigmatisierendem Kollektiv-Plural leben: die Arbeitslosen, die Hartz-IV-Empfänger, die Sozialschmarotzer, um nur einige dieser entwürdigenden Zuschreibungen aufzuzählen.

Das deutsche Privatfernsehen schaut hier gerne und regelmäßig hin. Die RTL-II-Produktionen *Hartz und herzlich* und *Armes Deutschland* sind ein Beispiel hierfür. Das Ziel besteht darin, Menschen, die in Deutschland in Armut leben müssen, über einen längeren Zeitraum zu begleiten. Respektvoll und empathisch, um die Zuschauer

für dieses Thema zu sensibilisieren. Ob das gelingt, müssen Sie selbst entscheiden.

Fleiß ist aber nicht nur ein persönliches Ziel, sondern immer auch ein Mittel zum Leistungsvergleich. Die Arbeitszeiten der Deutschen lagen 2019 im europäischen Durchschnitt, im weltweiten Vergleich sogar unter dem Durchschnitt. Dass Deutschland dennoch die viertgrößte Volkswirtschaft der Welt ist, liegt wohl an der berühmt-berüchtigten Effizienz, die ich schon zuvor betrachtet habe.

Der deutsche Fleißfetisch wird schon in der Schule vermittelt. Er steht höher im Kurs als Liebenswürdigkeit oder Kreativität. Als Persönlichkeitsmerkmal sowie Arbeits- und Alltagsziel werden wir ihn in Deutschland nicht mehr los. Selbst unsere Freizeit ist vielerlei Hinsicht wirtschaftlich organisiert. Doch leben der Hype um die neue Freizeit- und Familienorientierung der Generation Y und der hedonistische YOLO-Lifestyle der Jugend nicht seit längerem vor, dass es ein richtiges Leben im falschen Fleiß gibt?

Leider nein. Die aktuelle SINUS-Jugendstudie 2020 zeigt, dass bei Jugendlichen aus dem bürgerlichen Milieu nicht die hedonistischen Werte im Vordergrund stehen, sondern die des »traditionell-bürgerlichen Tugendkatalogs«. Wie eben der Fleiß.

Beim Fleiß sieht man, dass die deutschen Tugenden zu musterhaft, aber auch zu stereotyp gedacht werden. Eine Tugendrevolution wäre notwendig, gerade in Anbetracht unserer interkulturellen Gesellschaft. Nur so können wir unser immer noch viel zu nationalistisch geprägtes Selbstbild zeitgemäß verändern und an einer Vielfalt neuer Selbstbilder arbeiten.

42

Folgsamkeit

Das Problem mit der autoritären Persönlichkeit

Gehorsamkeit und Regeln schaffen Orientierung. Die Deutschen folgen gerne Autoritäten. Zumeist ohne darüber nachzudenken, warum sie das tun. Die Entlastung von Entscheidungen ist häufig wichtiger als die Selbstbestimmung.

Wenn schon unsere Philosophen den deutschen Hang zur Folgsamkeit kritisieren, dann wird es Zeit, nachzudenken. Wir befinden uns schließlich im Land der Dichter und Denker. Aber stimmt das überhaupt, wenn wir uns nicht gerade in der Schule, der Universität, im Kulturbetrieb oder Feuilleton befinden? Haben wir uns irgendwann vom Denken verabschiedet und uns nur noch auf die Dichtung verlassen? Folgsamkeit wird häufig eher durch das Geschichtenerzählen und nicht durch Fakten erzeugt.

Immanuel Kant, der Philosoph, um den es hier geht, wunderte sich schon vor über 200 Jahren darüber, dass sich der Deutsche »unter allen zivilisierten Völkern am leichtesten und dauerhaftesten der Regierung, unter der er ist«, fügt. Haben wir seitdem nicht dazugelernt? An den preußischen Tugenden halten wir zumindest immer noch fest. Kant ergänzte seine Aussage zur deutschen Folgsamkeit, indem er darauf hinwies, dass die Deutschen dazu neigen, »zwischen dem, der herrsche, bis zu dem, der gehorchen soll, eine Leiter anzulegen, woran jede Sprosse mit dem Grad des Ansehens bezeichnet wird, der ihr gebührt«.

Dieses Ansehen wurde lange Zeit durch Stand und Klasse, später durch Titel und Ämter erzeugt. Heute ist es vor allem die Prominenz, die diesen Ort auf der sozialen Leiter bestimmt. Wenn auch nur kurzfristig und selten nachhaltig. Da die Deutschen Vorbilder lieben, können diese Prominenten zu fast allen Themen der Welt etwas sagen. Die digitalen Influencer sind unser Kant im Alltag, und ihre Bedeutung hängt von ihrer Reichweite ab.

Die deutsche Folgsamkeit zieht am mentalen Holzbein den Hang zu demokratischen und antidemokratischen Führerfiguren mit, die das scheinbar richtige Leben kennen und uns dort hinführen, wenn wir ihnen folgen. Das reicht von Büchern zu Bloggern, von Experten zu querdenkenden Querulanten, von Politikern zu Populisten.

Im Arbeitsalltag üben die Deutschen den Zusammenhang von Autorität und Folgsamkeit täglich genauso ein. Dazu muss man gar nicht richtig Chef sein. Projektmanager oder Teamleiter reicht schon aus. Laut aktueller SINUS-Jugendstudie gehört die Konformität, also das Einverstandensein mit der Welt, zur Grundorientierung vieler der befragten 14–17-Jährigen. In der Wertdimension der Studie gehört Konformität zum Bereich »A: Absicherung: Autorität Affirmation Anschluss«.

In Deutschland befolgen wir fast immer die uns auferlegten Pflichten. Im Ausland wird der Deutsche gern zur Wildsau. Die Folgsamkeit ist und bleibt ein Dilemma. Die Deutschen werden immer wieder dazu verführt, gegen ihre Vernunft zu handeln. Sie haben Angst vor der Freiheit, nicht alles immer als alternativlos oder genau richtig, wie es ist, zu akzeptieren.

43

Fräuleinwunder

Die Sprache der Wunderrepublik

Die Gründerjahre der Bundesrepublik waren eine Zeit der Wunder: des Wirtschaftswunders durch den rasanten wirtschaftlichen Aufschwung, des »Wunders von Bern« durch den Gewinn der Fußballweltmeisterschaft 1954 und des deutschen Fräuleinwunders als Bezeichnung für die moderne deutsche Frau in der Nachkriegszeit.

Der Erfinder des Begriffs »Fräuleinwunder« war ein Mann: der Journalist Franz Spelman. Mit diesem Begriff sollte das im Vergleich zum Nationalsozialismus veränderte Frauenbild in der deutschen Nachkriegsgesellschaft beschrieben werden. Die Rolle der Frauen wird aus dieser Perspektive nicht mehr durch das männerdominierte völkisch-nationalistische Idealbild der Mutter bestimmt, die ihre Pflichten gegenüber der Volksgemeinschaft selbstlos zu erfüllen hatte. Die junge Frauengeneration der Nachkriegszeit steht – zumindest mit Blick auf die männliche Projektion, die im Begriff »Fräuleinwunder« enthalten war – für die jungen, attraktiven, begehrenswerten, zumeist unverheirateten und selbstbewussten deutschen Frauen der Nachkriegsgegenwart, die veränderte soziale Rollenmodelle beanspruchten.

Susanne Erichsen gilt als Auslöserin der Rede vom deutschen Fräuleinwunder. Ein international erfolgreiches Model, 1950 zur ersten Miss Germany der BRD gewählt. In den USA galt sie später als Repräsentation der deutschen Mode und des deutschen Frauenbildes der Nachkriegszeit. In den 1960er und 1970er Jahren wurde daran anschließend Christiane Schmidtmer durch ihre Hollywood-Karriere zum Inbegriff des deutschen Fräuleinwunders und zudem als »Liebesbombe« bezeichnet.

Mit Blick auf Erichsen und Schmidtmer wird deutlich, dass mit dem Begriff des Fräuleinwunders weniger das Thema der Emanzipation im Vordergrund stand als vielmehr der männliche Blick. Zudem stellt der Begriff Fräulein eine Verkleinerungs- und Verniedlichungsform erwachsener Frauen dar. Unter dem Einfluss der Studenten- und Frauenbewegung erließ das Bundesinnenministerium 1972 einen Beschluss, wodurch der Gebrauch von »Fräulein« für unverheiratete Frauen zu unterlassen und als Anrede von erwachsenen Frauen der Begriff »Frau« zu verwenden sei. Interessanterweise spielt das Interesse am Personenstand von Männern öffentlich keine Rolle. Ein »Männlein« ist bloß abwertende Bezeichnung, sagt aber nichts über den Familienstand aus.

Heute löst sich die Bemühung um eine geschlechtergerechte Sprache, die ein »wichtiges Gleichstellungsinstrument« ist, laut Gabriele Diewald und Anja Steinhauer »aus (ihrer) Nischenexistenz« und »ist in der Öffentlichkeit als wichtiges Zukunftsthema erkannt worden«. Aus meiner Perspektive besteht trotz der aktuell deutlich zunehmenden Gendersensibilität weiterhin ein großer Nachholbedarf, bis die Themen des gendergerechten Sprechens und der Gleichberechtigung fest im Alltag verankert sind.

44

Funktionskleidung

Allzeit bereit

Wir lieben es praktisch und pragmatisch. Die Funktionskleidung ist die inoffizielle Nationalkleidung beziehungsweise textil gewordene Mentalität.

Vielleicht lieben viele Deutsche die Funktionskleidung so sehr, weil das Wetter so wechselhaft ist. Vielleicht sind sie aber auch nur sehr pragmatisch eingestellt und betrachten den Alltag nicht als einen Laufsteg im Fegefeuer der Eitelkeiten, dessen Regeln die Fashion-Blogger bestimmen. So oder so bringt die Journalistin Marlis Schaum das Prinzip Funktionsjacke auf den Punkt: »Außen sportlich – innen Sofa.«

Für die Funktionskleidungsliebhaber handelt es sich daher auch nicht um den häufig ironisierten »Einheitslook«, wie die Soziologin Kornelia Hahn bemerkt. Die Kleidung von The North Face, Jack Wolfskin oder Patagonia lässt sich, zumindest für das geschulte Auge, nach Label und Kollektion unterscheiden.

Vielleicht zeigt der große Erfolg der Outdoor-Branche – Deutschland ist der größte Absatzmarkt in Europa –, wie sportbegeistert, gesundheitsorientiert und naturverbunden die Deutschen sind. Wandern gehört zu den beliebtesten Sportarten. Und auch wer nicht aktiv ist, kann durch die Funktionskleidung zumindest so wirken. Aus dieser Perspektive hat sie eine gemeinschaftsstiftende Funktion.

Doch Greenpeace hat 2015 in einer Kampagne darauf hingewiesen, dass die Branche »mit unberührter Natur wirbt, während in den Fabriken gefährliche Chemikalien eingesetzt werden«. Daher fordern die Umweltschützer »konkrete Ausstiegsziele« für die Verwendung von »per- und polyfluorierten Chemikalien (PFC)« und »fluorfreie Alternativen«.

So oder so: Die Funktionskleidung ist bei Jung und Alt im Alltag angekommen. Ob auf dem Weg zur Arbeit, auf dem Spielplatz oder beim Einkaufen: Überall, wo wir sind, wollen wir »High Performer« sein. Vielleicht bietet die Funktionskleidung auch einen permanenten Schutz vor einer als unsicher empfundenen Welt, die vor der eigenen Haustür beginnt. So ist man immer richtig angezogen. In Deutschland und allen anderen Ländern.

45

Fußball

Identität und Idealismus

Das Stadion als zweite Heimat, der Verein als Familie und der Kampf um die Tradition als trotzige Nostalgie. Der Deutschen liebster Sport spaltet und verbindet.

Bist du Schalker? Dortmunder? Bayer? Die Anhängerschaft zu einem der großen Vereine in Deutschland bildet für viele eine Säule ihrer Identität. Die Treue zum eigenen Club wird über Generationen vererbt. Seine größten Erfolge bleiben unvergessen. Gerade dann, wenn sie sich angesichts der Machtkonzentration im Geschäft wohl nie mehr wiederholen lassen.

Umso mehr schwelgen ganze Regionen in Nostalgie, deren Flaggschiffe längst in die zweite bis vierte Liga hinabgesunken sind. Am Kaiserbrunnen spricht man noch immer über das Jahr 1998, in dem es Otto Rehhagel gelang, den 1. FC Kaiserslautern als Aufsteiger direkt zur Meisterschaft zu führen. Ein sporthistorisch einmaliges Ereignis.

In Gelsenkirchen bleibt das Trauma von 2001 unvergessen: Schalke 04 feierte bereits vier Minuten und 38 Sekunden die Meisterschaft, bevor ein Tor der Bayern in Hamburg sie ihnen wieder nahm. Niemand hatte beachtet, dass das dortige Spiel noch lief.

Die Saisonjahre *66/67* wurden zum Titel eines Films über sechs Hooligans von Eintracht Braunschweig, die ihr kenterndes Leben im Sommer 2008 immer noch in den großen Tagen des Vereins zu verankern suchen, die vor ihrer Geburt stattgefunden haben.

Die Grenzüberschreitung von Hooligans teilen nur wenige. Die sogenannte Bewegung der Ultras hingegen ist weiter verbreitet. Sehr laute und loyale, aber auch sehr polarisierende Fans, die einerseits für aufwendige Choreografien in den Kurven sorgen, andererseits immer wieder für Pyrotechnik, Krawall und die Anmaßung, als einzig »legitime« Fan-Fraktion das Stadion und die Vereinspolitik beeinflussen zu wollen, kritisiert werden. Ihren Zorn auf die Kommerzialisierung und ihr Beharren auf alten Werten teilen allerdings viele.

Angesichts des globalen Showgeschäfts, zu dem der Fußball sich entwickelt hat, wirkt diese Haltung naiv, hat aber einen stabilen Kern. Denn: Die Bundesliga beharrt weiterhin auf der 50+1-Regel, die verhindert, dass Fußballvereine in Gänze von milliardenschweren Investoren oder gar Hedgefonds übernommen werden können. Eine sportliche Form des deutschen Idealismus, der sich darüber hinaus in der Unterscheidung zwischen den eher geliebten Traditionsvereinen auf der einen und den sponsorenbestimmten Clubs auf der anderen Seite ausdrückt.

An den Spieltagen sind die *Sportschau,* das *Aktuelle Sportstudio* oder die Konferenzschaltung im Radio Institutionen des Samstags. Der Sonntag gehört den Amateuren auf lokalen Plätzen. Hinterm Tor der rauschende Waldrand, an der Blechbande die Dorfbevölkerung.

Drei Millionen Aktive in rund 170.000 Mannschaften und über 24.000 im DFB registrierten Vereinen betreiben den Sport. Abseits davon ist für viele Kinder und Jugendliche der Bolzplatz eine frühe Schule des Lebens und das Klirren des Balles am meterhohen Begrenzungsgitter deren prägender Klang.

46

Gamescom

Die Faszination für digitale Spiele

Als Effizienzweltmeister müssten wir in einem Land der Spielverderber leben. Das Gegenteil ist der Fall. Mehr als die Hälfte der Deutschen spielen regelmäßig Computer- und Videospiele. Die Gamescom ist die weltweit größte Messe dieser Art und »Europas größte Business-Plattform für die Games-Branche«.

Deutschland ist ein Messeland. Im Jahr 2019 gab es 163 internationale und nationale Messen in Deutschland. Die Veranstalter erwirtschaften einen Umsatz von 4,1 Milliarden Euro. 180.472 Aussteller. 9.896.852 Besucher. »Eine der führenden Dienstleistungsbranchen in Deutschland.«

Die Lockdowns der Corona-Pandemie haben zu großen Verlusten für die Branche und anhängende Wirtschaftszweige geführt. Von den für 2020 »geplanten 355 internationalen, nationalen und regionalen Messen« konnten insgesamt »nur 114 durchgeführt« werden. Digitale Events stellen für die Branche bisher noch keine »dauerhafte Alternative« dar, wie Gerald Böse, Vorsitzender der Geschäftsführung der Koelnmesse GmbH betont. Mit Blick auf die digitale Gamescom im Jahr 2020 sagt er, dass für die Games-Community »gemeinsam vor Ort feiern, spielen und Emotionen teilen die gamescom weiterhin wesentlich ausmachen«.

Die Erfolgsgeschichte des Themas »Gaming-Messe« beginnt nicht erst 2009 mit dem Start der Gamescom in Köln, sondern bereits 2002 mit der Games Convention in Leipzig. Deren jährlich steigende Zahlen setzte die Gamescom fort, die 2019 bei 373.000 Besuchern und 1.153 Ausstellern lag – plus Millionen internationaler Online-Besucherinnen und -Besucher.

Die Gamescom ist das größte globale Games-Event. Sie feiert die Vielfalt der Games-Kultur und steht für Innovation, Zeitgeist und Gemeinschaft. Darüber hinaus setzt sich der gamescom congress mit den gesellschaftlichen, kulturellen, künstlerischen und wirtschaftlichen Dimensionen der Gaming-Kultur auseinander. Zugleich ist die Gamescom aber auch eine spektakuläre Kulisse zur Konsumkultivierung.

Rund sechs von zehn Deutschen spielen regelmäßig. Im Jahr 2020 belief sich der Gesamtumsatz der Branche in Deutschland auf rund 8,5 Milliarden Euro. Somit ist er einer der größten Innovationsmärkte der Kreativwirtschaft. Zugleich wendet sich der Blick vieler Gamer nostalgisch in die eigene Kindheit. Retro-Gaming ist ein fester Bestandteil der Gamescom und hatte seinen Ursprung bei der Games Convention. Sammler, Vereine, Bastler und Künstler geben Einblicke in die Historie und lassen Fans alte Systeme wie den C64 oder den Atari2600 ausprobieren.

Gaming ist ein Katalysator für die von den leistungs- und disziplinorientierten Tugenden gestressten Deutschen. Die Games-Kultur ist aber auch eine populäre Bildungsagentur, die uns verdeutlicht, dass das Spielen genauso zum Ernst des Lebens gehört wie die Arbeit, die wir oft viel zu ernst nehmen.

Die Gamescom als Treffpunkt der spielenden Gemeinde. Hier festgehalten als Illustration von Lennart Menkhaus aus seinem kunstvollen Reise-Bildband **Bilderbuchland**.

47

Gammelfleischparty

Die Jugend von heute

Wie ticken die Jugendlichen in unserem Land? Die Aktion »Jugendwort des Jahres« gibt uns Antworten.

Die Deutschen sind stets melancholisch: Die Wahl für das erste deutsche Jugendwort fiel 2008 direkt auf ein Vanitas-Motiv, das die Vergänglichkeit spöttisch zum Thema macht: die »Gammelfleischparty«, eine Ü30-Party, an der Jugendliche nicht teilnehmen dürfen.

Der Begriff ist an die seit den 2000er Jahren in Deutschland bekannt gewordenen »Gammelfleisch-Skandale« angelehnt und wird damit zu einem Synonym für das Verfallsdatum der Feierlustigen. Die Jugendsprache ist ein Seismograf für den gesellschaftlichen Wandel, mit dem neue Perspektiven auf die Welt formuliert werden. Die Initiative »Jugendwort des Jahres« wurde vom Langenscheidt-Verlag ins Leben gerufen, um die Kreativität und Originalität der Jugendsprache jährlich von neuem zu dokumentieren.

Mit der Wahl zum »Jugendwort des Jahres« wirbt der Verlag für sein Lexikon *100 Prozent Jugendsprache,* das jährlich erscheint. Kritiker wenden ein, dass es sich bei dieser Initiative nur um kluges Verlagsmarketing für das Lexikon handelt. Ein repräsentativer Einblick in das Sprechen und Denken der Jugendlichen in Deutschland wird nicht vermittelt.

Im Frühjahr 2021 wurde in Deutschland eine »Gammelfleisch-Hymne« der besonderen Art veröffentlicht. Der Song *Club 27* vom Musiker und Schriftsteller Thees Uhlmann. Den Text schrieb der Produzent und Songwriter Robin Grubert zusammen mit dem Schriftsteller Benjamin von Stuckrad-Barre. Der Song wendet sich einem Mythos der Popkultur zu: dem »Club 27«. Mit diesem Begriff wird eine Reihe einflussreicher Musiker bezeichnet, die im Alter von 27 gestorben sind, so etwa Brian Jones, Jimi Hendrix, Janis Joplin, Jim Morrison, Kurt Cobain oder Amy Winehouse.

Wenn Vergänglichkeit in der Popmusik eine Rolle spielt, dann häufig in Form einer glorifizierenden Tragik und eines Jugendkults: *Live fast, die young.* Der Song *Club 27* handelt davon, nur eben aus der Perspektive unterschiedlicher Figuren wie Thees Uhlmann oder Udo Lindenberg, die popkulturell extrem exzessiv gelebt haben und dennoch weiter unter uns weilen. Im Song wird aus *live fast, die young* die legendär gute Zeile: *»Too old to die young.«* Der gemeinsame Auftritt der Mittvierziger Uhlmann und von Stuckrad-Barre mit der 24-jährigen Schauspielerin Josepha Walter im Video eröffnet die Perspektive, dass die Gammelfleischparty-Perspektive überholt ist.

Das Jugendwort »Gammelfleischparty« und der Song *Club 27* regen zudem dazu an, in Deutschland intensiver über die Kultur des Alter(n)s mit der Popmusik zu sprechen. Denn Pop als Musik von der Jugend für die Jugend ist schon lange ein veraltetes Klischee.

48

Gartenzwerg

Kult- und Spottobjekt

Gartenzwerge gelten als Inbegriff von Spießigkeit und Kitsch. Trotzdem sind sie Kult und gehören dazu wie Fußball. Rund 25 Millionen Gartenzwerge bevölkern die deutschen Gärten.

Der Original-Gartenzwerg hat eine rote Zipfelmütze, festes Schuhwerk, einen weißen Bart und eine Laterne für seine Arbeit im Bergbau: eine Nachbildung der Bergmänner, später kamen andere Berufsgruppen dazu. Er ist ein Symbol des Fleißes.

Gartenzwerge sind in Deutschland vor allem in ländlichen Gebieten beliebt, aber auch die städtischen Schrebergärten und Kleingartenkulturen haben deutlich zur Popularität beigetragen. Nach dem Zweiten Weltkrieg war der Wunsch nach Vergessen und einer heilen Welt stark ausgeprägt. Schrebergärten waren vor allem in den 1950er und 1960er Jahren groß in Mode.

Thüringen gilt als das Geburtsland der Gartenzwerge. Gräfenroda ist ihr Geburtsort. Dort gründete August Heissner 1872 eine Keramikmanufaktur und widmete sich unter anderem der Gartenzwergproduktion. Philipp Griebel gründete 1874 seine Thonwaarenfabrik in Gräfenroda, wirkte zwischen 1880 und 1890 bei der Gartenzwergentwicklung mit und nahm sie gegen Ende des 19. Jahrhunderts in die Produktpalette auf. Heute ist die Gartenzwergmanufaktur Philipp Griebel die letzte in Thüringen und wird in vierter Generation von Reinhard Griebel geleitet. Das Familienunternehmen führt in Gräfenroda auch das Gartenzwergmuseum.

Gartenzwerge sind keine genuin deutsche Erfindung. Der Kieler Soziologe Hans Werner Prahl wies nach, dass das Urbild des Gartenzwergs vor über 800 Jahren in Anatolien entstanden ist. »In den dortigen Bergwerken wurden zahlreiche Sklaven aus Nordafrika eingesetzt, vornehmlich Pygmäen. Um deren scheinbar übernatürliche Kräfte im Bergbau zu bannen«, so der Journalist Florian Stark ergänzend zu Prahl, »stellten die Menschen kleine Tonfiguren in die Landschaft.« Der Gartenzwerg hat also einen »orientalischen Stammbaum«. Darauf verweist etwa die Phrygische Mütze, die das Vorbild für die rote Zipfelmütze darstellt. Von Anatolien gelangte diese Vorform des Gartenzwerges »über Italien schließlich nach Mitteleuropa«.

Der größte deutsche Gartenzwerg-Fan ist wohl der Saarländer Sven Berrar, der eine Sammlung von 3.000 unterschiedlichen Exemplaren besitzt. Heute sind es weniger die traditionellen Modelle, die den Markt bestimmen, sondern Spaßvarianten wie frivole Nudisten-, Fetisch- oder Exhibitionistengartenzwerge oder Zombies (als Leichen mit Messer im Rücken oder mit dem Kopf in der Mausefalle). Die Gartenzwerge veranschaulichen unter anderem die Bedeutung von Tradition, Handwerk und Naturverbundenheit in Deutschland, aber aus meiner Sicht auch das große Problem, das die Deutschen in Sachen Humor und Geschmack besitzen.

49

Gastarbeiter

Ein Spiegelbild unserer Sicht auf andere Kulturen

Die Geschichte der Gastarbeiterinnen und Gastarbeiter in Deutschland beginnt mitten im Wirtschaftswunder in den 1950er Jahren. Aus jenen, die hier als Gäste arbeiteten, wurden Migranten und schließlich Teile der Bevölkerung.

Für Sarah Deborah Reininghaus

Das deutsch-türkische Anwerbeabkommen jährt sich 2021 zum sechzigsten Mal. Zahlreiche Veranstaltungen, Ausstellungen und Diskussionen widmen sich der Geschichte der größten Einwanderergruppe.

Damals wurden diese Arbeitsmigrantinnen und Arbeitsmigranten noch unter dem Begriff »Gastarbeiter« zusammengefasst. Dem ersten Anwerbeabkommen mit Italien (1955) folgten bald solche mit Griechenland und Spanien (1960), der Türkei (1961), Marokko und Südkorea (1963), Portugal (1964), Tunesien (1965) und schließlich dem ehemaligen Jugoslawien. Die Rede von den »Gastarbeitern« erwies sich jedoch mit den Jahren und bei genauerem Hinsehen als problematisch. »Gäste« können eine besondere Behandlung durch den Gastgeber erwarten, werden jedoch selten zur (Mit-) Arbeit aufgefordert. Verlangt wird, dass sie sich benehmen, den Regeln der Gasterei entsprechen und eben nicht Teil des Gastgeberhaushalts sind.

Bei den vor allem für die Arbeit in der Industrie eingestellten Arbeiterinnen und Arbeitern, die Arbeitsformen wie Akkord-

arbeit und desolate Unterbringungsformen akzeptierten, handelte es sich überwiegend um Kräfte, die man anlernte, aber nicht ausbildete. Deutsche hätten für vergleichbare Beschäftigungen allenfalls für höhere Löhne zur Verfügung gestanden. Daher waren die »Gäste« für die Stabilität der Wirtschaft bedeutsam.

In den 1960er und 1970er Jahren wurde deutlich, dass immer mehr von ihnen verweilten. Der Nachzug von Familienangehörigen wurde gestattet und kann als einer der Wendepunkte in der Geschichte der Arbeitsmigration ausgemacht werden. Um die Integration dieser Personengruppe in die deutsche Gesellschaft bemühte sich indes niemand. Und noch heute werden bestimmte Gruppen skeptischer beäugt als andere, was vor allem in der in ihren Herkunftsländern vorherrschenden Religion begründet zu liegen scheint. Der Diskurs um ihre Integrationsfähigkeit und -willigkeit verhandelt somit auch immer die Frage danach, ob der Islam »zu Deutschland gehört«, ganz unabhängig davon, ob und wie die Individuen individuell durch Religion oder Tradition geprägt sind.

Bundespräsident Christian Wulffs Rede *Vielfalt schätzen – Zusammenhalt fördern* aus dem Jahr 2010, in der er betonte, dass der Islam »inzwischen auch zu Deutschland« gehört, sorgte für viel Lob und gleichermaßen auch Kritik, obwohl es Wolfgang Schäuble war, der als Bundesinnenminister eine ähnliche Aussage bereits vier Jahre zuvor formuliert und damit eine grundlegende Frage nach deutscher Identität gestellt hatte.

50

Geiz

Von »Geiz ist geil« zu »Geiz ist ungeil«

Wir sind im Land der Sparfüchse und Pfennigfuchser. Jeder Tag ist ein Festtag, an dem beim Geldausgeben auch noch gespart werden konnte. Das trifft nicht nur für die Schwaben zu. Schnäppchenjagd ist Volkssport.

In der Drogerie herrscht der Payback und im Barista-Café die Bonusheftchenwirtschaft. Rabattmarken sind zu Portemonnaie-Accessoires der Hipster geworden, die bekanntlich gar nicht so modern sind, sondern das Konservative in neue Gewänder kleiden.

Nach einem harten Arbeitstag eilen andere schnell in die nächstgelegene Mall, um beim Textil-Discounter Primark so viele Taschen zu füllen, wie man gerade noch tragen kann. Haben Sie auch Glücksgefühle, wenn Sie für so viele Einkäufe so wenig bezahlen? Viele Malls bieten zudem den Service an: Sie shoppen, so viel Sie wollen. Wir bringen Ihnen alles nach Hause. Der kleine Konsumurlaub für zwischendurch.

Wir können es uns leisten. Die privaten Konsumausgaben in Deutschland beliefen sich im Jahr 2020 auf über 1,7 Billionen Euro. Im Jahr 2019 haben die Deutschen je Einwohner rund 21.000 Euro für den privaten Konsum ausgegeben.

Deutschland wäre aber nicht Deutschland, wenn die Deutschen ihrem Konsum nicht nur den Konsumverzicht als Alternative an die Seite stellen. Klar, die Deutschen sparen gerne und viel, sie brauchen aber das Gute-Sparen-Gefühl auch direkt im Konsumalltag. Die Schnäppchenjagd macht es möglich. Sparen durch Ausgeben. Die Hamburger Werbeagentur Jung von Matt hat diese deutsche Ambivalenz mit ihrem ungeilen Slogan 2002 für die Elektronikkette Saturn auf den Punkt gebracht: »Geiz ist geil.« Der Slogan brachte die deutsche Konsumambivalenz auf den Punkt, genauso wie heute Primark als Modell für die Konsumwelt der Gegenwart: Der Preis ist wichtiger als die Qualität. Wir kaufen Preise und keine Produkte mehr. Und wer schon beschenkt wird, der sollte auch nicht moralisch motiviert nach den Arbeitsbedingungen, der aggressiven Preispolitik, dem Verdrängungswettbewerb oder der Nachhaltigkeit fragen.

Erinnern Sie sich noch an den privaten Feldzug von Elke Heidenreich gegen diese Saturn-Kampagne, die sie in ihrem Freundeskreis, vor einzelnen Filialen und in ihrer *Brigitte*-Kolumne gestartet hatte? Sparsamkeit, wenn sie nicht übertrieben ist, hat gute Gründe. Geiz ist hingegen giftig und vergiftet zumeist die Gedanken. Schauen Sie auf der Straße Menschen an, denen es nicht gut geht, und rufen ihnen ein munteres »Geiz ist geil« entgegen?

Die Geiz-ist-geil-Mentalität ist die dunkle Seite der deutschen Sparsamkeit. Sie verdeckt das Gefälle zwischen denen, die frei darüber entscheiden können, wann sie sich etwas leisten wollen, und denen, die keine Wahlfreiheit haben. Der Zynismus der Werbetreibenden ist eben kein Navigationssystem für ein gutes Leben.

51

Gemütlichkeit

Besser als ihr Ruf

Lange Zeit war die deutsche Gemütlichkeit gleichbedeutend mit Enge, Biederkeit, Spießigkeit und Kleingeistigkeit. Häufig auch mit Nationalismus. Genauso wie die kleine Kneipe in unserer Straße, von der Peter Alexander sang. Heute erlebt die Gemütlichkeit ein Revival. Dank unseren europäischen Nachbarn, den Dänen.

Für Martha und Fritz Kleiner

Wenn ich das Wort Gemütlichkeit höre, denke ich unmittelbar an meine Großeltern väterlicherseits und an ihre gute Stube, das Wohnzimmer. Der Ort, an dem sie die meiste Zeit verbrachten. Ihre Einrichtung war eine Mischung aus heute beliebten Stilmöbeln der 1950er und 1960er Jahre. Als Kind fand ich sie muffig und unbequem. Heute würde ich mich freuen, wenn ich noch ein paar von ihnen besäße, und das nicht, um sie bei eBay gewinnbringend an Vintage-Fans zu verkaufen.

Erinnern Sie sich noch an die ultrahart gepolsterten Sofa-Garnituren mit Blumenmuster und dünnen Holzbeinen? An den Wohnzimmertisch mit Kurbel? An die massiven Holzschränke mit den Glastüren, hinter denen das gute Geschirr für die Sonn- und Feiertage präsentiert wurde? An Cocktailsessel und Servierwagen?

Wenn meine Großeltern den Eierlikör vom Servierwagen tranken, stimmten sie dabei das Volkslied *Ein Prosit der Gemütlichkeit* an. Meine Oma wurde 1905 geboren, mein Opa 1895. Tradition und Heimat waren wichtig, besonders weil sie in den 1960er Jahren

aus ihrer Heimat in der ehemaligen DDR geflüchtet waren. Ihr Wohnzimmer half zu bewahren, was sie kannten, und sich vor dem schützen, was sie nicht mehr verstanden. Es war aber auch ein Raum, an dem man die Schrecken der Vergangenheit vergessen konnte. Wie bei vielen in der Nachkriegszeit.

Gemütlichkeit war der Heimatfilm, überkoloriert, aber schwarz-weiß im Denken. Die Kneipen dieser Zeit bildeten eine Art öffentliches Wohnzimmer, das die heimische Gemütlichkeit mit der nachbarschaftlichen Gemeinschaft verband. Für die 68er waren diese Formen von Gemütlichkeit und Gemeinschaft Keimzellen für den neuen Faschismus. Eine Geselligkeit, die für jene, die nicht dazugehören, ungemütlich und sogar tödlich werden kann. Heute noch ist in der Neuen Rechten der Zusammenhang von kleiner, traditioneller Kneipengesellichkeit und radikaler Ideologie überdeutlich.

Meinen Großeltern waren diese Themen fremd. Sie wollten nach der Erfahrung von zwei Weltkriegen nur noch vergessen, haben sich auf Kaffee, Kuchen und Eierlikör konzentriert und sich darüber gefreut, zusammen zu sein. Nach dem Tod meines Großvaters hat meine Großmutter nie wieder Eierlikör getrunken.

Heute können wir es wieder mit der Gemütlichkeit probieren. Nicht weil die kleine Kneipe zum Szenetreff von Großstadt-Hipstern geworden ist, deren ironischer Ansatz auf dem Land ohnehin nicht verfängt, sondern vor allem durch den Einfluss der Dänen. Sie haben aus dem so ungemütlich klingenden deutschen Wort Gemütlichkeit eine Hygge-Welt der guten Gefühle gemacht. Das eigene Heim wird zum Gegenstand permanenter Gestaltungen – und zum Motiv bei Instagram.

52

Gendern

Diskriminierungsfreie Sprache

Gendern oder nicht gendern, das ist eine der Fragen, die Deutschland spaltet. Dadurch ist ein anhaltender, sehr emotionaler Streit um gerechte Sprache und diskriminierungsfreies Sprechen ausgelöst worden. Ein Konsens ist auch in Zukunft nicht in Sicht.

Gendern meint den Gebrauch geschlechtergerechter Sprache als Ausdruck der gelebten Gleichberechtigung und Gleichstellung von Frauen, Männern und Personen des dritten Geschlechts, die sich als divers verstehen und auf Intergeschlechtlichkeit sowie nicht-binäre Geschlechtsidentität beziehen.

Das generische Maskulinum schließt alle mit ein, doch die meisten, die einen Satz wie »Die Kinobesucher wurden gut unterhalten« hören, werden sich wahrscheinlich unmittelbar männliches Publikum vorstellen. Dadurch trägt die Verwendung der männlichen Wortform zur Unsichtbarkeit des anderen Geschlechts bei. Gendersensibles Sprechen soll hingegen alle Personen sicht- und hörbar machen.

Für die einen stellt das Gendern einen politischen Beitrag zur Förderung von »Chancengleichheit und Gleichstellung« dar, wie Maria Thurmair, Professorin für Deutsch als Fremdsprachenphilologie, hervorhebt. Die anderen sehen dadurch die Sprache sinnlos geschädigt, etwa mit Blick auf den Lektürefluss. Zudem sei, fassen die Sprachwissenschaftlerinnen Gabriele Diewald und Anja Steinhauer kritische Stimmen zusammen, »der Stellenwert der Sprache [...] für die Durchsetzung der Gleichstellung unwesentlich«.

Diese Perspektive betont, dass die gendergerechte Sprache bisher auch nichts an der sozialen Ungleichheit von Frauen und Männern geändert hat, wie etwa mit Blick auf den Gender Pay Gap, den Verdienstunterschied zwischen Frauen und Männern, deutlich wird. Nicht zuletzt sei es eine »aufgezwungene Sprachpolitik«, die gerade zur Diskriminierung beiträgt. »Schon der Durchschnittsleser«, so die Journalistin Dörte Stein, »stolpert durch gegenderte Texte, für Nichtmuttersprachler sowie Menschen mit Leseschwäche, Hörbehinderung oder kognitiver Einschränkung ist die Herausforderung umso größer. Barrierefreiheit war gestern.«

Wie halten Sie es mit der geschlechtergerechten Sprache? Machen Sie mit? Und wenn ja, aus Überzeugung oder sozialem Druck? Und wie? Paarnennung? Binnen-I? Gender-Stern? Unterstrich? Doppelpunkt? Sämtliche Formen ernten in der befürwortenden Debatte auch wieder Kritik, so etwa die, durch ihre Darstellung jedes anderen Geschlechtsentwurfs als Leerstelle zwischen dem Männlichen und dem Weiblichen diese traditionelle Leitunterscheidung weiter zu festigen.

Eine Umfrage aus dem Jahr 2021 hat ergeben, dass 65 Prozent der Deutschen das Gendern ablehnen. Gleichstellung und Chancengleichheit sind für die Befragten allerdings von großer Bedeutung. Es fehlt nur die Überzeugung, dass durch die Macht der Sprache ein gestaltender Einfluss auf die Gesellschaft genommen werden kann.

force

/ˈʒɒnˈdɑːn

gen·der

words (

line, fe

53

Grobschlächtigkeit

Auf der Suche nach Empathie

Italiener sind elegant. Franzosen sind charmant. Spanier sind temperamentvoll. Japaner sind filigran. Deutsche kommen bei solchen Beschreibungen meistens schlecht weg. Häufig werden wir etwa als ungehobelt und grob wahrgenommen.

Das erste Mal hörte ich das Wort, als ich mit meinen Eltern den Film *Es geschah am hellichten Tag* aus dem Jahr 1958 im Fernsehen sah. Irgendwann Mitte der 1980er Jahre. Gert Fröbe spielte den fiktiven Kindermörder Albert Schrott. Sein filmischer Kontrahent war Heinz Rühmann in der Rolle des Polizisten Oblt. Dr. Hans Matthäi.

Meine Mutter bezeichnete Fröbe als grobschlächtig. Rühmann war für sie ein aalglatter Spießer und durch seine erfolgreiche Schauspielervergangenheit im Nationalsozialismus auf alle Zeiten disqualifiziert. Fröbe, der als einer der bedeutendsten deutschen Charakterschauspieler gilt, war ihr durch seine Erscheinung und die Art, zu sprechen und zu spielen, einfach zu plump, brachial und derbe.

Ich habe damals nicht ganz verstanden, was sie meinte. Sie zeigte mir nach dem Film das Bild eines Konditormeisters aus dem Jahr 1928, geschossen vom deutschen Fotografen August Sander als Teil seines Fotoprojekts *Menschen des 20. Jahrhunderts*. Sander interessierte sich für Typen, Stände und Klassen, weniger für die konkreten Individuen. Er wollte das »Antlitz der Zeit« fotografisch zum Vorschein bringen.

Der Konditormeister, der eine verblüffende Ähnlichkeit mit Fröbe besaß, füllte fast das gesamte Bild mit seiner Leibesfülle. Mit vollmondrundem Glatzkopf blickte er aus weit geöffneten Augen frontal in die Kamera. Zugleich selbstbewusst, stolz und überheblich. Schneebesen und Schneeschlagkessel verschwanden in seinen massigen Händen. Das Foto wirkt überzeichnet und bringt die Saturiertheit ironisch zum Ausdruck.

Seit dieser Zeit sind Gert Fröbe und Sanders Konditormeister für mich zum Inbegriff deutscher Grobschlächtigkeit geworden. Interessanterweise waren die beiden mit Blick auf ihre Tätigkeitsfelder eher filigran. Man muss eben immer genauer hinschauen.

Eleganz, Charme und Feinsinnigkeit sind hingegen Eigenschaften, die den Deutschen nur selten zugeschrieben werden. Vielmehr empfindet man uns in vielen Ländern wie etwa in England oft als zu direkt. Unseren Humor als zotig, unsere Erscheinung als hemdsärmelig, unser Auftreten als zu forsch und fordernd. Die Sprache klingt für viele sehr hart. Das Zusammensitzen bei Bier und Wurstplatte ist ein Ausdruck unserer kulturlosen Geselligkeit. Lässt man das alles auf sich wirken, erscheinen die Deutschen als nur bedingt gesellschaftsfähig. Die Grobschlächtigkeit ist dabei die andere Seite der deutschen Distanziertheit. Eine aggressive und unelegante Offenheit, aber genauso aggressiv wie die Zurückhaltung in ihrer diskriminierenden Passivität.

54

Grundgesetz

In bester Verfassung

Das stabilste Provisorium aller Zeiten.

Im Mai 1949 trat das Grundgesetz in Kraft. Das Bundesverfassungsgericht sollte angesichts der Erfahrungen mit dem Unrechtsregime der Nazis fortan darüber wachen, dass die Verfassung und in ihr ganz besonders die Grundrechte gewahrt bleiben. Auch die Menschenwürde als oberster Grundsatz war in dieser Klarheit eine Innovation. Dass das Grundgesetz nicht »Verfassung« hieß, liegt darin begründet, dass der Parlamentarische Rat es damals als Provisorium verabschiedete. Schließlich waren die Deutschen in der Sowjetischen Besatzungszone und im Saarland davon ausgeschlossen.

Zur Verfassung sollte es erst nach der Einheit werden. Als dieses Ziel 1990 erreicht wurde, nahm man die neuen Bundesländer in den Text auf und beendete diesen mit den Worten, dass nun alle »in freier Selbstbestimmung die Einheit und Freiheit Deutschlands vollendet« haben: »Damit gilt dieses Grundgesetz für das gesamte Deutsche Volk.«

Die Tatsache, dass man das Grundgesetz nach der Wiedervereinigung rein sprachlich immer noch nicht in eine »Verfassung« umwandelte, dient rechtsradikalen Gruppierungen wie den Reichsbürgern bis heute als Aufhänger für ihr Narrativ, es gebe überhaupt kein souveränes Deutschland und wir alle seien noch unter der Knute der »Besatzungsmächte«. In der Lutherstadt Wittenberg ist das selbst ernannte »Königreich Deutschland« zu besichtigen, ein »Gemeinwohlstaat« unter Peter Fitzek, mittlerweile »Peter I., Menschensohn«, einem realsatirischen Guru zwischen Größenwahn und simuliertem Gutmenschentum, wie ihn nur Deutschland hervorbringen kann. Ich selbst muss gestehen, ebenfalls für eine kurze Zeit ein Teil dieses Reiches gewesen zu sein, denn auf der für die Recherche besuchten Webseite steht: »Mit der Nutzung dieser Webseite erklärst du dich damit einverstanden, eine temporäre Zugehörigkeit zum Staatsverein Königreich Deutschland einzugehen. Es entstehen dadurch keine weiteren Rechte oder Pflichten.« Puh, noch mal Glück gehabt.

Die Grundrechte, die gleich zu Beginn des Grundgesetzes in seinen ersten 19 Artikeln definiert sind, sind unveräußerlich, dauerhaft und einklagbar, gedacht als Abwehr des Bürgers gegen einen womöglich übergriffigen Staat. Ihre teilweise Aussetzung in der Corona-Krise bezeichnete Kanzlerin Angela Merkel selbst als »demokratische Zumutung«.

Als Vorbild für sich demokratisierende Gesellschaften bildet das deutsche Grundgesetz ein erfolgreiches Exportgut. Südkorea, Griechenland, Spanien oder Taiwan gehören zu den bekanntesten Ländern, die beim Neuaufbau ihrer Verfassung nach überwundenen Diktaturen offene Anleihen daran nahmen, ebenso sich reformierende Staaten in Osteuropa. Der erste Artikel des Grundgesetzes, die Menschenwürde, nahm dabei eine besondere Rolle ein. Ihr ist in diesem Buch ein einzelnes Kapitel gewidmet.

55

Gummibaum

Der Gartenzwerg für drinnen

Wir sind auch bei Pflanzen traditionstreu. Der Gummibaum ist ein Klassiker, auf den kaum jemand verzichten möchte.

Ich weiß nicht, wie es Ihnen geht, aber für mich ist der gemeine Gummibaum die deutsche Büro- und Zimmerpflanze schlechthin. Seine Herkunft ist exotisch. Er stammt aus »einem Gebiet von Nordostindien (Assam) bis nach Indonesien (vor allem auf den Inseln Sumatra und Java)«. In Deutschland wird der Gummibaum seiner Exotik sofort wieder beraubt und ordentlich in Blumentöpfe oder Blumenkörbe gesteckt. Zimmerpflanzen heißen schließlich nicht umsonst auch Topfpflanzen. Der deutschen Ordnungsliebe widme ich mich später noch.

Der Gummibaum wird in Deutschland für seine pflegeleichte Haltung geschätzt. Er verbessert das Raumklima, hat eine positive Wirkung auf seine Besitzer und sorgt für eine wohnliche Atmosphäre. Ein begrünter Wohnraum erzeugt insgesamt eine entspannte und ruhige Stimmung. Keine Sorge, ich möchte Ihnen hier keine Gummibäume oder andere Zimmerpflanzen verkaufen.

Deutschland, das Land der Waldromantik und der »Wandelgermanen« (Oliver Uschmann), möchte die Naturoasen nicht nur aus den Wohnungsfenstern bewundern oder diese regelmäßig aufsuchen, sondern auch in den Wohnungen mit beglückenden Blumen und Pflanzen leben. Heute sind für die Inszenierung von Blumen und Pflanzen besonders stylishe Topfmodelle etwa in Messinggold beliebt und nachhaltige, dicht geflochtene, stabile Körbe in warmen Farben, die viele aus dem Asienurlaub kennen. Aber auch Pflanzenständer, Pflanzentreppen und Retro-Blumentische liegen im Trend, zum Beispiel im Industrielook oder Modelle aus den 1950ern bis 1970ern. Mehr Deko geht doch immer, oder? So kann das eigene Zuhause in einen Urban Jungle verwandelt werden und eine hohe Instagrammability erhalten, die heute oft genauso wichtig ist wie das eigene Wohnungswohlbefinden.

Das Leben ist in Deutschland bekanntlich immer so ernst und der Alltag oft grau, besonders im Büro. Sollten die Blumen- und Pflanzenbesitzer jetzt auch noch den berühmt-berüchtigten grünen Daumen besitzen, ist das deutsche Innenraumnaturglück perfekt.

Diese deutsche Naturliebe zahlt sich aus. Im Handel mit Blumen und Pflanzen wurden in Deutschland im Jahr 2020 »etwa 9,4 Milliarden Euro erwirtschaftet«. Das grüne Bewusstsein ist in Deutschland aber nur bedingt auch an fair gehandelten Blumen interessiert. Im Verhältnis macht der Umsatz mit Fairtrade-Blumen und -Pflanzen nur »einen relativ geringen Anteil aus«: Im Jahr 2020 belief er sich auf 167 Millionen Euro. Wir wissen eben, was wir an dir haben, lieber *Ficus elastica*.

56

Handtuch

Wer zuerst kommt, liegt besser

Die Deutschen sind Urlaubsweltmeister und waren ein paarmal Fußballweltmeister. Weltmeister im guten Benehmen sind sie aber sicher nicht. Zumindest nicht im Urlaub.

Warum sind die Deutschen so versessen darauf, die Liegestühle am Hotelpool oder Strand mit einem Handtuch zu reservieren? Am besten noch vor dem Frühstück und dann gleich mehrere auf einmal? Einfach mal Loslassen und Lockermachen fällt den Deutschen leider schwer. In Klischees steckt bekanntlich immer ein Funken Wahrheit.

Aber seien wir ehrlich: Wer von uns kann von sich behaupten, nicht selbst zumindest einmal im Urlaub einen Liegestuhl mit einem Handtuch reserviert und sich darüber geärgert zu haben, wenn das willkürliche Ritual nicht beachtet wurde?

Die Deutschen sind nicht die Einzigen, aber ihnen wird dieser Zwang international am meisten nachgesagt. So zum Beispiel von den Engländern. Ein YouTube-Video aus dem Jahr 2007, von einem britischen Urlauber hochgeladen, dokumentiert deutsche Urlauber auf Ibiza, die um Punkt acht Uhr morgens nach draußen eilen und in kürzester Zeit alle Liegestühle für sich blockieren. In vielen Hotels ist das bekanntlich erst nach acht erlaubt. Der Titel des Videos lautet: »Hier kommen die Deutschen! Die Badehandtuch-Brigade.«

In einem Kreta-Urlaub wurde ich Zeuge der Empörung eines Deutschen, dem ein junges niederländisches Paar die reservierten Plätze einfach wieder genommen hatte. Er steigerte sich in den Zorn hinein, hielt einen Vortrag über die Bedeutung von Regeln und beleidigte die Niederländer als Nation. Als er mit seiner Frau abzog, da das junge Paar seinen Anspruch einfach nicht akzeptierte, klatschten einige der anderen Urlauber Beifall.

Was sagt die Lust am Liegenreservieren über die Deutschen? Wir markieren gerne unser Revier, auch wenn es gar nicht unseres ist, und behaupten es, komme, was wolle. Die Deutschen hassen es, wenn jemand die Regeln, die sie aufstellen, bricht, auch wenn sie vollkommen unsinnig sind und eben nicht von allen geteilt werden. Dabei steht ihnen oft auch noch das Streben nach Kontrolle und Sicherheit im Weg: Das Handtuch auf der Liege garantiert den bevorzugten Platz und damit einen reibungslosen Tagesablauf. Sie sehen die Schönheit des Urlaubstages nicht mehr vor lauter Handtüchern. Und von jetzt auf gleich ist ein Urlaubstag ein Tag zum Ärgern, also ein verlorener Tag. Na gut, sich zu ärgern, zu motzen oder zu beschweren, ist auch ziemlich deutsch. Egal wo sich die Deutschen befinden.

Ich schlage aber für den nächsten Urlaub vor: länger schlafen, entspannter frühstücken und beim ersten Reservierungszucken einfach in den Pool springen und abkühlen. Es handelt sich schließlich um den Erholungsurlaub, die schönste Zeit im Jahr.

57

Hartzen

Freizeitgestaltung

Deutsche Jugendliche bewegt ein breites Spektrum an politischen Themen. Manchmal werden dabei Angstthemen zu Spaßthemen.

Auch das zweite deutsche Jugendwort nach der »Gammelfleischparty« im Jahr 2008 greift ein schwermütiges und angstbesetztes Thema auf: den Sozialabstieg. Langzeitarbeitslosigkeit und das Leben mit dem Arbeitslosengeld II, umgangssprachlich als »Hartz IV« bekannt.

Begreifen sich die Jugendlichen in Deutschland als eine getriebene Besorgnisgeneration, die Deutschland als soziale Sackgasse wahrnehmen und daher auf rastlose Selbstoptimierung setzen, um doch noch einen der wenigen Sonnenplätze in der deutschen Leistungsgesellschaft zu bekommen?

Der Begriff Hartz IV geht auf das Hartz-Konzept der Kommission für moderne Dienstleistungen am Arbeitsmarkt im Rahmen der ersten rot-grünen Bundesregierung zurück, die 1998 bis 2002 von Gerhard Schröder (SPD) als Bundeskanzler geführt wurde.

Das frühere VW-Vorstandsmitglied Peter Hartz (SPD) leitete die Kommission als Teil der Agenda 2010, durch die das deutsche Sozialsystem und der Arbeitsmarkt reformiert werden sollten. Sie erinnern sich bestimmt noch an die Aussage Schröders: »Es gibt kein Recht auf Faulheit.«

2009 wurde mit »hartzen« ein Jugendwort gewählt, das ein anderes Ziel jugendlicher Selbstoptimierung benennt. Der Begriff beschreibt das sinnlose Rumhängen und interessenlose Gammeln als Freizeit- und Lebensgestaltung, ohne sich dabei Sorgen um den Lebensunterhalt machen zu müssen. In dieser Zeit wurde von Jugendlichen immer wieder schmunzelnd gesagt, dass »Hartzer werden« ihr Berufswunsch sei.

Der Journalist Hendrik Werner kritisiert die Haltung, die sich hinter dem Begriff »hartzen« verbirgt, als »sozialdarwinistisch« und »empathielos«, ignorant gegenüber den »Widrigkeiten, Demütigungen und Frustrationen, die eine ungewollte Lebensphase im Zeichen von Hartz IV mit sich bringen kann«. Dass »hartzen« als Jugendwort auch einen selbstironischen Ausdruck für die tiefer liegende Angst der Jugendlichen vor der eigenen sozialen Perspektivenlosigkeit darstellt, also ein Dialogangebot ist, sieht Werner nicht.

Mittlerweile ist der Begriff aus der Jugendsprache verschwunden. Die massive gesellschaftliche und politische Kritik an Hartz IV allerdings nicht. Die Gesellschaft für deutsche Sprache hat den Begriff »Hartz IV« im Jahr 2004 zum Wort des Jahres gewählt. Siegreich sind hier stets Begriffe, die die öffentliche Diskussion im jeweiligen Jahr nachhaltig geprägt haben. Unwort des Jahres wurde damals »Humankapital«, das den Menschen zu einer primär ökonomischen Bezugsgröße degradiert. »Hartz IV« hätte diese »Ehrung« allerdings auch verdient, weil es diese Auffassung von »Humankapital« zu einem Sozialgesetz formte, das eigentlich ein menschenwürdiges Leben ermöglichen sollte.

58

Heavy Metal

Spießerschreck und Schwermetallkultur

In Deutschland entstand in den 1980er Jahren eine vielfältige Metal-Szene. Seitdem gehören die unterschiedlichen Metal-Kulturen generationsübergreifend zu den stabilsten Subkulturen mit den loyalsten Fans.

Für Martin Brinkmann

Ich habe Heavy Metal und seine vielen Stile im Sommer 1985 für mich entdeckt. Im Tennisclub, einem Ort, der spießiger nicht sein konnte. Zwei ältere Freunde aus meiner Juniorenmannschaft, die Söhne des Club-Präsidenten, waren Metal-Fans, hatten lange Haare, spielten nur in zerrissenen kurzen Jeans, mit Band-Shirts und -Schweißbändern, manchmal auch Ledernietenarmbändern, schwarzen Socken und Turnschuhen. Im Sommer kamen sie mit ihren Kutten in den Verein – zerschlissenen Jeans-Westen mit zahlreichen Bandaufnähern. Auf ihre Tennistaschen waren mit schwarzem Edding Bandnamen und Plattentitel von Metallica und Venom gekritzelt. Beim Spielen beschallten sie den Platz mit ihrem Ghettoblaster.

Ihr Vater wurde regelmäßig besorgt von den anderen Vereinsmitgliedern zur Seite genommen und gefragt, ob seine Söhne ein Alkohol- oder Drogenproblem hätten, Satanisten seien oder anderweitig pervers. In den 1980er Jahren gehörte diese kenntnis-

freie Ablehnung der Metal-Szene zum bürgerlichen und medialen Ton. Mich zogen sie mit ihrem spezifischen Geheimwissen in die Metal-Kultur hinein. Es folgten spektakuläre Konzertbesuche bei Metallica oder den Scorpions. Auf der Zufahrtstraße zur Konzerthalle auf dem Weg zu einem Scorpions-Konzert kurbelten wir die Fenster runter und sangen Minuten lang den Refrain von *Big City Nights*.

Wir waren die Metal-Jugend. Auf dem Land hatten wir das Gefühl, dass fast jeder zweite, zumindest männliche Jugendliche, Metal hört. Fürs Großstadterleben waren wir, abgesehen von Konzertbesuchen, zu jung.

Auch nach über vierzig Jahren Geschichte sind Heavy Metal und alle seine Genres in Deutschland weiterhin sehr erfolgreich. Mit Nuclear Blast befindet sich das größte unabhängige Metal-Label in Deutschland. Das Wacken Open Air in der gleichnamigen Gemeinde im Kreis Steinburg in Schleswig-Holstein ist eines der größten Festivals der Welt.

Am Beispiel von Heavy Metal kann man nachvollziehen, dass Deutschland spätestes seit Anfang der 1980er Jahre ein kultureller Resonanzraum für die unterschiedlichen Pop-Subkulturen war, aus dem auch lukrative Subkulturökonomien entstanden sind. Im Unterschied zu anderen Pop-Subkulturen, wie etwa dem Punk, spielten Heavy-Metal- und Metal-Bands aus Deutschland auch international eine Rolle, wie zum Beispiel Accept, Helloween oder Kreator.

59

Heimat

Der unausweichliche Bezugspunkt

Heimat ist ein Magnet. Sie zieht an. Sie stößt ab. Doch niemand kann ohne.

Spätestens seit der Kulturrevolution der 68er würden viele Deutsche bestreiten, Heimatgefühle zu haben. Der Begriff gilt angesichts des Nazi-Erbes schnell als rassistisch verseucht. Die Hippie-Generation machte Schluss damit, und neue Regisseure ersetzten den kitschigen Heimatfilm durch den neuen, der an der Grenze zum Kunstkino die dunklen und abgründigen Seiten des Landes zeigt. Aber wieso überhaupt Heimatfilm? Wieso nicht etwas, das gar keinen Bezug mehr nimmt auf dieses hassgeliebte Land?

Weil es gar nicht anders geht. Aus dem verpönten Stolz für ein ganzes Land formte sich der Lokalpatriotismus. Sich dafür feiern, ein Deutscher zu sein? Piefiger Mist für Neonazis! Sich dafür feiern, ein Westfale, ein Ruhrpottler oder ein echter Berliner zu sein? Ein Original? Jederzeit! Heimat, das ist dem Deutschen heute sein Fußballverein im großen Stadion und auf dem kleinen Dorfplatz. Die Parks, die Wälder, die Sehenswürdigkeiten seiner Region. Der örtliche Dialekt. Die kulinarische Tradition und die »regionale Erzeugung«.

Heimat ist, in der Saison für Spargel und Erdbeeren zum Hofverkauf »seines« Bauern zu fahren. Heimat ist der Trödelmarkt auf dem Parkplatz vor dem Großmarkt. Heimat ist die Kirche, die man einmal im Jahr noch mit den Resten der Familie besucht und deren Pfarrer einen schon als Kind über das immer noch unveränderte Taufbecken gehalten hat. Heimat ist nicht immer dort, wo das Geburtshospital steht, aber meistens dort, wo die Gräber der Vorfahren liegen. Heimat ist, vor lauter blindem Vertrauen in die eigene »Ortskenntnis« dermaßen unachtsam Auto zu fahren, dass man einen Blick auf die Straße schon als verkehrstechnische Hyochondrie wertet.

Im Zuge der Debatten über Globalisierung, Migrationsbewegungen und die Erfolge der Rechtspopulisten brachte der britische Journalist David Goodhart das neue Begriffspaar der *Somewheres* und der *Anywheres* ins Spiel. Die zwei Übergruppen, in die sich die heutige Gesellschaft spalte. Die *Anywheres* leben als kosmopolitische Globetrotter überall und nehmen in die urbanen Metropolen der Welt ihren Laptop, ihr Smartphone, ihren elaborierten Kaffeegeschmack und ihre universalistischen Werte mit. Die *Somewheres* leben als oft ökonomisch Eingeschränkte in ihren Herkunftsregionen und sind dort mit einem Strukturwandel konfrontiert, der ihre Wurzeln nicht immer zu Gründen für Liebe oder Stolz, sondern manchmal sogar zu Fesseln macht.

Doch selbst die Fesseln lassen sich als Heimatgefühl re-framen. »Meine Stadt, mein Bezirk, mein Viertel, meine Gegend, meine Straße, mein Zuhause, mein Block.« Mit bedrohlicher Totenkopfmaske startete der Rapper Sido im Jahre 2004 seine Laufbahn im Grunde mit einem modernen Heimatlied.

60

Hip-Hop

Aufstieg und Aufruhr

Von der Straßenreportage zur Doku-Soap.

Für Thomas Wilke

Ende März 2019 war es so weit: Der Rapper Capital Bra stieß mit seiner zwölften Nummer-1-Platzierung in den deutschen Singlecharts die bisherigen Rekordhalter The Beatles vom Thron. Trotz der unterschiedlichen Berechnungsgrundlagen von damals und heute ein symbolischer Akt, der unterstreicht, dass Hip-Hop, und zwar deutschsprachiger, die dominierende Jugendkultur und Pop-Ausdrucksform in Deutschland geworden ist.

In den 1990er Jahren zeigte sich die aus den USA stammende Straßenpoesie samt ihrem Dreiklang aus Graffiti, Breakdance und Rap in Deutschland zunächst nur als musikalisches Spielzeug der Mittelklasse oder als politische Protestmusik der Nische. In den Nullern meldete sich die Straße in Form deutschsprachigen Gangsta-Raps von mehrheitlich migrantischen Stimmen. In tabubrechender Form inszenierte man(n) das Leben im tatsächlichen oder behaupteten Ghetto und den Aufstieg »vom Bordstein zur Skyline«, wie Bushido als einer der Protagonisten ein frühes Album nannte.

Diese Symbolfigur wurde nicht nur musikalisch und inhaltlich zur Blaupause für große Teile der heute sehr ausdifferenzierten Szene, sondern auch durch seine Allianz mit der realen Unterwelt in Form eines Berliner Clans, der ihm »Rücken« gab, wie man im Jargon sagt. Mittlerweile bekämpfen sich die Akteure der Szene nicht nur verbal, sondern scharen Netzwerke echter Krimineller

hinter sich. Bushido führt derweil einen Prozess gegen seinen ehemaligen Partner Arafat Abou-Chaker und bezeichnete ihn in einem Song in faustisch-deutscher Tradition als einen »Mephisto«, der ihn verführt habe.

Das Aufkommen der sozialen Medien eröffnete den großen Egos ein ganz neues Spielfeld der Selbstinszenierung. In stundenlangen Interviews mit Szenekanälen entfalten sich Drohungen, Streits und Versöhnungen wie in einer endlosen Doku-Soap. Männer wie Fler oder Manuellsen sind trotz ihres umfangreichen musikalischen Outputs noch bekannter für ihre Äußerungen, die zu nachhaltigen Memes werden.

Wo die vermeintliche Rollenrede oder der kalkulierte Tabubruch zu weit gehen, hält die Gesellschaft sich mittlerweile nicht mehr so zurück wie früher, als man der Szene in jovialer Nachsicht ob ihrer Funktion als Sprachrohr der Unterprivilegierten noch alles durchgehen ließ. Der Musikpreis ECHO wurde nach der Darbietung einer bodenlosen antisemitischen Zeile des Duos Farid Bang und Kollegah gleich ganz abgeschafft und somit – auch wieder sehr deutsch – das Kind mit dem Bade ausgeschüttet.

In seinen besten Momenten ist Deutschrap immer noch ein ungefilterter Eindruck vom Leben in besagten Milieus. Doch selbst in seiner zur Erfolgsformel erstarrten Weise blitzen darin beachtliche Momente auf wie die Schlüsselzeile des neuen Hits von Capital Bra, die vom Rap-Karrierewahn zu Ungunsten der Familie handelt, sich aber auch in den bürgerlichen Speckgürtel übertragen lässt. Sie lautet: »Sie wollen Papa und nicht Capital.«

61

Humor

Der genaue Blick

In Deutschland nimmt man den Humor noch ernst.

Für Frank Ilschner

Seit jeher gelten die Deutschen als humorlos. Im schlimmsten Falle fanatische Schlächter, im besten einfach nur biedere Rasenkantenschneider. Tatsächlich schrieben die Deutschen selbst den besten ihrer eigenen Humoristen immer zu, eigentlich eine undeutsche Form des Witzes zu pflegen. Loriots feine und böse Beobachtungsgabe etwa wurde oft als »britischer Humor« beschrieben. Harald Schmidts Sendungen und große Teile der Comedy galten als Abbild der Late-Night-Shows und Stand-up-Formate der USA.

Als originär deutsch empfindet man eher das Kabarett. Vor allem deshalb, weil als solches lange nur anerkannt wurde, was in verbindlichem Ernst und investigativer Tiefe daherkommt und noch dazu moralisch auf die Schulter klopft. »Kabarett«, so formulierte es Volker Pispers zu Beginn seiner Programme in beißender Ironie, »das ist der Ort, an dem man sich die Kritik am eigenen Lebenswandel genauso folgenlos um die Ohren schlagen lässt wie in der Kirche.«

Bei genauerem Hinsehen ist es so, dass manche Formen deutschen Humors formal tatsächlich britisch, amerikanisch oder auch französisch sein mögen, inhaltlich aber die deutsche Lebensart ihrer jeweili-

gen Zeit so präzise aufs Korn nehmen, wie es nur kann, wer ganz nah dran ist. Die Spielfilme und Sketche eines Loriot porträtierten Sprache und Gepflogenheiten des gehobenen konservativen Kleinbürgertums. Die tiefschwarzen Satiren eines Gerhard Polt den hässlichen, anmaßenden Deutschen im Ausland. Eine Figur wie Bernd Stromberg die patriarchalen und zynischen Zustände in heimischen Büros.

Harald Schmidt setzte als Provokateur frühe Spitzen gegen einen heuchlerischen Moralismus und die politische Korrektheit. Olli Dittrich steht seit 15 Jahren in einem abgetragenen Bademantel als »Dittsche« vor der Theke einer typisch deutschen Pommesbude. Fügt man diesen Beispielen noch die teils kurzlebigen Satiren auf verschiedene Formen des Proletentums sowie die Selbstinszenierung von Comedians als Pullunder-Ossis oder Marzahner Mädchen im rosa Jogginganzug hinzu, ließe sich womöglich die These aufstellen, die der Schriftsteller Oliver Uschmann in einem Gespräch mit mir formulierte: »Deutscher Humor, das ist meistens eine Form der Milieustudie.«

Und dazu, nicht erst seit Heinz Erhardt, das Spiel mit der Vieldeutigkeit und der Varianz der deutschen Sprache, wie auch der internationale Wikipedia-Eintrag zum *»German humour«* betont, der sich gar nicht so liest, als würden Auswärtige das Klischee vom humorlosen Deutschen immer noch teilen. Womöglich steckt es nur in unserem eigenen, von typisch deutscher Skepsis geprägten Kopf.

DEUTSCHLAND
2009

55

noch'n Gedicht
Heinz Erhardt 1909 – 1979

62

Ich-AG

Selbstbefreiende Selbstunternehmer

Die Hartz-Gesetze enthielten einen eigenen Reformehrgeiz, um die Arbeitsmarktpolitik neu zu gestalten. Mit kontroversen Konzepten begegnete die rot-grüne Bundesregierung den hohen Arbeitslosenzahlen. Die Ich-AG war eines dieser Konzepte und ein Bestandteil der Agenda 2010.

Die Idee dahinter erschien einfach: mit der Selbstständigkeit gegen die Arbeitslosigkeit. Aus Arbeitslosen sollten Kleinunternehmer werden. Findet man keinen Arbeitgeber, macht man sich selbst zu einem. Staatliche Zuschüsse sollten die Existenzgründung ermöglichen und die Existenzsicherung gewährleisten. »Hartz sei Dank!«, hätte man ausrufen können. Im Rückblick vielleicht aber doch nicht?

Seit dem 1. Januar 2003 bestand für Arbeitslose die Möglichkeit, sich mit einem Einzelunternehmen selbstständig zu machen. Hierzu erhielten die neuen Selbstunternehmer drei Jahre lang einen Zuschuss von 14.400 Euro. Kosten für die Rentenversicherung und die Krankenversicherung mussten selbst übernommen werden. Der Anspruch auf die staatlichen Zuschüsse war erloschen, wenn das Jahreseinkommen 25.000 Euro überschritt. Der Begriff Ich-AG deutet auch schon an, dass die neuen Unternehmer niemanden einstellen durften. Die Ich-AG konnte angemeldet werden, wenn

man zuvor Arbeitslosengeld bezogen hat. Die ehemaligen Arbeitslosen sollten sich dadurch erfolgreich am Arbeitsmarkt als Selbstständige bewähren. Das war zumindest die Idee, die drei Jahre lang viel Zuspruch erhielt.

Die Kritiker des Konzepts wandten ein, dass die Reform zu teuer sei und durch sie »Arbeitslosengeld de luxe« gezahlt werde. Viele Geschäftsideen seien nicht zukunftsfähig und würden schnell wieder vom Markt verschwinden. Nicht selten seien die Gründungen auch nicht mehr als »eine Verzweiflungstat«. Zu den Kritikern des Konzepts der Ich-AG gehörte auch die Jury der sprachkritischen Aktion Unwort des Jahres, die darin die Herabstufung von menschlichen Schicksalen auf ein sprachliches Börsenniveau sah.

In einer Studie von 2009 wiesen die Arbeitsmarkforscher Marco Caliendo, Steffen Künn und Frank Wießner allerdings nach, dass die »Integration der ehemaligen Arbeitslosen größtenteils geglückt« sei. Eine »Pleitewelle« habe es nicht gegeben.

Der Zuspruch zur Ich-AG hielt so lange an, bis das Reformkonzept im Jahr 2006 von SPD und CDU/CSU wieder abgeschafft wurde. Die Ich-AG wurde durch den Gründungszuschuss oder das Einstiegsgeld ersetzt. Immerhin in dieser Sache hat die deutsche Politik das ihrem Handeln zugrunde liegende Menschenbild hinterfragt und bei der Einführung der neuen Leitbegriffe mehr Sprachgefühl gezeigt.

63

Insta-Deutschland

Deutschland im Bild

Instagram begeistert mittlerweile seit über einem Jahrzehnt und ist zu einem der beliebtesten sozialen Netzwerke geworden. Wer heute wissen will, wie Deutschland tickt, kommt an Instagram nicht mehr vorbei.

Rund ein Drittel der Deutschen nutzen gemäß den Angaben des Onlinedienstes *NapoleonCat* Instagram. Im Januar 2021 gab es demnach 27.860.000 aktive deutsche Instagram-Nutzerinnen und -Nutzer. Das sind fast 34 Prozent der Gesamtbevölkerung. Die meisten davon waren mit 9.200.000 Nutzerinnen und Nutzern die Gruppe der 25- bis 34-Jährigen. Das Verhältnis von Frauen und Männern ist fast ausgeglichen. Nur bei den 18- bis 24-Jährigen überwiegen die männlichen Nutzer.

Diese Mitglieder der sogenannten Generation Z nutzen Instagram nicht nur zur demonstrativen Selbstdarstellung und Unterhaltung, sondern auch bevorzugt als News-Medium. Gefolgt von Facebook, der wichtigsten Nachrichtenquelle der 35- bis 44-Jährigen, und YouTube. Das sind die Ergebnisse des *Digital News Report 2019*.

Im Ranking der beliebtesten sozialen Netzwerke und Messenger in Deutschland im Jahr 2020 belegt Instagram laut *Statista* Platz 4 hinter WhatsApp, YouTube und Facebook. Warum Menschen, die sich divers verstehen, in keiner dieser Studien erfasst werden, bleibt ungeklärt. Die deutsche LGTBIA*-Community ist sehr aktiv bei Instagram und nutzt dabei den Onlinedienst auch als Plattform, um mit Blick auf die eigene Lebenssituation Respekt, Toleranz und Solidarität zu fördern.

Als Trendsetter in den sozialen Medien gelten die Influencerinnen und Influencer. Zeitgeistsensibel unterhalten und beeinflussen sie als Meinungsführer Millionen und bestimmen daher die Maßstäbe für erfolgreiche Kommunikation in den sozialen Medien.

Für mich stellt sich weniger die Frage, was die Beliebtheit von Instagram als globaler Medientrend über Deutschland sagt. Genauso banal wäre es zu fragen, was die Nutzung von Netflix uns über das Land erzählen kann. Viel aussagekräftiger ist eine andere Frage: Welches Bild entwerfen die Nutzerinnen und Nutzer von dem Land, in dem sie wohnen, während sie sich selbst und ihr Leben bei Instagram inszenieren? Und wie hat sich dieses Bild in den letzten elf Jahren verändert? Eine zeit- und kulturgeschichtliche Auseinandersetzung mit Deutschland wird in Zukunft nicht mehr an diesen Deutschlandbildern vorbeisehen können.

LIVE

64

Internet

Warten auf Beschleunigung

Die Deutschen sind Interneteuphoriker. Im Jahr 2020 besaßen rund 96 Prozent aller Haushalte mit über 66 Millionen Nutzerinnen und Nutzern einen Internetanschluss. Im europäischen Vergleich wird damit einer der vorderen Plätze belegt. Allerdings reicht Zugang allein nicht zum Glück. Vor allem wenn die Geschwindigkeit nicht stimmt.

Können Sie sich noch an Ihren ersten Internet-Provider erinnern? Und wie viel Geduld Sie aufbringen mussten, um ins Netz zu kommen und zu surfen? Verglichen mit unserer heutigen digitalen Ungeduld und der Alles-immer-sofort-Mentalität nicht mehr vorstellbar.

Am »1. November 1998« fand, wie das Onlineportal netplanet.org hervorhebt, der sogenannte »Internet-Streik« statt, »der als Internet-Boykott der Deutschen Telekom« fungierte, »und der Öffentlichkeit zeigen sollte, dass man mit der Preispolitik nicht einverstanden war«. An der Preispolitik der Telekom änderte das wenig.

In Deutschland wollten die Interneteuphoriker jener Zeit lieber so sein wie Boris Becker in der Kult-AOL-Werbung aus dem Jahre 1999: »Ich bin drin!« Unvergessen, wie Beckers Sätze sich in dem Clip von Naivität, Ahnungslosigkeit und Begeisterung bis zum Eindruck von Verstehen steigerten. Ich war mir beim Zuschauen nie sicher, ob Boris Becker diese Rolle einfach gut spielt oder vielleicht nur er selbst war.

Inhaltlich erzählte der Spot, wie sich der ahnungslose Boris darum kümmert, endlich ins Netz zu gehen, weil seine Frau es gesagt hat. Technik war 1999 immer noch Männersache, auch wenn sie keine Ahnung haben. Und Männer stehen unter dem berühmt-berüchtigten Pantoffel. Ach, Deutschland!

Zumindest in Fragen der Geschlechterrollen scheint Deutschland in der Zwischenzeit vorangekommen zu sein. Mit Blick auf die Internetverbindung nicht wesentlich. Im weltweiten Vergleich ist die Internetgeschwindigkeit die Achillesferse der Interneteuphoriker in Deutschland. Beim Speedtest-Global-Index-Ranking belegt Deutschland im Juni 2021 bei der mobilen Internetnutzung Platz 31 mit 68,28 Mbps (Megabit pro Sekunde) Download-Geschwindigkeit. Im Vergleich dazu führen die Vereinigten Arabischen Emirate die Weltrangliste mit 193,51 Mbps an. Beim Festnetzinternet belegt Deutschland Platz 35 mit einer Download-Geschwindigkeit von 127,08 Mbps. Hier führt Monaco den Ländervergleich mit 260,74 Mbps an.

Deutschland – kein Tempolimit auf der Autobahn, aber einen Dauerstau auf der Datenautobahn. Bei der Digitalisierung hat Deutschland viel Nachholbedarf. Und hierbei ist das »Reformtempo« (Moritz Koch) der Politik gefragt, damit Deutschland nicht noch weiter den digitalen Anschluss verpasst.

65

Ironie

Wir meinen es nicht so

Oder doch?

Ironie, griechisch *eironeia,* das bedeutet wörtlich: Verstellung. Wer ironisch spricht, sagt nicht klar, was er denkt. Er tänzelt, schlägt Haken und verschleiert seine Position, allerdings nie so stark, dass sie für den aufmerksamen Zuhörer nicht doch noch durchscheinen könnte.

Das *Metzler-Lexikon der Philosophie* definiert die Ironie so: »Eine rhetorische Figur, bei der in offensichtlicher Weise die wirkliche Meinung eines Sprechers über das Besprochene nicht mit seiner geäußerten Ansicht über dieses übereinstimmt.«

Diese Uneigentlichkeit kann auf zweierlei Weise genutzt werden. Erstens: Man findet etwas empörend, kleidet seine Kritik aber in die »Gestalt scheinbarer Zustimmung«. Zweitens: Man findet etwas wundervoll, kleidet »heftige positive Gefühle« aber lieber in die »unproblematischere Form formaler Distanz«. In beiden Fällen geht es im Grunde darum, zu allem und jedem Distanz zu wahren.

Einer, der diese Form von Ironie wie kein zweiter verkörpert und zugleich mit deutschen Werten wie Bildungsbürgerlichkeit und Kunstverstand verknüpft hat, ist Harald Schmidt. Seine legendäre Late-Night-Show bestand zu ihren Hochzeiten aus meterdicken Schichten von Ironie, die sich teils in nahezu avantgardistischen Experimenten ausdrückte, während es teils schon genügte, wenn der Mann zu einer kommentarlos zitierten Schlagzeile auch nur minimal die Augenbraue hob. Was sollte es uns sagen, wenn er die Kulturgeschichte mit Playmobil nachspielte oder offen zugab, wie wenig ihn seine Gäste interessierten? War das stille Publikumsbeschimpfung oder doch Aufruf zur Neugier? Mediensatire im System oder Markenbildung nach dessen Logik?

Auch in der Popliteratur der Jahrtausendwende spielten snobistische Distanz und dauerhafte Ironie eine Rolle. Der Indie-Rock der Hamburger Schule rund um Bands wie Blumfeld, Tocotronic oder Die Sterne nahm Abschied vom Konzept des »authentischen« Stars und spielte mehrbödige Lieder in Bundfaltenhose und Hemd oder in Joggingjacke mit alter Casio-Armbanduhr. Beides war, natürlich, ironisch gemeint.

Mit dem Aufkommen einer Empörungsökonomie, die jedes streitbare Gesellschaftsthema zu einem moralischen Kriegsschauplatz hochstilisiert, wich die ironische Distanz in den vergangenen Jahren wieder mehr dem Zwang zur Eindeutigkeit. Was passiert, wenn man inmitten dieses Klimas das Stilmittel der Ironie wieder entstaubt, zeigte die Kampagne #allesdichtmachen von Teilen der deutschen Schauspiel-Elite, ein »Ironie-Stresstest für die deutsche Gesellschaft«, wie Elke Schmitter es im *Spiegel* formulierte.

Harald Schmidt hat sich angesichts der aktuell aufgeheizten Zeiten bis auf wenige, wohlgewählte Interviews und gelegentliches Schauspiel zurückgezogen. »Die Zeiten sind aber nervös«, sagte er der Zeit, »da ziehe ich doch die Beschaulichkeit vor.« Ob man ihn diesmal wörtlich nehmen kann?

Ist es Ironie? Ist es Vintage? Ein beliebtes Kleidungsstück avant-gardistischer Großstädter.

66

Jagd

Der Krieg im Grünen

Für die einen Gemeinschaft, für die anderen Grausamkeit. Auf der Pirsch gibt's nur Freund oder Feind.

Zu den am häufigsten vorkommenden Namen bürgerlicher Landgasthöfe gehört sicherlich das »Jagdschlößchen«. In altdeutscher Schrift auf leicht schmutziger Neonleuchte, flankiert von den Logos der ausgeschenkten Biersorte.

Zum Landschaftsbild deutscher Waldränder wiederum gehören die Hochsitze, die ich als ländlich aufgewachsener Junge gerne erklomm, um von oben über die Lichtungen und Felder zu schauen und mich innerlich zu fragen: »Wie kann jemand hier hocken und im Morgengrauen Duft und Licht des anbrechenden Tages genießen, um dann einem Tier als Teil dieser wertgeschätzten Natur das Leben zu nehmen?«

Den Söhnen und Töchtern alteingesessener Jägerdynastien kommt das genauso wenig komisch vor wie ihren Vätern und Großvätern mit der grünen Tracht und der Feder am Hut. Für sie ist ihre Tätigkeit nicht bloß urdeutsche Tradition, Naturabenteuer und Gemeinschaftserlebnis, sondern ein Dienst am Gleichgewicht der Natur.

Jagdgegner wiederum führen gegen diese Lebensweise niemand geringeren als den ehemaligen Bundespräsidenten Theodor Heuss ins Feld, der geschrieben hat: »Jägerei ist eine Nebenform von menschlicher Geisteskrankheit.«

Wenn zur Jagdsaison im Herbst auf dem deutschen Land wieder das Horn zum Halali ertönt, kann es passieren, dass sich Gegner dieses Waidwerks sogar körperlich mit den Tieren solidarisieren – sie stellen sich wortwörtlich in die Schusslinie. Andere schleichen sich aus anderen Gründen als ich in meiner Kindheit an unbesetzte Hochsitze heran: Sie sägen oder zünden sie an und nehmen damit zum Schutz der Tiere die Verletzung der Menschen und der umliegenden Natur in Kauf. Auch die Unversöhnlichkeit dieses Konfliktes ist ein deutsches Phänomen.

Die Rückkehr des Wolfes in die deutschen Wälder betrachten Befürworter und Gegner der Jagd ebenfalls völlig gegensätzlich. Für Letztere ist er als natürlicher Jäger endgültig ein Argument, dem menschlichen dessen behauptete Funktion als Regulator der Natur abzusprechen. Erstere sehen in den Bestrebungen, dieses mythologische Märchenwesen deutscher Geschichte in jedem Falle zu schützen, eine naive Romantik.

Der Beliebtheit der Jagd tun die Kontroversen keinen Abbruch: 2020 vermeldet der Deutsche Jagdverband steigende Nachwuchszahlen. Und wer in der sterbenden deutschen Presselandschaft nach weiterhin stabilen Publikationen sucht, findet eine solche in der seit 1894 (!) erscheinenden Zeitschrift *Wild und Hund.* Die »Heimat für den passionierten, engagierten, anspruchsvollen, wertkonservativen und kultivierten Jäger« verzeichnet bei vierzehntägigem Erscheinen weiterhin eine offizielle Auflage von rund 40.000 Exemplaren bei gut 35.000 treuen Abonnenten.

67

Jägerzaun

Rustikaler Klassiker

Der Jägerzaun gehört zu den beliebtesten Zauntypen. Warum eigentlich?

Der Jägerzaun gilt als das »deutscheste aller Zaunwerke«, wie Irene Lohaus, Professorin für Landschaftsarchitektur, betont. Allerdings ist die Herkunft des Begriffs nicht geklärt. Wahrscheinlich resultiert er mit Blick auf die Jagd, als die Bauern ihr Land vor dem Jagdtreiben der Adeligen mit diesem Zaun geschützt haben, der auch »Scheren-, Diagonal-, Spiegel-, gekreuzter Waldlatten- oder Hanichel- und Spriegelzaun« genannt wird.

Zäune definieren Grundstücke und schützen die Privatsphäre. Eingrenzung und Ausgrenzung haben in Deutschland auch eine lange Tradition, die häufig mehr Schaden als Schutz erzeugt. Im »Dritten Reich« war der Jägerzaun, der in den 1930er Jahren noch Latten- oder Scherenzaun genannt wurde, ein beliebter Zauntyp im »Siedlungsbau« und dem damit einhergehenden »Heimatschutzstil«.

Nach dem Ende des Zweiten Weltkrieges blieb der Scherenzaun in Deutschland weiterhin beliebt. Durch die Eröffnung von Baumärkten zu Beginn der 1960er Jahre kam es zu einer »starken Verbreitung« dieses kostengünstigen, gut zu transportierenden, pragmatischen und rustikalen Zauntyps. Die daraus resultierende massenhafte, aber auch recht fantasielose Verwendung in Deutschland brachte dem Jägerzaun die Bewertung als spießig oder typisch deutsch ein. Dazu passt auch der Jägerzaun für den Modellbau, den es schon seit Jahrzehnten gibt. Nicht nur ländliche oder urbane Gärten und Grundstücke wurden bevorzugt mit dem Jägerzaun gesichert, sondern häufig auch Schrebergärten und Gartenlauben. Die Nähe zwischen Jägerzaun und Kitsch wird hierbei augenfällig.

In meiner Kindheit und Jugend am Niederrhein war ich umstellt davon und hatte das fragwürdige Vergnügen, sie zu streichen, um mein Taschengeld aufzubessern. Heute erscheint der Jägerzaun wie aus der Zeit gefallen.

Jogginghose

Heimliche Affäre oder öffentliche Liebe?

Für den Kult-Modedesigner Karl Lagerfeld stand außer Frage, dass Menschen, die eine Jogginghose tragen, die Kontrolle über ihr Leben verloren haben. Viele Deutsche lieben die Jogginghose trotzdem – mit und ohne Kontrollverlust.

Die Frage lautet nicht: Besitzen Sie eine Jogginghose? Ich sollte lieber fragen: Wie viele? Für jeden Anlass eine? Als gemütlicher Gammel-Look zum privaten Entspannen, für den Sport, für längere Flugreisen, für schnelle Einkäufe, für die Gartenarbeit oder sogar täglich als Modestatement, auch wenn Sie zum Beispiel kein Rapper sind und trotzdem gerne über 1.000 Euro für eine Jogginghose ausgeben?

Im Vergleich zur Designermode überlebt die Jogginghose auch jede neue Modewelle. Es ist vor allem der US-amerikanischen Hip-Hop- und Rap-Szene zu verdanken, dass sie sich von der Sportkleidung zum stylishen und bequemen Alltagsoutfit wandelte. Der Anteil der Jogginghosen, die in Deutschland aus modischen Gründen und nicht nur zum Sport gekauft werden, stieg im Pandemie-Jahr 2020, wie das Konsumforschungsunternehmen GfK herausgefunden hat. Die Journalistin Grit Thönnissen erklärt diesen Boom folgendermaßen: »Wenn der Anzug die Rüstung war, mit der man sich im Arbeitsleben sicher fühlte, ist die Jogginghose die weiche Hülle in einem harten Alltag: Die Priorität liegt, den Zeiten angemessen, darauf, sich wohlzufühlen – nicht zu repräsentieren.« Das führt zur unendlichen Wiederholung des unlustigsten Pandemiewitzes, den irgendjemand immer in einer Videokonferenz bringt: »Ich habe mich nicht nur obenrum angezogen.«

Laut einer Umfrage des Marktforschungsinstituts Innofact aus dem Jahr 2014 sollen die Deutschen sogar drei Stunden täglich Jogginghose tragen. Jeder zehnte zwischen 14 und 34 Jahren gab an, sie regelmäßig anzuziehen.

Grund genug, dass wir immer wieder seit 2009 am 21. Januar den internationalen Tag der Jogginghose feiern – ins Leben gerufen nicht von einem Deutschen, sondern von vier österreichischen Schülern, die 2009 zum Fasching gemeinsam mit ihrer Schulklasse in Jogginghosen die Schule besuchten. Der Internationale Jogginghosentag hat sich über die Jahre nicht nur zu einem populären Event in den sozialen Medien entwickelt. Vielmehr findet er auch in mehr als fünfzig Ländern Einzug in den Lebensalltag der Jogginghosenliebhaber, die die Jogginghose öffentlich zum Star des Tages machen.

Viele denken über die Deutschen: Einfach mal locker machen, das klappt nicht. Die Deutschen sind doch immer so ernst, akkurat, spießig und ordentlich. Das trifft bei so manchem Thema, über das ich in meinem Buch schreibe, zu, keine Frage. Beim Thema Mode sind die Deutschen zumindest bei der Jogginghose für eine Überraschung gut.

Jutebeutel

Eine bedeutungsvoll-tragende Rolle

Baumwolltaschen statt Plastiktüten. Nachhaltig und hip. Der Jutebeutel als Zeichen gegen die Wegwerfgesellschaft und als ein Statement für die eigene Weltsicht. Das finden viele überzeugend.

Ich hatte nie ein gutes Verhältnis zu Jutebeuteln. Wie stehen Sie zu diesen Tragetaschen? Haben Sie einen speziellen Jutebeutel zu jedem Outfit? Waschen Sie Ihre Jutebeutel regelmäßig, oder mögen Sie Jutebeutel mit der Patina des Alltags?

In Berlin ist der größte Konkurrent zum Jutebeutel heute die Gürteltasche, die wie ein Sicherheitsgurt über Schulter und Brust gespannt getragen wird. Anscheinend ein urbanes Must-have. Hier bin ich die vollkommen falsche Zielgruppe, denn ich habe gegen Gürteltaschen eine noch viel größere Abneigung als gegen Jutebeutel. Für mich ist die Gürteltasche das, was die Jogginghose für Karl Lagerfeld ist.

Meine Abneigung gegen Jutebeutel hat mit den Turnbeuteln aus meiner Schulzeit zu tun. Gestört haben sie immer und überall, ob im Schulbus oder auf dem Nachhauseweg. Sie rutschten von der Schulter, auf der sich schon der Ranzen befunden hat. Sie gingen mir verloren. Ich war ein klassisches Mitglied im Club der Turnbeutel-Verlierer.

Anfang der 1990er Jahre haben die ersten Mitschüler in der Oberstufe des Gymnasiums Jutebeutel getragen. Keine Hipster-, sondern Hippie-Ware aus dem »Dritte Welt Laden« unserer Stadt, wie man die Fachgeschäfte für den Fairen Handel, die heute Weltladen heißen, früher nannte. Der Jutebeutel war ein politisches Statement gegen die Wegwerfgesellschaft, aber auch für mehr Gerechtigkeit in der sogenannten Dritten Welt. »Jute statt Plastik« lautete der Slogan auf den Jutebeuteln aus Bangladesch. Später wurden sie auch mit vielen anderen Statements bedruckt.

Der Naturschutzbund Deutschland e. V. (NABU) hat jüngst darauf hingewiesen, dass die Jutebeutelproduktion »die Umwelt aufgrund des hohen Wasserverbrauchs und des intensiven Pestizideinsatzes sehr stark« belaste. Von einer wirklichen ökologischen Alternative kann man erst sprechen, wenn man ihn täglich nutzt.

Neben der ökologischen Bedeutung ist der Jutebeutel heute vor allem ein Lifestyle- und »Statement-Accessoire« (Jochen Strähle) mit der die eigene Weltsicht oder das individuelle Humorniveau bedeutungsvoll spazieren getragen werden. Jutebeutel symbolisieren das steigende Bewusstsein und Engagement für Nachhaltigkeit und die Umwelt seit den 1970ern in Deutschland. Aber sie veranschaulichen auch, dass die deutschen Wiesel sind, die gerne ihre Richtung und Haltung wechseln.

Kanak Sprak

Der Rand der Gesellschaft spricht (heute aus der Mitte)

Deutschland ist stolz auf seine Sprache. Daher ist Sprachkompetenz auch die Integrationsschwelle und entscheidet wesentlich über den sozialen Ort von Migrantinnen und Migranten: am Rand oder in der Mitte der Gesellschaft? Sprachveränderung durch Migrantinnen und Migranten wurde lange Zeit nur in der Comedy akzeptiert. Das hat sich heute geändert.

»Gehst du heute Fitnessstudio?« Solche Sätze kennen viele entweder aus der Alltagserfahrung oder durch die medialen Darstellungen von Menschen mit Migrationsbiografie. Insbesondere Kaya Yanars Figuren Hakan, der Türsteher, und Ranjid, ein indischer Kuhbesitzer, haben so zu zweifelhafter Bekanntheit gefunden. Sie sind charakterisiert durch ein von den geltenden Sprachregeln abweichendes Deutsch, das in Yanars Parodien stetig als Aufhänger für komödiantische Erzählungen genutzt wird. Doch worüber lacht das deutsche Publikum hier eigentlich genau und über wen?

In den 1990er Jahren führte der deutsch-türkische Autor Feridun Zaimoglu eigenen Aussagen zufolge Interviews mit zahlreichen jungen Männern türkischer Herkunft. Die Frage, die er allen stellte, war die, wie es sich als »Kanake« eigentlich in Deutschland lebe. Deutlich wird bereits hier die Ambivalenz des Begriffs. Grundsätzlich ein Schimpfwort für Eingewanderte, begannen Menschen mit Migrationsbiografie sich stolz selbst als »Kanaken« zu etikettieren, mit dem Bild des vermeintlich minderwertigen Ausländers zu spielen und damit die

sie diskriminierende Mehrheitsgesellschaft zu provozieren; als Vorbild hierfür fungierten Teile der Schwarzen Community in den USA.

Kanak Sprak meint aber nicht das rudimentäre Deutsch frisch Eingewanderter, sondern wird von bereits in Deutschland Geborenen verwendet, deren Sprachkenntnisse weiter vorangeschritten sind als die im Ethnolekt gezeigten. Damit reagieren sie auf ihre mitunter noch immer als »Ausländer« wahrgenommene Identität in Deutschland.

Ob nun Kanak Sprak oder ihr Element des Codeswitchings zwischen Deutsch und Migrantensprache, (Multi-)Ethnolekte oder das Kiezdeutsch der Großstädte: Längst werden diese Formen nicht mehr nur von einzelnen Gruppen verwendet, sondern von Jugendlichen unterschiedlichster Herkunft, auch ohne Migrationsbiografie.

Kanak Sprak hat die deutsche Sprache verändert und wird es auch weiterhin. Doch wer hier sogleich Alarm schlagen möchte, dem halte ich entgegen, dass nicht nur Sprache sich beständig im Wandel befindet, sondern ebenso, dass viele der Menschen mit Migrationsbiografie sich sehr wohl korrekt auszudrücken wissen, ihr eigenes sprachliches Handeln durchaus als Parodie begreifen können und über höhere Bildungsabschlüsse verfügen. Oder wie das Manifest der Gruppierung Kanak Attak bereits in den 1990ern feststellt: »Obwohl Kanak Attak für viele nach Straße riecht, ist es kein Kind des Ghettos.«

Zusammen mit Sarah Deborah Reininghaus

71

Karneval

Mit Tusch und Tanzmariechen

Von der Sitzung bis zum rollenden Kabarett – der Karneval ist die kontrollierteste Entgrenzung, die sich organisieren lässt.

Tataaa! Tataaa! Tataaa! Wer sich ein wenig über den Karneval lustig machen möchte, imitiert einfach den dreiteiligen Tusch der Kapelle, der in Büttenreden darauf aufmerksam macht, dass soeben die Pointe gefallen ist. Besagte Vorträge finden während »Sitzungen« statt, die wiederum von Vereinen, Komitees oder Ausschüssen organisiert werden. Den Aktiven werden »Orden« verliehen, in einer Proklamation das Prinzenpaar oder das Dreigestirn in ihr »Amt« gehoben. Der Karneval oder, je nach Region, die Fastnacht oder der Fasching hat in Deutschland als Festivität etwas sehr Formelles.

Nicht minder ernst wird es, wenn die am 11. November beginnende Karnevalssession sich im Februar des darauffolgenden Jahres auf die Straße verlagert. Die Umzüge am Rosenmontag bilden den Höhepunkt des Karnevals, der im Ursprung dazu diente, die Mächtigen kathartisch zu verhöhnen. Die wichtigsten Paraden werden im Fernsehen übertragen und finden im rheinischen Karneval von Köln, Bonn, Düsseldorf oder Aachen statt, doch auch Mainz verzeichnet seit 1838 ein bedeutsames Spektakel.

Je nachdem, wo man sich befindet, lautet der Narrenruf des gemeinsamen Rituals anders. Wer in Köln ein kräftiges »Helau!« von sich gibt oder umgekehrt in Düsseldorf oder Mainz ein herzhaftes »Alaaf!«, erntet ebenso böse Blicke wie ein Fußball-Fan, der sich in blauweißer Schalke-Kluft in die Kurve des BVB verirrt. Bei den Umzügen laufen entlang feiernder Zuschauer an der Strecke Fußgruppen, Marschkapellen oder junge Männer, welche artistisch geschulte junge Frauen als »Tanzmariechen« auf Händen und Schultern tragen oder gar virtuos durch die Luft wirbeln.

Zum anderen ziehen Trecker Schauwagen, die mittels Kulissen und Figuren aus Pappmaché das Zeitgeschehen aufs Korn nehmen. Auf den Wägen stehen die karnevalistisch Aktiven und werfen Süßigkeiten (Kamelle), Blumen oder kleine Spielzeuge in die Menge. Auch das gibt es in dieser Form nur in Deutschland – eine rollende Form des politischen Kabaretts, das Angetrunkene unter freiem Himmel mit den Krisen des Zeitgeschehens konfrontiert und ihnen dabei zum Trost Zucker auf den Kopf wirft.

Wie Sie an meiner Lust zur Ironie in diesem Beitrag bemerken, mache ich aus meinem persönlichen Fremdeln mit dem Karneval keinen Hehl, auch wenn mein Vater im Revolutionsjahr 1968 Karnevalsprinz war und bis zu seinem Tod daran gelitten hat, dass meine Mutter und ich seine Karnevalsbegeisterung nie teilen konnten.

Allerdings muss man zugeben, dass vor allem der Straßenkarneval eine kurzfristige Oase der Freiheit und Entgrenzung bietet, die mit den zeitlich begrenzten Paralleluniversen von Musikfestivals vergleichbar ist. Und auch dort geben viele der Band-Leader am Mikrofon dem Publikum auch ohne Tusch dezente Hinweise darauf, wann mitgesungen werden darf.

72

Kehrwoche

Ein Symbol für schwäbische Sauberkeit und Ordnungsliebe

Die Kehrwoche gilt als typisch schwäbische Eigenschaft und ist in Schwaben bis heute eine ernste Angelegenheit. Der Schmutz stellt schließlich eine Bedrohung der Ordnung dar. Diese Tradition verstärkt das Klischee der besonderen Spießigkeit und Kleinbürgerlichkeit.

Der Regionalcharakter der Schwaben wird unter anderem durch vier Tugenden bestimmt, die sie regelmäßig zum Objekt von Scherzen machen: Putzen, Sparen, Schaffen und Bauen.

Die Kehrwoche hat eine sehr lange Tradition, die bis auf eine Verordnung aus dem Jahr 1492 zurückgeht. Das Ziel bestand darin, die Menschen zu Ordnung und Sauberkeit im häuslichen, dörflichen und städtischen Raum anzuhalten.

Bei der schwäbischen beziehungsweise württembergische Kehrwoche, die zumeist samstags stattfindet, wird unterschieden zwischen der kleinen, die sich auf das Putzen von Flur und Treppenhaus zwischen den Wohnungen bezieht, und der großen, die auf die Reinigung der restlichen Gemeinschaftsfläche vor und im Haus abzielt, wie den Keller oder die Waschküche. Das Nicht-Einhalten der in den Mietverträgen geregelten Verpflichtung konnte mit einem Bußgeld zwischen fünf und 1.000 Mark bestraft werden.

Zur großen Unzufriedenheit vieler Schwaben wurde die (große) Kehrwoche für öffentliche Straßen und Gehwege im Dezember 1987 durch den damaligen Stuttgarter Oberbürgermeister Manfred Rommel abgeschafft. Dies zog hitzige Debatten nach sich, denn die Stuttgarter bestanden auf das Recht auf die Kehrwoche, die zu den Schwaben gehört wie die Spätzle. Bis heute ist sie in Stuttgart für viele weiterhin im Mietvertrag geregelt, und in den Häusern hängt ein Schild mit Putzplan.

Die Kehrwoche soll auf der einen Seite im positiven Sinne ein Verantwortungsgefühl für den eigenen Wohnraum erzeugen und die Bedeutung von Gemeinschaft verdeutlichen. Allerdings wird sie, wie Soziologen der Universität Speyer herausgefunden haben, zum Medium sozialer Kontrolle durch die Nachbarschaft, die eindeutige Erwartungen an Ordnung und Sauberkeit haben: »Das hat man immer schon so gemacht. Daran müssen sich alle halten.«

Das Hinterfragen dieser Art von sozialen Normen ist unerwünscht, denn Traditionen versprechen Sicherheit. An der schwäbischen Kehrwoche kann also nicht nur nachvollzogen werden, wie wirkmächtig die Tugenden der Ordnung und Sauberkeit in Deutschland noch sind, sondern auch, dass viele Deutsche mit der Abweichung von den eigenen konventionellen Weisen zu leben Probleme haben.

73

Kiosk

Stadtkultur und Lebensgefühl

Kioskkultur als geliebter Ort für den kleinen Konsum und die soziale Begegnung

In meinem Berliner Kiez gibt es in der unmittelbaren Umgebung knapp zehn Kioske, die alle begehbar sind. Bei den nicht-begehbaren findet sich, wenn das Ladenfenster geschlossen ist, eine Klingel. Manche dieser Kioske sind Durchgangsorte, an denen schnell Getränke, Tabakwaren, Süßigkeiten oder Zeitungen gekauft oder Lottoscheine ausgefüllt werden, andere wiederum eine Art Kiezkneipe, vor der sich Menschen treffen, etwas zusammen trinken und das Gefühl von Gemeinschaft erleben. Die deutsche Kioskkultur hat häufig mehr mit der Gemeinschaft und einem Lebensgefühl zu tun als ausschließlich mit Konsum.

Das Ministerium für Kultur und Wissenschaft des Landes Nordrhein-Westfalen hat genau diesen Aspekt – »Orte der Integration und des Austausches« zu sein – mit Blick auf die Trinkhallenkultur im Ruhrgebiet hervorgehoben. Im Ruhrgebiet gibt es daher auch den Tag der Trinkhallen, der zum ersten Mal am 20. August 2016 stattfand.

In meinen Kindheitserinnerungen war die Trinkhalle beziehungsweise die Bude der Ort, an dem ich immer eine »Gemischte Tüte« mit verschiedenen »Bömskes«, also Süßkram und Saures, bekommen habe. Ich finde, die Kioskkultur sollte in Deutschland zum Immateriellen Kulturerbe gehören, weil sie Traditionen lebendig ausübt und kreativ weiterentwickelt. Kioske können das soziale Gemeinschaftsgefühl stärken und mit Blick auf das gemischte Publikum einen Beitrag zur interkulturellen Verständigung leisten.

Je nach Region heißen Kioske anders: Trinkhalle und Bude im Ruhrgebiet, Büdchen im Rheinland, Spätkauf oder Späti in Berlin und in ostdeutschen Städten. Sie sind Teil der deutschen Städtekultur. In den letzten Jahren werden etwa in Berlin die Begriffe Spätkauf oder Späti nicht selten durch englische wie etwa Late Night Shop ersetzt und häufig mit dem Zusatzservice Internetcafé ausgestattet.

Laut einer aktuellen Schätzung der *WirtschaftsWoche* aus dem April 2021 gibt es in Deutschland noch 23.100 Kioske, die einen jährlichen Gesamtumsatz von 7,5 Milliarden Euro machen. Seit Mitte der 2000er Jahre ist die Entwicklung der Kioskkultur in Deutschland rückläufig. Als Gründe hierfür werden häufig die längeren Öffnungszeiten von Supermärkten und das immer größer werdende Warensortiment in den Tankstellen-Shops genannt. Doch in Pandemiezeiten gehörten die Kioske, wie der Journalist Frank Doll betont, »zu den letzten Bastionen, an denen auch im Lockdown noch ein gewisser sozialer Austausch« stattfand.

74

Kirmes

Traditionsreiche Volksfestkultur

Die Kirmes steht für die Beliebtheit, Beständigkeit und Bodenständigkeit der Volksfeste. Wir feiern eben gerne und regelmäßig.

Der Gedanke an die Kirmes löst Kindheits- und Jugenderinnerungen aus. Der Geruch von gebrannten Mandeln, Zuckerwatte, Pommes Frites, Bratwurst oder Backfisch. Die bunten und blinkenden Lichter. Die lautstarken Stimmen der Schausteller, die mit der Aussicht auf »Gewinne, Gewinne, Gewinne« locken oder zu einer Karussellfahrt einladen. Der Ehrgeiz, bei den Schießbuden oder beim Dosenwerfen einen der zahlreichen, zumeist minderwertigen Preise abzuräumen und sie anschließend stolz über die Kirmes zu tragen wie die Lebkuchen-Motto-Herzen. Die absurde Faszination für den Autoscooter, nebenher die wichtigste Flirtstation.

Anfänglich waren die Kirmesbesuche eine Familienangelegenheit. Später ging man nur noch mit den Freunden zur Kirmes und traf seine Familienangehörigen an den Getränke- oder Essensständen. Das Tohuwabohu der Kirmes löste in meiner Kindheit und frühen Jugend immer wieder Begeisterung aus

Seine Geruchskulisse gibt es nun, der Drogeriemarktkette DM sei Dank, als »Duftkerze Rummelplatz« für 3,95 Euro. Über die Verführungskraft dieses Produkts ist sich der Drogeriemarkt vollkommen im Klaren.

»Kaum ein Aroma ist verführerischer als der warme Duft von süßen Leckereien und Frischgebackenem«, liest man in der Produktbeschreibung. Modellbaufreunde haben zudem die Möglichkeit, die Kirmes im Kleinformat zu Hause nachzubauen, um nicht auf die Kirmessaison, die von Frühjahr bis Herbst geht, angewiesen zu sein.

Die Cranger Kirmes in Herne mit circa 4 Millionen Besuchern im Jahr 2019 und die Rheinkirmes in Düsseldorf mit circa 3,9 Millionen Besuchern im selben Jahr gehören zu den größten Volksfesten in Deutschland. Eine Studie zur wirtschaftlichen Bedeutung der Volksfeste und Weihnachtsmärkte in Deutschland aus dem Jahr 2018, die von der ift Freizeit- und Tourismusberatung GmbH durchgeführt wurde, hält fest: »Die Volksfeste verzeichneten zuletzt rund 189,6 Mio. Besuche pro Jahr, die Weihnachtsmärkte 159,7 Mio. Besuche. [...] Die Bruttoumsätze auf den Volksfestplätzen und Weihnachtsmärkten belaufen sich auf über 7,63 Mrd. Euro, davon werden 2,88 Mrd. Euro auf Weihnachtsmärkten und 4,75 Mrd. Euro auf Volksfesten erwirtschaftet.«

Die Volksfeste besitzen also in Deutschland eine hohe Attraktivität und tragen zugleich zur Traditions- und Kulturpflege bei. Sie sind ein wichtiger Imagefaktor für die Städte und Gemeinden, der den Tourismus fördert, und nicht zuletzt ein fester »Bestandteil des örtlichen Lebensgefühls«, der die Gemeinschaft stärkt.

75

Kitsch

Fühlen, fühlen, fühlen

Manche munkeln, dass der Begriff Kitsch »Made in Germany« sei. Mit diesem Begriff sollte lange Zeit abwertend zwischen gutem und schlechtem Geschmack sowie zwischen hoher Kunst und trivialem Kunstgewerbe unterschieden werden. Mittlerweile sind die Grenzen verschwommen. Alles ist erlaubt und ununterscheidbar.

Jeder von Ihnen kennt und erkennt Kitsch. Er wird als überladen, klischeehaft, unecht, verlogen, rührselig, sentimental, rein dekorativ und geschmacklos beschrieben. Zu seinen Kennzeichen gehört auch das Vortäuschen von Authentizität und Einzigartigkeit.

Kitsch ist das billige Abbild der Kunst, ein Massenprodukt oder eine manipulierende, kommerzielle Imitation. Er wird als banal, unkritisch und unreflektiert charakterisiert, eine kleinbürgerliche Wirklichkeitsflucht in eine falsche Geborgenheit, die »Schönfärberei« (Carlo Mongardini) der Wirklichkeit.

Der Anglist Hans-Dieter Gelfert spricht davon, dass wir uns in Deutschland zu einer Kitschgesellschaft entwickeln. Der Literaturwissenschaftler Hans-Ulrich Gumbrecht beobachtet in dieser Kitschgesellschaft mit ironischer Perspektive den »Kitsch-Menschen« in der freien Wildbahn des schlechten Geschmacks. Damit verschiebt sich die Perspektive von kitschigen Objekten hin zu einem »sozialen Typus«, der Kitsch und nicht Kunst bevorzugt – und dafür gute Gründe hat, die sich nicht in Bezug zur Kunst rechtfertigen müssen. Kitsch ist in dieser Hinsicht die Kunst der Massen, die die Kommerzialisierung von Gefühlen betreibt und die Ausbildung von schlechtem Geschmack kultiviert.

Kitschdebatten waren laut Gumbrecht lange Zeit »ein Lieblingsthema der Berufsintellektuellen«, die sich dem Kunstverstand verpflichtet sahen. Heute hätten sich diese harten Grenzziehungen größtenteils aufgelöst und »die versöhnende Einsicht durchgesetzt, dass das, was der Gelsenkirchener Barock für die einen, eben ihr Bauhaus-Design für die anderen ist«.

Als Inbegriff von deutschem Kitsch gelten Gartenzwerge, Jägerzaun, Schlager, Kuckucksuhr und Volksmusik. Ein Einrichtungsbeispiel ist der eben genannte Gelsenkirchener Barock, massive Wohnzimmerschränke, die in den 1950er Jahren seriell produzierte bürgerliche Stilmöbel aus dem 19. und frühen 20. Jahrhundert imitierten.

Mit Blick auf den deutschen Kitsch zeigt sich, dass Deutschland ein Land der Besserwisser ist. Immer muss irgendjemand, der sich dafür berufen hält, allen anderen erklären, was gut und schlecht, richtig oder falsch ist. Die eigene Weltsicht und das persönliche Geschmacksempfinden werden dabei durch den Bezug auf die Tradition und Geschichte begründet. Dass ebendiese häufig zum Ausschluss durch Abwertung beitragen oder Veränderung verhindern, kommt dabei nur selten in den Blick.

76

Klopapier

Eine deutsche Liebesgeschichte

Deutschland ist ein Konsumland. Auch mit Blick auf das Toilettenpapier. Im internationalen Vergleich verbrauchen nur die USA noch mehr vom gerollten Hygienepapier.

Vor der Corona-Pandemie habe ich mir nur selten Gedanken über Toilettenpapier gemacht. Für die meisten Deutschen ist es als Hygieneartikel alternativlos, auch wenn es in vielen Ländern vollkommen andere Reinigungstechniken gibt, die eine hohe Plausibilität besitzen.

Zur Zeit des ersten Corona-bedingten Lockdowns im Jahr 2020 kam es in den Supermärkten und Drogeriefachgeschäften zu sogenannten Hamsterkäufen, und die Kunden deckten sich mit vollkommen irrationalen Mengen an Toilettenpapiervorräten ein. Mit der Konsequenz, dass die Geschäfte Lieferengpässe hatten und die Abgabe pro Person begrenzt werden musste. Der Fußballspieler Jerome Boateng veröffentlichte am 17. März 2020 ein Video, in dem er den neuen Lieblingssport der Deutschen, die Obsession, Klopapier zu hamstern, ironisiert, indem er statt mit einem Ball mit einer Klopapierrolle jongliert.

Psychologen und Ökonomen der Universitäten Münster und St. Gallen sowie vom Max-Planck-Institut Leipzig erklärten die Hamsterkäufe als Ausdruck der individuellen Angst vor der Pandemie und dadurch als »subjektives Symbol der Sicherheit«. Bei Menschen, die immer schon besonders vorausschauend handeln, waren hingegen typische Charakterzüge wie »Perfektionismus und Gewissenhaftigkeit« ausschlaggebend. Zudem haben mehr Ältere als Jüngere Hamsterkäufe getätigt, weil sie zur Risikogruppe zählten. Die Hersteller hat es gefreut. Der Handel machte im Jahr 2020 rund 700 Prozent mehr Umsatz mit Klopapier.

Laut einer Studie aus dem Jahr 2018 hat Deutschland weltweit den zweithöchsten Klopapierverbrauch. Nur die USA verbrauchen mehr. 141 statt der 134 deutschen Rollen. Die deutsche Liebe zum Klopapier hatte aber auch schon viel früher diskussionswürdige Züge. Ab den 1950er Jahren haben es sich viele Deutsche nicht nehmen lassen, im Rückfenster ihrer Autos eine Klopapierrolle unter einer Häkelhülle zu platzieren.

Häkel- ist aber ein gutes Stichwort. Die Firma Hakle, die 1928 von Hans Klenk in Ludwigsburg gegründet wurde und den Firmensitz mittlerweile in Düsseldorf hat, hat als erste in Deutschland Toilettenpapier industriell gefertigt. 1928 brachte das Unternehmen die erste Rolle aus rauem Krepppapier mit 1.000 Blatt auf den Markt. Es folgte 1959 das erste Toilettenpapier aus Tissue, 1972 das erste dreilagige, 1977 die Erfindung des feuchten, 1982 das erste vierlagige Toilettenpapier und 1995 mit Hakle Camille das erste Toilettenpapier mit Pflegestoffen.

Da im Bildungsland Deutschland auch die Toilettenpapierbildung nicht zu kurz kommen darf, werden im Düsseldorfer Hakle-Museum 400 Rollen aus über 90 Jahren ausgestellt und entsprechende Hygienebildung vermittelt.

77

Kohle

No lost places

Der Strukturwandel hat vor allem den Charakter des Ruhrgebiets verändert – und sein Gesicht gewahrt.

Als »Blume im Revier« besang Herbert Grönemeyer in den 1980er Jahren seine Heimatstadt Bochum, eines der Zentren des Ruhrpotts, in dem der Bergbau seinen Teil zum Wirtschaftswunder beitrug. Der »Kumpel« wurde zu einem deutschen Heldentypus, der nicht nur für seine eigene Familie, sondern letztlich für uns alle Tag für Tag in den Schacht unter Tage fuhr. Keinen Berufszweig der Welt könnte ein Rocksänger heute noch dermaßen pathetisch betexten und noch mehr – keine massive Umweltverschmutzung zum Sinnbild für Heimatstolz und Lokalromantik machen. »Tief im Westen, wo die Sonne verstaubt.«

Spätestens nach dem Kohleausstieg ist die Verstaubung der Sonne in Deutschland kein freundlich begrüßter Kollateralschaden mehr. Ende 2018 schloss in Bottrop die letzte aktive Steinkohlezeche. Die Kraftwerke laufen nach derzeitiger Beschlusslage teilweise bis 2038 weiter – und verfeuern zum Unmut der Ökologen importierten Stoff.

Für den Tagebau von Braunkohle weichen weiterhin Wälder und Ortschaften. Aktivisten von heute bilden Menschenketten in Garzweiler oder erklimmen die Wipfel im Hambacher Forst. Der einstmals glorifizierte Energieträger hat sich zum Feindbild gewandelt. Greta statt Grubenhelden.

Die heutigen Bewohner des Reviers kehren zum Kulturgenuss, zum Freeclimbing oder zum gepflegten Essen in die Konzerthallen, die Theater, die Sportparks oder die soziokulturellen Zentren mit Gastronomie ein, die durch den Strukturwandel in den ehemaligen Anlagen der Industrie entstanden sind. So bespielt die ExtraSchicht als Kulturfestival die rostroten Gebäude der Industriekultur wie die Zeche Zollverein in Essen, die den stolzen Titel UNESCO-Welterbe trägt. Mit als erste Einrichtung ihrer Art für Konzerte und Soziokultur wurde die Zeche Bochum genutzt, sie war früher die Schlosserei der Zeche Prinz Regent. Ob Zeche Carl in Essen, Kulturzentrum Bahnhof Langendreer in Bochum oder der Landschaftspark Duisburg-Nord: Vielerorts gelang es, die *lost places* des Kohlezeitalters zu neu genutzten, schroffen Idyllen zu formen.

Ein einzigartiger Nebenaspekt des Kohlezeitalters sind die Bergehalden, menschengemachte Hügel aus dem Abraumgestein des Bergbaus. Von den rund 170 Halden mit bis zu über hundert Metern Höhe, sind viele übrig geblieben. Längst grün und bewaldet, prägen sie das Landschaftsbild der Region.

Gleiches gilt in zunehmendem Maße für die Windräder, die als Teil der Energiewende die Kohle ablösen sollten und sollen. Ihren Wärtern, die mit Helm und Sicherungsseil, statt in die Tiefe zu steigen, in schwindelerregende Höhen klettern, singt allerdings niemand neue Lieder.

78

Korrekt

Deutsche Verhaltensregeln

Die Deutschen wollen alles immer richtig und damit den anderen alles recht machen. Das erwarten sie genauso von den anderen Menschen. Damit laufen sie Gefahr, nichts mehr richtig zu machen.

Nervt es Sie, wenn man Sie nach 20 Uhr anruft? Ärgern Sie sich über spontanen Besuch? Halten Sie sich immer an Vereinbarungen? Zahlen Sie Ihre Rechnungen pünktlich? Haben Sie in letzter Zeit schon einmal auf einem Radweg geparkt?

Verhalten Sie sich Ihren Kollegen gegenüber professionell, auch wenn Sie diese nicht mögen? Beachten Sie in Ihrem Unternehmen die Gleichstellung? Haben Sie schon einmal einen rassistischen, sexistischen oder diskriminierenden Witz gemacht? Und sind dann mit jemandem in Streit geraten, weil das als politisch unkorrekt aufgefasst wurde? Fühlen Sie sich besser, wenn andere Menschen unkorrekt handeln, und versichern Sie sich dann dabei, dass Sie auf der richtigen Seite stehen? Und was ist eigentlich die richtige Seite?

Deutschland ist ein Verhaltensminenfeld. Beim Spielen üben wir die Grundregeln unserer Gesellschaft ein. Und das mit Erfolg: Rund 33 Millionen Deutsche spielen ab und zu Gesellschaftsspiele, rund 5,6 sogar regelmäßig. Wo kämen wir hin, wenn wir etwa beim populärsten deutschen Ge-sellschaftsspiel *Mensch ärgere Dich nicht,* das 77 Prozent der Deutschen besitzen, auf einmal die Regeln ändern? Dieses von Josef Friedrich Schmidt erfundene, 1910 erstmals erschienene Spiel, ist so vorbildlich deutsch, dass es eine deutsche sowie eine Weltmeisterschaft gibt. Beide werden in Wiesloch ausgetragen.

Die Korrektheit, die in diesem Gesellschaftsspiel eingeübt wird, ist allerdings nicht nur ein deutsches Erfolgsgeheimnis, sondern stellt auch eine andauernde Überforderung im Alltag dar. In ihrer Korrektheitsverkrampfung bewegen sich die Deutschen von einer Eskalation zur nächsten. Aus dem Miteinander-Reden ist ein Gegeneinander-Brüllen geworden. Die eigentlichen Themen geraten außer Acht. Wichtiger ist, moralisch scheinbar richtig zu handeln.

Unser Wille zur Korrektheit schafft uns mehr Probleme, als uns lieb ist. Die aktuellen Auseinandersetzungen zur Identitätspolitik, zur politischen Korrektheit oder zur sogenannten *Cancel Culture* zeigen deutlich: Deutschland hat Schwierigkeiten, den Schutzraum seiner sozialen Tugenden zu verlassen. Sie bestimmen bis heute das Deutschsein und sind Auslöser für viele der genannten Kontroversen. Dadurch hindern sie uns häufig daran, dass wir uns auf die interkulturell vielfältige Welt, in der wir leben, auch bewusst einlassen. Denn das wäre vollkommen korrekt so.

79

Kuckucksuhr

Tickende Schwarzwaldromantik

Die Kuckucksuhr ist eines der beliebtesten Souvenirs aus Deutschland. Sie gilt als typisch deutsch, und die Nachfrage ist unverändert groß. Tradition und Handwerkskunst aus dem Schwarzwald oder doch eher ein Symbol für Kitsch und Biederkeit?

Meine Erlebnisse mit Kuckucksuhren waren in Kindheit und Jugend Film- und Fernseherlebnisse, aber auch Trödelmarkt- und Sperrmüllbegegnungen. Egal ob aus Holz oder Kunststoff, wirkten sie wie überladene, kitschige Gegenstände aus längst vergangenen Zeiten. Zudem nervte mich das akustische Zeitsignal, der berühmt-berüchtigte Ruf des Kuckucks, der aus der Türklappe über dem Ziffernblatt herausschießt. Vielleicht bin ich aber auch einfach zu ignorant für die regionale Tradition und die spezielle Ästhetik und Handwerkskunst.

Nach dem Ende eines Kompaktseminars während meiner Studienzeit, das im Breisgrau stattfand, luden uns ein paar Freiburger Kommilitonen ein, im Eble Uhren-Park zu Triberg die größte Kuckucksuhr der Welt zu besichtigen. Die Familie Eble ist seit 1880 und mittlerweile in fünfter Generation in der Uhrenherstellung tätig. Die Rekorduhr ist im Maßstab 60 : 1 als ein zweistöckiges Haus gebaut, das von innen und außen besichtigt werden kann. Der Kuckuck ist 4,5 Meter groß und wiegt 150 Kilogramm. Die Länge

des Uhrpendels beträgt 8 Meter. Ganze fünf Jahre haben die beiden Uhrmachermeister Ewald und Ralf Eble für den Bau dieser Kuckucksuhr der Superlative gebraucht.

An meiner distanzierten Haltung zur Kuckucksuhr hat weder dieses Rekordobjekt noch die Kunst am Kuckuck durch die knallbunten Pop-Art-Uhren des Künstlers Stefan Strumbel etwas geändert. Allerdings begeistert mich bei ihm, dass er traditionelle Kultgegenstände wie eben die Kuckucksuhr aus dem ursprünglichen Kontext löst, indem er traditionelle Bestandteile davon zum Beispiel mit Gewalt und Tod in Verbindung bringt und der Kuckucksuhr durch Verfremdung eine neue kulturelle Bedeutung zuweist.

Mit diesem Ansatz konnte Strumbel auch die Mode- und Stilikone Karl Lagerfeld begeistern. Die Verlegerin Anna Magdalene Burda schenkte Lagerfeld ein Exemplar mit der gelben Sprechblase: »*What the fuck is Heimat?*«

Stefan Strumbel bringt das Thema Heimat durch seine Bearbeitungen traditioneller Objekte mit der globalisierten und digitalisierten Welt in Verbindung. Dadurch werden seine Kunstwerke zu Einladungen, verändert über die Heimat und Herkunft sowie das Eigene und das Fremde nachzudenken. Seine künstlerische Herangehensweise räumt einerseits mit romantisch-naiven Vorstellungen auf, bietet dem Publikum aber gleichzeitig eine ironische und alternative Perspektive zu ihren Themen an.

80

Kulturnation

Weltweit deutsch

Ein Fundament und seine Wächter.

Für Götz Gumpert

Beirut im Libanon. Luanda in Angola. Mount Fuji in Japan. Ouagadougou in Burkina Faso. Nur vier von 157 Standorten rund um den Globus, an denen ein Goethe-Institut zu finden ist. Als Außenposten für deutsche Sprache, Information und Kultur finden sich diese Einrichtungen in 98 der derzeit 194 anerkannten Staaten der Welt. Etwas mehr als die Hälfte des Erdenrunds sind somit abgedeckt.

Das Goethe-Institut fördert und lehrt die deutsche Sprache im Ausland, organisiert kulturelle Zusammenarbeit und hat ferner das Ziel, ein jeweils »aktuelles Deutschlandbild« zu vermitteln und mittels Publikationen, Bibliotheken, Informationszentren oder Aktionen in die Welt zu tragen. Mit anderen Worten: Diese nach dem kanonischsten Dichter und Denker des Landes benannte Institution verkörpert wie keine zweite das Selbst- und Fremdbild von Deutschland als Kulturnation.

Stichwort »kanonischer Dichter«: Auch das Aufstellen von Bestenlisten bildet ein Merkmal der deutschen Kulturnation, die vor allem für Literatur einen »Kanon« der Werke braucht, den man zu Lebzeiten gelesen haben muss. Den wohl bekanntesten stellte der einflussreiche Kritiker Marcel Reich-Ranicki auf. Aus seinem Munde als jüdischer Überlebender des Warschauer Ghettos hatte die Begründung besondere Brisanz, die er jenen gegenüber vorbrachte, die den Sinn von Kanonbildung anzweifelten: Eine verbindliche Richtschnur des literarischen Erbes eines Landes nicht aufzustellen, wäre ein »Rückfall in die Barbarei«.

Überhaupt, der Kritiker. Seine Rolle als verbindliche Autorität bildet ein wichtiges Puzzleteil im Selbstbild einer Kulturnation, das langsam der Vergangenheit angehört. Einen wie Reich-Ranicki gibt es nicht mehr, und das Feuilleton der Zeitungen hat seine Bedeutung als ästhetische Behörde mit Richtlinienkompetenz verloren.

Folgt man der lexikalischen Bedeutung des Begriffes »Kulturnation«, kommt man auf verschlungenem Wege wieder zum Geiste des Goethe-Instituts zurück. Im Gegensatz zur Begründung eines Nationalgefühls auf Basis eines umgrenzten Landes, meint die »Kulturnation« die Verbundenheit einer Menschengruppe auf Basis ihrer Sprache, ihrer Traditionen, ihres Glaubens und vor allem ihrer geteilten Kultur – oftmals schon lange vor einer Staatsgründung.

Der Versuch hingegen, abseits alter Kanons eine gesellschaftlich verbindliche »Leitkultur« für die Gegenwart zu verankern, führt immer wieder zum Streit. 2016 provozierte die damalige SPD-Integrationsbeauftragte Aydan Özoğuz einige rechte Politiker mit dem Satz: »Eine spezifisch deutsche Kultur ist, jenseits der Sprache, schlicht nicht identifizierbar.« Eine Zuspitzung, mit der ihr sicherlich auch in Beirut, Luanda, Mount Fuji oder Ouagadougou die Türen des Goethe-Instituts verschlossen bleiben.

81

Kunstverstand

Unausweichlich elitär

Wenn gerade Befreiungsschläge nur die Kennerschaft zementieren.

Für Verena Ronge und Christoph Neubauer

»Jeder Mensch ist ein Künstler.« Mit diesem Slogan schrieb sich Joseph Beuys in die Kunstgeschichte ein. Auf den ersten Blick ein Befreiungsschlag, ähnlich dem Geist des Punkrocks in der Musik.

Sich im Atelier, am Schreibtisch oder im Proberaum ausleben, ohne wie die alten Meister malen können zu müssen oder den Meißel so gekonnt zu schwingen, dass aus einem Marmorblock die nächste Laokoon-Gruppe entsteht? Selbst wenn es so gemeint gewesen wäre, erfordert ein Besuch im Museum Schloss Moyland mit der größten Sammlung Beuys'scher Werke unterm Strich doch wieder Kunstverstand, um konzeptuell zu schätzen zu wissen, wie der Mann seine Ideale unter Gebrauch von Alltagsmaterialien und einer Menge Filz umgesetzt hat.

Davon abgesehen – und hier kommt der zweite Blick – meinte Beuys ohnehin nicht die künstlerische Gleichberechtigung munteren Dilettierens, sondern die gemeinsame Arbeit aller Menschen an der »Sozialen Plastik« der Gesellschaft. Von wegen Punkrock – das war im Grunde schon wieder eine Wagner'sche Utopie vom Gesamtkunstwerk, nur bodenständiger und ohne Festspielhaus gedacht.

Im Grunde trägt jeder Befreiungsschlag, der das Elitäre aus der Kunst vertreiben will, die Paradoxie in sich, dass ihn auch wieder nur Menschen mit Kunstverstand begreifen. Zumindest in unserem Kulturkreis. Ob die Poesie der Dadaisten, die auf einem Bett aus Jazz angerichtete Anarchie eines Helge Schneider, Stahlskulpturen im öffentlichen Raum oder interaktives Theater – auf offene Augen und Ohren trifft das alles nur bei Menschen, die von Bildung vorbelastet sind. Der Rest vergnügt sich beim Rockkonzert, im Kino oder in den höchst immersiven virtuellen Welten moderner Spiele. Sprich: in aufwendiger Unterhaltung, deren Herstellung wiederum handwerklichen Kunstverstand erfordert.

Die Unterscheidung zwischen Kenner und Banause, Insider und qua mangelnder Entschlüsselungsfähigkeit Ausgegrenztem wiederholt sich speziell in Deutschland sogar innerhalb von Mikrostrukturen. Popkulturen wie die auch in diesem Buch vorgestellten Heavy-Metal- oder Hip-Hop-Szenen zum Beispiel stehen im Vergleich zur Hochkultur der klassischen Musik oder des Jazz als Gesamtheit auf der Seite der Nicht-Kunstverständigen. In ihren eigenen Strukturen wiederum machen sie aber auch wieder die Unterscheidung zwischen den Gelegenheitshörern und den echten Kennern, die sich ins schroffe Frühwerk des Thrash Metal einarbeiten oder Battle-Rap-Abende in Szenekellern besuchen. Mit anderen Worten: Sie unterscheiden zwischen den Naiven und jenen mit Kunstverstand. Deutschland bleibt, wenn es um Kultur und Kunst geht, gnadenlos elitär.

JOSEPH BEUYS

7000 EICHEN

STIFTUNG 7000 EICHEN

82

Lederhose

Klischee und Wahrheit

Von der ländlichen Arbeitsbekleidung über die festliche Garderobe für das Oktoberfest und andere regionale Feste bis zum Modetrend: Die bayrische Lederhose ist ein zünftiger Hingucker und nicht nur in Bayern oder im alpenländischen Raum beliebt.

Ein bekanntes Klischee lautet, dass alle Deutschen Lederhose tragen. Im gleichen Atemzug wird dann das Oktoberfest genannt. Wahrscheinlich hat Deutschland seinen internationalen Ruf als Lederhosenland diesem Event zu verdanken.

Dieses Klischee trifft, wie die meisten, nicht zu. Die bayrische Lederhose ist keine Nationalkleidung, sondern eine regionale Volkstracht in Bayern und im alpenländischen Raum. Und auch hier wird die Lederhose nicht von allen Bundeslandbewohnern getragen. In Deutschland wird auch nicht jeden Tag das Oktoberfest gefeiert. Nicht mal in Bayern.

Klischees sprechen allerdings immer Themen an, die zutreffend sind. Mit Blick auf die Lederhose ist das die Bedeutung von Tradition und Traditionspflege, etwa in Trachtenvereinen, die besonders stark in regionalen Kulturen auftreten, für die die eigene Volkskultur und das Brauchtum eine gemeinschaftsstiftende Bedeutung haben. Die Grobschlächtigkeit der Lederhose ist darüber hinaus auch eine Eigenschaft, die mit Deutschland verbunden wird.

Für kurze Zeit war die Lederhose ein Star in den »Lederhosenfilmen« der 1960er und 1970er Jahren, sinnfreien Sexfilmlustspielen in beschaulichen bayrischen und alpenländlichen Kulissen. Als Billigproduktionen waren diese Filme dennoch im Kino erfolgreich. Gemeinsames, öffentliches Schlüssellochgucken. Das Privatfernsehen hat diese Filmtradition in den 1980er und 1990er Jahren spätabends wieder aufleben lassen.

Tradition und Traditionspflege gehören zu Deutschland wie Heimatverbundenheit und die Identifikation mit den regionalen Kulturen. Hierfür ist die bayrische Lederhose ein gutes Beispiel. Und auch hierbei spielt erneut die Nostalgie eine Rolle. Es geht um Ursprünge, die eigene Geschichte, identitätsstiftendes Brauchtum, das die Regeln des Zusammenseins vorgibt, aber auch die zeitgemäße Inszenierung dieser Traditionen als trendiges Modephänomen in der Fashion-Branche.

Wenn Nostalgie schon so wichtig für Deutschland ist, stelle ich mir die Frage: Wie ist der Nostalgiefaktor bei den Menschen aus anderen Kulturen, die in Deutschland mit und zwischen zwei Nostalgiekulturen leben? Was wissen Sie über die Nostalgiethemen der anderen Kulturen, mit denen Sie in Deutschland zusammenleben? Macht uns das Leben in Deutschland nostalgisch, oder ist Nostalgie ein kulturübergreifendes und kulturvereinendes Thema? Vielleicht aber auch das, was uns voneinander trennt und die Weiterentwicklung behindert.

83

Lost

Erwachsenwerden in der Pandemie

Was macht die Pandemie mit den Jugendlichen? Von hier an blind – das ist anscheinend das aktuelle Lebensgefühl. Unsicherheit, Unentschlossenheit oder Perspektivlosigkeit bestimmen die Lebenssituation. Das Gefühl, verloren zu sein, wird durch die Corona-Krise verstärkt.

Lost ist das Jugendwort des Jahres 2020, mit dem diese Erfahrungen repräsentiert werden sollen. Der Klimawandel, die politischen Konflikte in der Welt und vor allem die Corona-Pandemie lassen die Jugendlichen in Deutschland pessimistisch und ängstlich in die Zukunft sehen.

Eine aktuelle Studie des Instituts für Arbeitsmarkt- und Berufsforschung, der Forschungseinrichtung der Bundesagentur für Arbeit, zum Abiturjahrgang 2021 hat ergeben, dass sich die Absolventinnen und Absolventen große Sorgen um ihre berufliche Zukunft machen. Diese Ängste haben seit Beginn der Covid-19-Pandemie deutlich zugenommen. Besonders Jugendliche mit Migrationshintergrund und aus bildungsfernen Familien müssen der Studie zufolge gefördert werden, weil »sich Ungleichheit im Jugendalter über den individuellen Lebenslauf« verstärkt und daraus »langfristige Nachteile im Erwerbsleben« entstehen können. Zudem hat sich bei den Schülern

durch die Corona-Krise die subjektive Lebenszufriedenheit deutlich verschlechtert. Ihr Erwachsenwerden im Lockdown ist eine konstante Belastungssituation. Die Erfahrung der Pandemie verursacht psychische Belastungen, Einsamkeit und schränkt die Möglichkeiten ein, die Bildungszukunft mit einem Studium oder die berufliche durch eine Ausbildung aktiv zu planen. In den Medien werden die Jugendlichen zudem häufig als Regelbrecher stigmatisiert. Hinzu kommen die pandemiebedingten Existenznöte der Eltern.

Diese Studienergebnisse werden durch eine weitere aktuelle Studie zum Thema mit dem Titel *Das Leben von jungen Menschen in der Corona-Pandemie* bestätigt, die von einem Forscherteam der Universitäten Hildesheim und Frankfurt in Kooperation mit der Bertelsmann Stiftung durchgeführt wurde. Darüber hinaus verweist diese Studie darauf, dass die Pandemie »die schon länger bestehenden Defizite in der Kinder- und Jugendpolitik« verdeutlicht. Jugendliche werden in Deutschland politisch zu wenig eingebunden.

Der Politik fehlt aus der Perspektive der Jugendlichen der Bezug zur jungen Generation, die daher zu wenige politische Beteiligungs- und Gestaltungsmöglichkeiten besitzt, gerade mit Blick auf die »Organisation des gesellschaftlichen Lebens im Ausnahmezustand« und bei der Neuordnung des Lebens in der Post-Pandemie.

84

Mallorca

Das 17. Bundesland

Die Baleareninsel ist die beliebteste Ferieninsel der Deutschen. Sie machen ein Drittel aller Mallorca-Touristen aus.

Woran liegt das eigentlich? An den mehr als 300 Sonnentagen im Jahr? Der faszinierenden Landschaft? Den verträumten Bergdörfern und Hafenorten? Der offenen und geselligen Art der Mallorquiner? Oder doch nur an El Arenal, den Alkoholtankstrecken am Ballermann, am Megapark, am Oberbayern, am Bierkönig oder an der Schinkenstraße?

Ein großer Teil der deutschen Fernsehbeiträge über Mallorca beschäftigt sich fast ausschließlich mit diesem Exzessivtourismus. Die Sendung *Goodbye Deutschland! Die Auswanderer* des Privatsenders VOX hat vor allem die Mallorca-Auswanderer zu deutschen Fernsehprominenten und Social-Media-Stars gemacht.

In den letzten Jahren ist allerdings der Ärger der Mallorquiner über den deutschen Sauf- und Partytourismus größer geworden, und die Stadtverwaltung sprach etwa für die Schinkenstraße immer wieder neue Benimmregeln aus. Zumeist vergebens. Als Urlaubsweltmeister genießen wir auf Mallorca daher keinen besonders guten Ruf beim Niveaulimbo, und nicht nur dort.

Im Sommerloch 1993 kam sogar die Idee auf, Mallorca zum 17. Bundesland zu erklären. Eine Unterhaltung zwischen einem *Bild*-Journalisten und dem CSU-Bundestagsabgeordneten Dionys Jobst brachte diese Geschichte ins Rollen: »Verrücktester Vorschlag aus Bonn – Mallorca soll deutsch werden. Erbpacht auf 99 Jahre. Palma heißt dann Palmenhausen.«

Nicht erst diese Sommerlochschlagzeile zeigt, dass unsere Liebe zu Mallorca seit Jahrzehnten ungebrochen ist. Mallorca ist das Symbol für den deutschen Massentourismus, bietet aber allen etwas, vom Pauschalurlauber bis zum Individualtouristen, vom Low-Budget-Urlauber bis zum Prominenten mit Zweitwohnsitz wie Dieter Bohlen. Wer Mallorca einmal zu lieben gelernt hat, möchte auch ein Stück vom Glück besitzen. Wen verwundert das? Wir Deutschen sind schließlich Eigenheim-Euphoriker.

Für mich deutet unsere große Liebe für Mallorca stark auf einen deutschen Konservatismus hin, immer wieder an den gleichen Ort zu reisen, weil man sich dort auskennt und dort fast alles so ist wie daheim: das Essen, die Getränke, die Sprache, die Medien, die Geschäfte und die anderen Urlauber. Nur mit besserem Wetter und mehr Möglichkeiten, einerseits über die Stränge zu schlagen und andererseits außerhalb von Deutschland so richtig deutsch zu sein. In diesem Sinne ist Mallorca das 17. Bundesland. Und: Was auf der Insel passiert, bleibt auf der Insel. Schön wär's, wenn ich an die Ballermann-Hits denke ...

85

Meckern

Deutschland einig Meckerland

Wir sind nie zufrieden. Und lassen das auch alle wissen. Meckern als Massensport.

Sie kennen das: Erst ist es zu kalt, dann wieder zu warm. Eigentlich sind Sie mit Ihrer Arbeitsstelle glücklich, dann aber nervt die Belegschaft. Prinzipiell sind Sie mit ihrem Leben zufrieden, aber irgendwo zwickt es doch immer. Was ist nur los mit uns? Woher kommt die schlechte Stimmung? Wir Deutschen können einfach nichts für uns behalten und müssen immer sagen, was uns nicht passt. Empathie war noch nie unsere Kernkompetenz.

Als Fußballnation feierten wir das legendäre WM-Finale am 13. Juli 2014 mit dem Sieg durch das atemberaubende Tor von Mario Götze in der 113. Spielminute. Wunderbar war das. Ein Hoch auf unseren Wundertrainer Joachim Löw! Moment. Wundertrainer? Hat nicht genau dieser Mann die deutsche Nationalmannschaft in den Jahren danach fast in den Ruin trainiert? Da darf man doch wohl meckern!

Vor einigen Jahren haben die beiden Psychologen Annika Lohstroh und der aus unterschiedlichen Fernsehformaten bekannte Michael Thiel von Deutschland als »einig Jammerland« gesprochen. Für sie ist die deutsche »Jammerei« auch eine Folge der preußischen Tugenden, die ich schon mehrfach kritisch betrachtet habe. Diese Tugenden haben sich tief eingegraben und eine »besondere Mentalität« entwickelt. Für Lohstroh und Thiel zeichnet sich diese

weniger durch den Optimismus aus, sein Leben selbst in die Hand zu nehmen, als vielmehr durch »das Bedürfnis«, jemanden zu finden, dem man die Verantwortung übergeben kann. Je »mehr man aber von anderen erwartet, desto größer ist das Risiko, dass man enttäuscht wird«.

Der ständige Begleiter des Meckerns ist daher die Angst vor den Anforderungen des Lebens und das Gefühl der eigenen Ohnmacht. Der deutsche Philosoph Theodor W. Adorno würde an dieser Stelle raten: »sich weder von der Macht der anderen noch von der eigenen Ohnmacht dumm machen lassen.«

Ein anderer Beweggrund für unsere Meckerbegeisterung liegt darin, dass viele von uns denken, bestimmte Dinge stünden uns zu, bloß weil wir sie wollen. Eine Realitätsprüfung findet selten statt.

Meckern ist aber auch ein Kommunikationsmittel und ein Kommunikationsstil. In Spanien gehören Jammern und Meckern zum Alltag. Genauso wie der lautstarke Streit in der Öffentlichkeit. Danach liegt man sich wieder in den Armen. In Deutschland ist das nicht vorstellbar. Lautstark zu streiten würde als nicht korrekt und peinlich empfunden. Was sollen bloß die anderen Leute denken?

Vielleicht sollten wir einfach mehr miteinander reden und aufeinander zugehen, um gemeinsam über die Probleme zu sprechen, die sich hinter dem Meckern verbergen. Am Ende kommt dabei noch raus, dass das schlechte Wetter oder die Jugend von heute gar nicht schuld an unserer Misere sind!

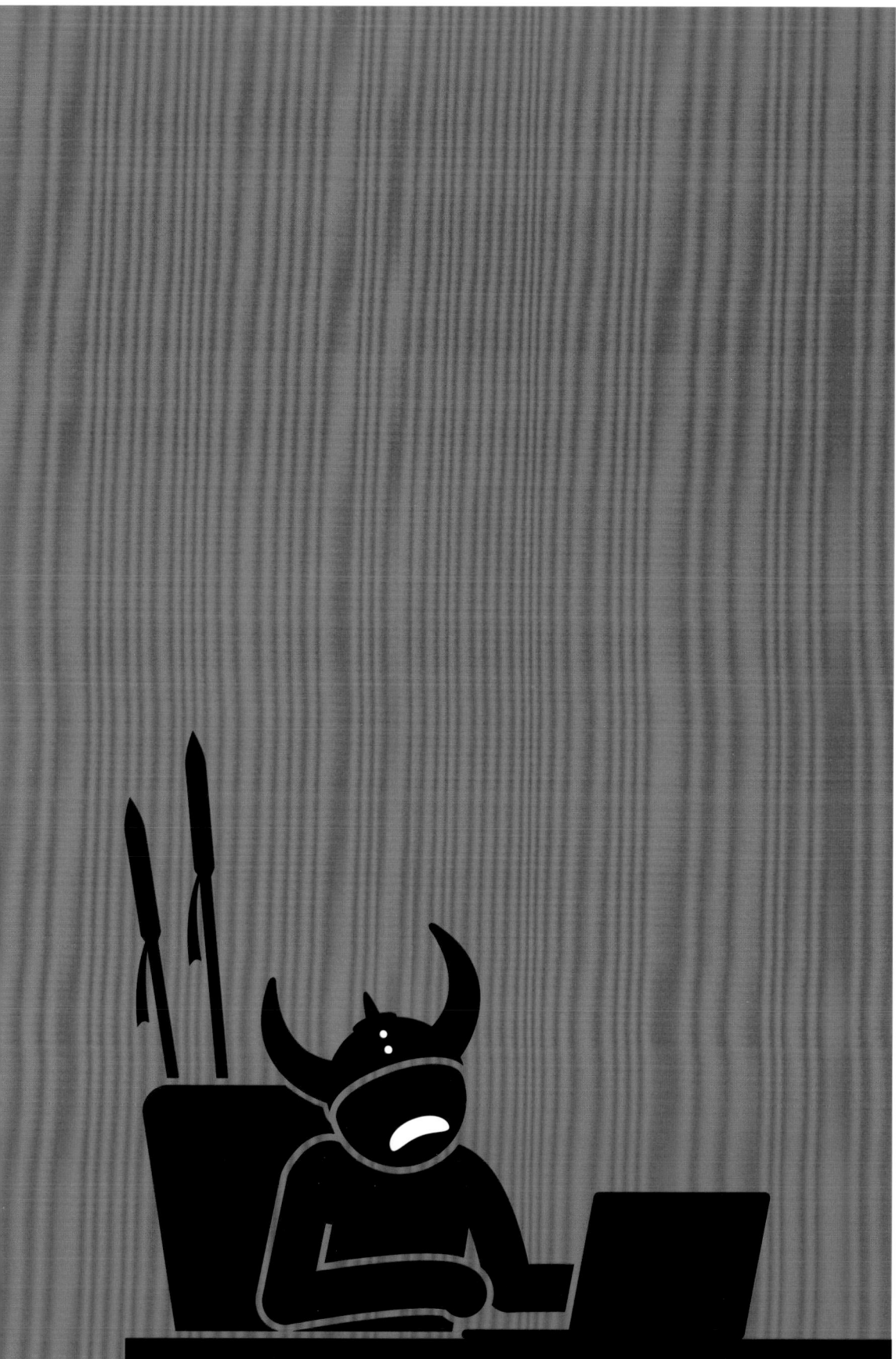

86

Menschenwürde

In Stein gemeißelt

**Als oberster Wert bleibt die
Menschenwürde unantastbar.
Theoretisch.**

Die Menschenwürde ist in Deutschland in Stein gemeißelt: als schriftliche Skulptur aus schweren Buchstaben in der Außenwand des Landgerichts Frankfurt. Diese Positionierung ist kein Zufall, denn in besagtem Gebäude fanden in den 1960er Jahren die Auschwitzprozesse statt. Generalstaatsanwalt Fritz Bauer sorgte dafür und für die besagte Skulptur, als er 1949 aus dem Exil zurückkehrte und feststellen musste, dass er teilweise Wand an Wand mit Männern arbeiten musste, die im »Dritten Reich« zu den Tätern gehörten.

Die Prozesse in Frankfurt legten ein wichtiges Fundament für die Aufarbeitung der deutschen Verbrechen, von denen die Mehrheit damals nichts wissen wollte und die den Grund dafür darstellten, dass die Menschenwürde als erster Artikel des Grundgesetzes eingeführt wurde. Sie als Leitstern und höchsten Wert der Verfassungsordnung zu setzen war neu und fand sich so in keiner anderen Verfassung der westlichen Welt.

Auch juristisch und ideell ist die Menschenwürde in Stein gemeißelt. Artikel 79 Absatz 3 des Grundgesetzes sorgt dafür, dass sie und ihre benachbarten Grundsätze durch den Gesetzgeber niemals mehr abgeschafft werden können. Die berühmte »Ewigkeitsklausel«.

In der Praxis sieht sich allerdings sogar dieser Grundsatz hin und wieder schwierigen ethischen Fragen ausgesetzt. So wundert es nicht, dass mit Ferdinand von Schirach ausgerechnet Deutschland bekanntester literarischer Jurist ein Theaterstück namens *Terror* schrieb, das auch als Fernsehfassung gesendet wurde, nach der das Publikum interaktiv darüber abstimmen durfte, ob der fiktive Angeklagte freigesprochen werden soll oder nicht. Sein Beruf: Kampfpilot. Sein Vergehen: Er hatte ein von Terroristen entführtes Passagierflugzeug abgeschossen und somit Menschen geopfert, um mehr Menschen zu retten. In der Realität hatte der deutsche Gesetzgeber im Jahre 2005 als Reaktion auf die Anschläge am 11. September 2001 in den USA in das neue Luftsicherheitsgesetz (LuftSiG) einen Abschnitt eingebaut, der einen solchen Abschuss im Notfall legitimierte. Das Bundesverfassungsgericht erklärte ihn 2006 für nicht mit Grundgesetz und Menschenwürde vereinbar.

Ferdinand von Schirach stellt just zu der Zeit, in der dieses Buch hier entsteht, sein neues Werk *Jeder Mensch* vor, in dem er angesichts der Herausforderungen des 21. Jahrhunderts Vorschläge für sechs neue Grundrechte macht. Darunter: Das »Recht, in einer gesunden und geschützten Umwelt zu leben«, das »Recht auf digitale Selbstbestimmung« oder sogar das »Recht, dass Äußerungen von Amtsträgern der Wahrheit entsprechen«.

Die Abstimmung nach der Fernsehaufführung von *Terror* war im Übrigen eindeutig: 86,9 Prozent des deutschen Publikums sprach den Piloten, der im Grunde die 2006 vom Bundesverfassungsrecht für unzulässig erklärte Maßnahme durchgeführt und die Passagiere geopfert hatte, von aller Schuld frei.

87

Mercedes

Schwäbische Spießigkeit

Die Deutschen und ihre Autos. Das ist eine Liebesbeziehung, die nur noch von der Liebe zum Fußball übertroffen wird. Es gilt das Motto: Zeige mir dein Auto, und ich sage dir, wer du bist.

Das Image des Stuttgarter Unternehmens ist in Deutschland ziemlich eingefahren, vorausgesetzt man fährt selbst kein Exemplar. Ganz egal, was Mercedes auch anstellt, der Ruf des deutschen Spießerautomobils Nummer eins bleibt bestehen.

Spießer werden für arrogant gehalten, weil sie alles besser wissen, und für ihre Selbstüberschätzung kritisiert, anderen zeigen zu wollen, was richtig und falsch ist. Arroganz schreibt man den Menschen hinterm Steuer eines Mercedes gerne zu.

Mercedes ist der FC Bayern München unter den Automobilherstellern: extrem erfolgreich, auch international, aber zugleich unbeliebt, mit diskussionswürdiger Unternehmensleitung und nicht selten Gegenstand der öffentlichen Kritik und Schadenfreude.

Natürlich muss auch Mercedes im Fußball-Game mitmischen. Nicht bei den Bayern, sondern als Exklusivpartner des VfB Stuttgart. Von 1990 bis 2019 war Mercedes zudem der Generalsponsor des DFBs und damit Hauptsponsor der Fußballnationalmannschaft.

Auch in der Subkultur konnte Mercedes selten punkten. Die Hippie-Hymne *Mercedes Benz* von Janis Joplin ist keine Hommage an das Auto, sondern Kultur- und Konsumkritik. Der Song wurde am 1. Oktober 1970 aufgenommen und war die letzte Aufnahme von Janis Joplin, bevor sie drei Tage später an einer Überdosis Heroin starb. Joplin selbst fuhr übrigens einen knallbunt bemalten Porsche 356 SC.

Mercedes denkt groß, bleibt aber lokal. Als Wahrzeichen der Stadt Stuttgart dient der Mercedes-Stern auf dem Bahnhofsturm. An der Mauer auf einem anderen Gebäudeteil, selbstverständlich deutlich darunter, befindet sich die Hegel-Installation des Künstlers Joseph Koshut aus dem Jahr 1993 mit einem Zitat aus der Einleitung zur *Phänomenologie des Geistes* des 1770 in Stuttgart geborenen Philosophen: »... dass die Furcht zu irren schon der Irrtum selbst ist.« Die Kunstaktion diente als Kommentar zu Stuttgart 21.

Ich frage mich, ob Hegel Mercedes gefahren hätte. So grundsolide, wie der Philosoph war, ganz bestimmt. Aber definitiv kein Cabrio. Zudem hat sein Denken die Philosophiegeschichte ähnlich beschleunigt wie der Mercedes-AMG S 63 L 4Matic+, der von 0 auf 100 nur 3,5 Sekunden benötigt.

Mercedes, ein Musterbeispiel deutscher Spießigkeit, aber auch ein Aushängeschild deutscher Qualität. Mit einem kontroversen Image und einer bei Weitem nicht ausreichend aufgearbeiteten Vergangenheit. Wer Deutschland verstehen möchte, kommt an Mercedes nicht vorbei.

88

Missgunst

Die Neidgesellschaft

Neid und Missgunst sind die Schattenseiten der Konsum- und Leistungsgesellschaft. Reichtum und finanzielle Unabhängigkeit sind dabei die wichtigsten Neidfaktoren.

Die deutsche Autovermietung Sixt hat in den 1990er Jahren mit dem Werbeslogan »Neid und Missgunst für 99 Mark« den deutschen Neidnagel auf den Kopf getroffen. Sie warb für die schwäbische Luxusmarke Porsche und konnte damit nur erfolgreich sein, denn das Auto ist für die Deutschen eines der wichtigsten Statussymbole und Neidobjekte.

In Deutschland entfesselt, wie eine repräsentative Umfrage der GfK ergab, vor allem der Reichtum Neid und Missgunst. Das Bild der Reichen ist sehr negativ. Wir empfinden sie als egoistisch, materialistisch und rücksichtslos und geben den »Superreichen die Schuld an den Problemen dieser Welt«. Die Erfahrung sozialer Ungerechtigkeit fördert dies. Auf der Rangliste der Neidfaktoren folgen nach dem Reichtum ein Lebensstil, der Reisen und viel Freizeit ermöglicht, beruflicher Erfolg, materieller Besitz, aber auch Schönheit und Beliebtheit oder Erfolg in der Liebe. Peter Sloterdijk sprach 2002 beim 7. Deutschen Trendtag daher zu Recht von Deutschland als einem »großen Neidkraftwerk«, seit die »Enthemmung der Eigentumseifersucht« eine »Begehrensspirale« ausgelöst habe.

Die meisten Umfragen ergeben, dass vor allem die jüngeren Generationen neidisch sind. Im Alter sollen Neid und Missgunst nachlassen, weil der Lebensfokus stärker auf dem Vergleich der eigenen Lebenssituation mit der früheren liegt und weniger auf dem Vergleich mit anderen Menschen. Neid auf die Jugend gibt es aber genauso bei den älteren Generationen.

Nicht nur Werbung oder Erziehung fördern beständig Neid und Missgunst – beide Eigenschaften sind auch ein bedeutendes Thema im deutschen Hip-Hop. Shindy, ein Deutschrapper mit griechischen Wurzeln aus dem schwäbischen Bietigheim-Bissingen, hat in seinem Song *Steve Urkel* 2014 das klassische deutsche Neid-Missgunst-Dilemma vor dem Hintergrund des persönlichen Erfolgs aufgegriffen: »Ah, trotz all dem Hate und all der Missgunst / Ich hab' die Scheiße wahr gemacht, herzlichen Glückwunsch / Und plötzlich nennt mich der Normalverdiener Wichser / Nur, weil er selbst nichts drauf hat wie 'ne Margherita-Pizza / Ich hab 'nen Senkrechtstart gehabt wie aus 'nem Bilderbuch / Und darum sind die Geldbündel lila wie die Milka-Kuh / Dein Neid ehrt mich, dein Hass macht mich unsterblich.«

Die Deutschen können nicht zufrieden sein. Und müssen sich immer mit anderen vergleichen, mit dem Ziel, sich überlegen zu fühlen. Deutschland ist eine Neidgesellschaft. Das muss man neidlos anerkennen.

Blankenese ist einer der teuersten Stadtteile Hamburgs.

89

Mittagsruhe

Erholungsregeln und Befindlichkeitskulturen

Wir brauchen für alles Regeln. Auch für die Erholung. Wir sind dermaßen leistungsorientiert, dass die notwendigen Erholungsphasen und Ruhezeiten im Arbeitseifer vergessen oder durch die Mitmenschen mutwillig boykottiert werden.

Eine gesetzliche Mittagsruhe gibt es in Deutschland nicht. Nur auf kommunaler Ebene können spezifische Bestimmungen für diese verordnete Stille gelten, die meist zwischen 13:00 und 15:00 Uhr stattfindet. Ein Blick in die Stadt- oder Gemeindesatzung ist notwendig, um sich davor zu schützen, aus Unwissenheit ruhestörende Ordnungswidrigkeiten zu begehen.

In Wohn- und Erholungsgebieten ist dank der Geräte- und Maschinenlärmschutzverordnung die Heimarbeit mit geräuschintensiven Geräten untersagt. Ein Ärgernis für die Fans von Laubbläsern, Freischneidern oder Rasenmäher-Treckern. Hinzu kommt die Abendruhe, die je nach Stadt oder Gemeinde zwischen 19:00 und 22:00 Uhr stattfindet. Nicht zu vergessen die morgendliche Ruhezeit zwischen 06:00 und 08:00 Uhr. Das reicht immer noch nicht, denn, wenn in Deutschland reguliert wird, dann umfassend. Also gibt's noch die Sonntags- und Feiertagsruhe.

Allerdings regen sich die Deutschen im Gegensatz zu diesem gewaltigen Ruhezeitenfetischismus im eigenen Land oft über die Siesta in den südlichen Ländern auf oder boykottieren die eigene Mittagsruhe mit deutscher Lautstärke.

Auch die Vermieter können im Mietvertrag oder der Hausordnung Ruhezeiten festlegen. Zu den häuslichen Lärmbelästigungen zählen zu laute Musik, das Spielen von Musikinstrumenten sowie übermäßige Lautstärke durch Gespräche oder Feiern.

Viele der Streitigkeiten liegen in der Befindlichkeit und Toleranzgrenze der gestörten Personen begründet. Sie sind also Ermessenssache – häufig auch in rechtlicher Perspektive. Einen Gerichtsprozess wegen Lärmbelästigung zu führen, lohnt sich in Deutschland nur, wenn ein Verstoß gegen Gesetze und Verordnungen zum Lärmschutz objektiv nachgewiesen werden kann. Das ist selten.

Das Zusammenleben mit den Nachbarn ist nicht immer ein Fest der Freude. Das Ziel der Lärmschutzregelungen, durch die feste Ruhezeiten und Erholungsphasen für alle Menschen gleichermaßen ermöglicht werden sollen, führt nicht selten zum Gegenteil: zu mehr Unruhe und Aufregung. Die zahlreichen Regelungen erhöhen den sozialen Druck in der Gesellschaft und erzeugen zwischenmenschliche Auseinandersetzungen, anstatt problemorientierte Lösungen anzubieten. In vielen dieser Fälle scheint es produktiver, mehr Vertrauen in die Selbstregulierungskompetenzen der Bürger zu haben.

90

Mittagstisch

Ein Dramolett

Wir lieben das Essen. Und wir essen leidenschaftlich gerne. Unsere Leidenschaften können wir nicht immer frei ausleben. In Deutschland erfordert alles Struktur, Ordnung und Disziplin. Auch beim Essen. Gerade werktags beim Mittagessen.

Die Deutschen haben mit Blick auf das Mittagessen einen speziellen Begriff, der nicht deutscher klingen könnte: Mittagstisch. Damit wird in der Regel ein kostengünstiges Essen bezeichnet. Die Mittagskarte besteht im Vergleich zur Abendkarte häufig nur aus wenigen Gerichten, und die Portionen sind kleiner. Manchmal gibt es aber auch ein Menü mit Vor- und Nachspeise im vergleichbar günstigen Kleinformat.

Überleben bei der Arbeit bedeutet für viele Deutsche daher: Hoffen auf die Mittagspause. Auch in der Schulzeit waren die wichtigsten Momente für uns die kleinen oder großen Pausen. Der Mittagstisch gibt wenig Anlass zum Verweilen. Vielmehr ist es ein hektischer Durchgangsort, um kurz auszuspannen, abzuschalten und sich auszutauschen. Nichts, was von den Arbeitspflichten ablenkt und den Tag schon am Mittag gesellig werden lässt.

Am Mittagstisch herrschen aber nicht nur Harmonie und Hektik. Der österreichische Schriftsteller Thomas Bernhard hat in sieben Kurzdramen den deutschen Mittagstisch, stellvertretend für die deutschen Zustände, auseinandergenommen. Genau genommen spricht Bernhard von Dramoletten, kurzen Theaterstücken, die in der Regel nur fünfzehn bis zwanzig Minuten dauern. Die Dramolette von Bernhard sind nicht nur kurz, sondern machen den Zusammenhang von Drama und Omelett deutlich beziehungsweise die Dramen, die beim gemeinsamen Essen entstehen können. Wir kennen die Harmonielehre: keine Gespräche über Politik und Religion.

Von dieser Regel halten die Figuren Bernhards aber nichts. Aus dem Sprichwort »Über Geschmack lässt sich streiten« wird bei ihm: »Über die Vergangenheit lässt sich streiten.« Denn die nationalsozialistische Suppe ist für Bernhard noch lange nicht ausgelöffelt, und alte Gefühls- und Denkmuster schreiben sich am Mittagstisch fort. Ganz vergleichbar mit der kleinen Kneipe von nebenan, von der ein anderer Österreicher, Peter Alexander, gesungen hat. »Da, wo das Leben noch lebenswert ist« ... und der faschistische Geist von Generation zu Generation weitergegeben wird.

Vielleicht sollten die Deutschen die Speisekarten neu schreiben und die alten Essenstraditionen mit Blick auf andere Kulturen überdenken. Vielfalt schadet nie – auch beim Essen nicht. In vielen deutschen Städten findet das schon seit Längerem statt.

91

Mülltrennung

Gemeinsam getrennt für die Umwelt

Der Abfall ist ein Bild für den Wohlstand. Das Abfallaufkommen ist hoch. Gleichzeitig zählt Deutschland international zu den Ländern mit der besten Recyclingquote. Durch die Abfallvermeidung und -verwertung soll ein nachhaltiger Beitrag zum Klima und Ressourcenschutz geleistet werden.

1991 hat die Bundesregierung das Gesetz zur verpflichtenden Mülltrennung, die sogenannte Verordnung über die Vermeidung und Verwertung von Verpackungsabfällen, kurz Verpackungsverordnung (VerpackV), beschlossen. Diese Ordnung wurde mehrfach überarbeitet und zum 1. Januar 2019 vom Verpackungsgesetz (VerpackG) abgelöst. Mit dem Ziel, die umweltschädlichen Auswirkungen von Verpackungsabfällen zu reduzieren und dadurch die Recyclingquote weiter zu erhöhen.

Durch die Verpackungsverordnung ist eine neue ökologische Farbenlehre im Alltag entstanden: gelb, blau, braun und schwarz für Leichtverpackungen, Papier, Bioabfälle und Restmüll. Auch bei der Glasentsorgung wird nach Farben getrennt – weiß, grün und braun sind die Farben bei der Alltagglasentsorgung. Die Umwelt sollte entlastet, wertvolle Rohstoffe nicht verschwendet und die Hersteller für die Entsorgung ihrer Produkte in die Verantwortung genommen werden.

Das sehr hohe Abfallaufkommen stellte Deutschland seit den 1960er Jahren vor große Probleme. In dieser Zeit wurde der Müll hauptsächlich auf kaum kontrollierten Deponien entsorgt. Anfang der 1970er Jahre steigerte sich das politische Engagement mit dem Umweltprogramm der Bundesregierung. Das Jahr 1972 war der erste Meilenstein in Deutschland auf dem Weg von einer Müll- zu einer Recyclingnation, denn in diesem Jahr wurde das Gesetz über die Beseitigung von Abfällen – Abfallbeseitigungsgesetz (AbfG) erlassen. Durch das Aufstellen von Behältern für Altglas Ende der 1970er Jahre und von Altpapiercontainern Mitte der 1980er Jahre, »wurde Mülltrennung auf freiwilliger, privater Basis alltagstauglich gemacht« (Steinbeis Papier).

Bis heute ist das Abfallaufkommen in Deutschland hoch. Gleichzeitig steigt die Verwertungsquote. Im internationalen Vergleich führte Deutschland 2016 die Liste der Top-Recycler unter den 35 Mitgliedsländern der OECD an, wie die Organisation für wirtschaftliche Zusammenarbeit und Entwicklung herausgefunden hat. Um es mit dem Slogan der Initiative der dualen Systeme aus dem Jahr 2020 zu sagen: »Mülltrennung wirkt!«

Dennoch bleibt Deutschland ein Land der Widersprüche, denn Nachhaltigkeit und Wegwerfkultur passen nicht zusammen. Beide Haltungen sind hierzulande nach wie vor stark ausgeprägt. Die Abfallhierarchie laut EU-Abfallrichtlinie lautet hingegen, verkürzt formuliert: »Vermeiden vor Recycling, Recycling vor Beseitigung.« Denn die Abfallvermeidung, etwa durch Mehrwegsysteme, muss immer noch das größte Ziel der ökologischen Abfallwirtschaft sein. Nicht nur in Deutschland.

92

Multikulti

Gesellschaftsbilder

Migration und Integration sind seit einigen Jahrzehnten zentrale gesellschaftliche Themen. Zunächst wollte Deutschland kein Einwanderungsland sein. Doch längst bestimmen Leitbegriffe die Wahrnehmung des Zusammenlebens. Die »multikulturelle Gesellschaft« wird als Tatsache und erstrebenswerte Entwicklung angesehen.

Mit dem Schlagwort Multikulturalismus hat sich die Debatte in Deutschland vor allem auf muslimische Einwanderinnen und Einwanderer und ihre Lebensweisen bezogen. Hierzu zählten das Kopftuch, die Frage nach der Gleichberechtigung und der Tierschutz mit Blick auf das Schächten, aber auch der sogenannte Ehrenmord oder die Zwangsheirat. In diesem Kontext wird der Begriff Multikulturalismus häufig verbal als Multikulti abgewertet und mit negativ besetzten sowie rechtspopulistischen missbrauchten Begriffen wie »Parallelgesellschaften« und »ethnischen Ghettos« in Verbindung gebracht. Zudem ist Multikulti eine Verniedlichungsform, die andeutet, dass das Thema nicht von grundlegender Bedeutung für die deutsche Gesellschaft sei.

Das Bild der multikulturellen Gesellschaft wird auch durch Filme inszeniert. Der Schwerpunkt liegt auf dem deutsch-türkischen Zusammenleben, das sich bereits kurze Zeit nach der Ankunft türkischer Gastarbeiter in Deutschland zu entwickeln beginnt.

Lagen sozialrealistische Filme zu Beginn im klassisch linken Trend der Zeit und sollten den Schulterschluss deutscher und zugewanderter Arbeiter fördern, konzentrierten sich die Filme später verstärkt auf die Differenzen zwischen den Kulturen. Wobei die der Zugewanderten unter dem Deckmantel eines Betroffenheitsgestus stets als defizitär dargestellt wurde. Seit den 1990er und nuller Jahren entstehen Komödien, die ihre Pointen aus dem vermeintlichen *culture clash* ziehen, Klischees *en masse* nutzen und zumeist versöhnlich enden, indem sie aufzeigen, dass alle Beteiligten so unterschiedlich doch gar nicht seien. Während ihre Befürworter deren leichte Konsumierbarkeit und Reichweite betonen, müssen sie sich gleichfalls dem Vorwurf stellen, dass über ernsthafte Probleme gelacht, Rassismus reproduziert und die Entwicklung der zwei Kulturen zu etwas Drittem verhindert wird. Erst der Ausnahmeregisseur Fatih Akin, dessen Filme auch internationales Renommee erlangten, präsentiert sowohl deutsch-türkische als auch intrakulturelle Konflikte und widmet sich zusehends anderen Themen als der Integration. Auf die Frage, ob er sich als Deutscher oder Türke fühle, antwortete er in einem Interview, er sei Hamburger.

Das Konzept der multikulturellen Gesellschaft wird heute durch das der Inter- und Transkulturalität ersetzt. Das Beispiel Akins zeigt indes, dass an der Darstellung des Lebens in einer Zuwanderungsgesellschaft Zugewanderte und ihre Nachkommen beteiligt werden müssen, will man sich deutschen Lebensrealitäten nicht verschließen.

93

Musikzeitschriften

Ein Auslaufmodell

Die Musikzeitschriften sind seit Jahren in der Dauerkrise. Immer mehr stellen die Printausgaben ein. Allerdings erreichen die meisten online mehr Leser als jemals zuvor. Das Monopol über die Meinungsbildung zur Musik haben die Zeitschriften trotzdem verloren.

»Braucht ihr uns noch?« Diese Frage stellte das Magazin *Visions* den Leserinnen und Lesern in der Septemberausgabe 2007. Die Frage war nicht rhetorisch gemeint. Die Redaktion wollte wissen, wo der professionelle Popjournalismus aus Sicht des Publikums steht. Gerade mit Blick auf die neuen Angebote und Kritikformen im Netz. Die Antworten fielen gemischt aus.

Das Internet hat die Medien- und Musiknutzung genauso grundlegend verändert wie die Bedeutung der Musikkritik. Laut.de, die seit 1998 aktive »Plattform für Popkritik«, die heute zu den meistgelesenen Musikmagazinen in Deutschland gehört, formuliert: »Die Musik spielt im Netz.« Der Erfolg dieser Plattform besteht auch darin, dass – so zumindest die Selbsteinschätzung – »die größte Musikvielfalt« in Deutschland angeboten wird.

Die traditionellen Magazinmarken als ursprüngliche Orte des Popjournalismus mussten sich im Netz neu etablieren und gleichzeitig zum gedruckten Heft in ein zeitgemäßes Angebot investieren, das die Möglichkeiten des 360°-Publishing umsetzt. Die damit zusammenhängenden neuen Feedbackschlei-

fen durch die genaue Erfassung der Klickzahlen werden zur Beurteilung der Nachfrage und Qualität von Themen verwendet.

Die öffentliche Wahrnehmung und die Bedeutung von Musik-Fanzines wiederum, die abseits des Marktes aus Subkulturen berichten, ist kaum noch gegeben, obschon es weiterhin eine Vielzahl spannender Publikationen gibt. Viele deutsche Popjournalisten rühmen sich damit, ihre Laufbahn mit eigenen Fanzines begonnen zu haben. Das verschafft, im Gegensatz zu jedem Studium, Glaubwürdigkeit. Heute wird die Rolle der Fanzines durch die eigener Blogs oder Vlogs ersetzt. Neben diesen Formen hat sich seit den 1990er Jahren das Pop-Feuilleton als mehr oder weniger fester redaktioneller Bereich der Zeitungen entwickelt.

Die öffentliche Kommunikation über Popmusik und Popkultur findet heute überall statt und ist nicht mehr auf ein Medium wie die Musikzeitschrift beschränkt. Jeder kann sich daran öffentlich beteiligen. Das Geschichtenerzählen zur Musik und zu den Musikern ist hierbei wichtiger als die differenzierte Musikkritik. Es fehlt den Digital Natives die Zeit und die Geduld, in die Tiefe zu gehen. Schließlich ist Popmusik heute auch nicht mehr das bestimmende Thema der Jugend, sondern eins neben vielen anderen in ihrem alltäglichen Mediennutzungsmix. Gemäß dem Motto einer Zukunftsspekulationen von Tim Renner zur Musik- und Medienindustrie: »Kinder, der Tod ist gar nicht so schlimm!« Hauptsache, die Musik läuft weiter.

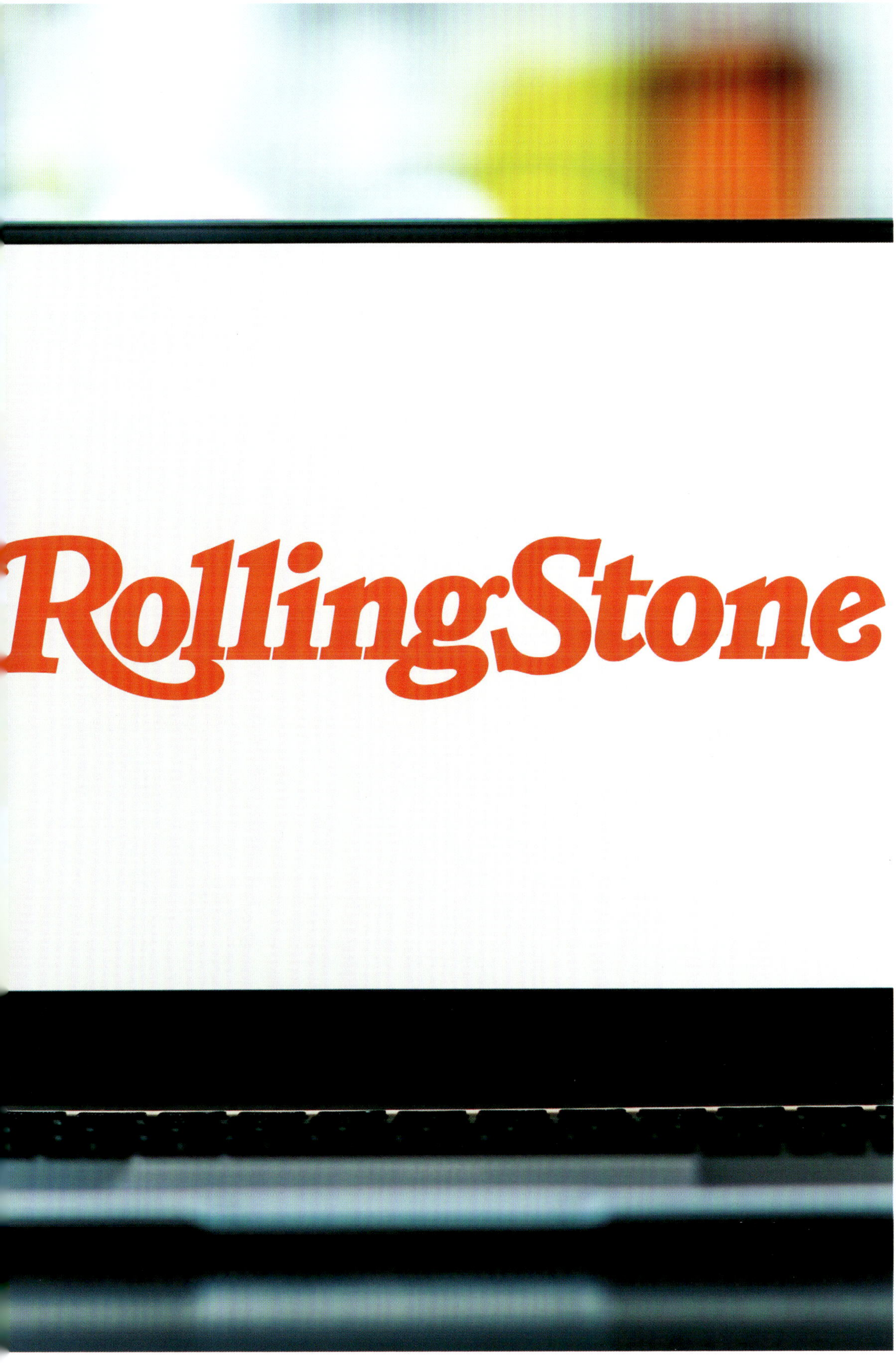
RollingStone

94

Müsli

Von der Diätspeise zum Lifestyleprodukt

Wer hat's erfunden? Nein, falsch! Diesmal nicht wir Deutschen. Unsere Schweizer Nachbarn waren das. Und zwar der Arzt und Ernährungsreformer Maximilian Oskar Bircher-Brenner um 1900. Zumindest die moderne Form des Müslis: das heute weltweit bekannte Birchermüsli.

Das Ziel von Maximilian Oskar Bircher-Brenner war es, eine möglichst leckere Apfeldiätspeise zu kreieren. Der globale Siegeszug des Müslis hat anschließend einige Jahrzehnte auf sich warten lassen, auch in Deutschland. Erst seit den 1970er Jahren finden das Müsli und andere Frühstückscerealien Einzug in die deutschen Alltagsküchen. Das deutsche Pendant zum Birchermüsli stellen etwa die Produkte der 1820 gegründeten Nahrungsmittelfirma Kölln dar.

Heute ist das Müsli ein fester Bestandteil der Esskultur. Und ein hippes Lifestyleprodukt. Der Trend geht aktuell dahin, es selbst zusammenzustellen. Und natürlich gibt es mittlerweile auch Hochglanzkochbücher und Müsli-Blogs, die uns dazu anleiten, unser Müsli nicht nur selbst anzurichten, sondern auch gekonnt in Szene zu setzen.

Meine Mutter liebte Birchermüsli. Mir erschien Nutella erstrebenswerter. Der Öko-Werbe-Schick der 1970er und 1980er Jahre war auch eher irritierend. Mein Vater bevorzugte Wurst und Marmelade. So manches Mal verzweifelte meine Mutter an unseren Essgewohnheiten. Auf gesunde Ernährung sollten andere achten. Sportler zum Beispiel oder Menschen, die es am Magen haben.

Damals bezeichnete man alternativ lebende Menschen häufig abwertend als Müslis, Müsli- oder Körnerfresser. Im Song *Müsli Mann* von BAP vom 1981er-Album *Für usszeschnigge*! wird dieses Klischee liebevoll und augenzwinkernd zum Thema gemacht. Ein musikalisches Denkmal für die deutsche Gesellschaft im ökologischen Wandel.

Die aktuelle deutsche Müslibegeisterung steht also für den Trend einer immer gesundheitsbewussteren und ökologisch nachhaltigeren Ernährung in Deutschland. Ein Wandel, der uns schmeckt und den Weg zeigt von einer alternativen Nischenkultur zu einem hippen und alltagstauglichen Trend, der nicht nur im Reformhaus, sondern überall stattfindet. Gesundheit *first*. Aber bitte immer mit viel Geschmack und einer sexy Inszenierung. Klar, zu viel kosten darf der Spaß dann nicht. Die Deutschen sind ja bekanntlich Pfennigfuchser. Und Freunde des schönen Scheins.

95

Muttersprache

Der kleinste gemeinsame Nenner

Wer die Muttersprache teilt, gehört zusammen.

Ganz egal, wie die Grenzen verlaufen oder wo sich jemand als Wahlheimat niedergelassen hat – hört er jemand fließend seine Sprache sprechen, bildet sich automatisch eine kleine Gemeinschaft. Das gilt für jedes Volk der Welt, doch für die Deutschen ganz besonders, wenn man in Betracht zieht, dass sie sich auf ihre Sprache durchaus etwas einbilden.

Sie erinnern sich? Dichter und Denker! Doch von Literatur und Philosophie mal ganz abgesehen, plustert sich das Deutsche im Vergleich zu anderen Sprachen auf. Vor allem aufgrund seiner Fähigkeit, aus der Verbindung vorhandener Worte nahezu endlos viele neue zu bilden, ist der deutsche Wortschatz womöglich der umfangreichste der Welt.

Der Begriff der »Muttersprache« stammt von der lateinischen *lingua materna* als natürlich erworbenem Gegenstück zu einer Bildungssprache, die man bewusst erlernen muss. Die ebenfalls nachweisbare »Vatersprache«, also *sermo patrius,* hat sich für den gleichen Sachverhalt nur im Polnischen und Obersorbischen gehalten. Die alten Germanen nutzten den Begriff »Lantwort«, nach *lantwīsa* für die heimatlichen Sitten und Gebräuche.

Ebendiese Sitten und Gebräuche sehen die Deutschen in ihrer Muttersprache besonders konserviert und geehrt. Ein subtiler Rassismus liegt daher in jeder Begegnung, bei der ein autochthoner Altgermane der Neuzeit sein optisch fremdländisch wirkendes Gegenüber mit dem Lob überschüttet, »wirklich ganz hervorragend Deutsch zu sprechen«. Hier gehen die Muttersprache und der gedachte Volkskörper wieder ihre unheilige Allianz ein, und der wohlmeinend Lobende kommt überhaupt nicht auf die Idee, dass der »wie ein Muttersprachler« Sprechende tatsächlich ein Muttersprachler sein könnte.

Diese Verknüpfung des Sprachlichen mit dem Ethnischen mag ein typisch deutsches Phänomen sein. Dass es eine Muttersprache als verbindendes Element braucht, zeigen die gescheiterten Versuche, eine künstliche »Plansprache« für alle zu entwerfen. Esperanto sprechen bis heute gerade mal rund eine Million Sprecher.

Die theoretisch 5,3 Millionen Wörter (!) des Deutschen haben für das reale Leben der Muttersprachler wie der Fremdlernenden im Übrigen keinerlei Relevanz, da generell gilt: Schon 250 Wörter bilden den inneren Kern einer Sprache, 2.500 genügen für praktische Kommunikation, 10.000 bilden den aktiven Wortschatz und 20.000 reichen aus, um die meiste Literatur eines Landes zu lesen und zu verstehen.

Eine Untersuchung des Radiosenders Puls im BR zum Wortschatz deutscher Rapper kam übrigens zu dem Ergebnis, dass Kollegah und Morlock Dilemma – beide Muttersprachler – sogar Goethe schlagen. Ersterer legt sich sehr deutsch eine »Excel-Tabelle« für »mehrsilbige Reime« an. Zweiterer bringt seine Version bildungsbürgerlicher Potenz so auf den Punkt: »Ich lese Tolstoi im Rolls-Royce und ficke deine Mutter.«

SPRECHEN SIE DEUTSCH?

96

Nationalmannschaft

Kollektive Erinnerungen

Jeder weiß noch, wo er war, als die ersten Menschen auf dem Mond landeten. Als die Türme fielen. Als Deutschland Weltmeister wurde.

Im zum »Sommermärchen« erklärten Turnier unter Jürgen Klinsmann ging der Traum nicht in Erfüllung, doch dessen damaliger Co-Trainer und Nachfolger Joachim Löw verwandelte sich in den »Jogi« und bescherte der Fußballwelt im Sommer 2014 nicht bloß den vierten Titel für Deutschland, sondern mit dem 7 : 1 gegen Brasilien die wohl einprägsamste kollektive Erinnerung. Und mit Bastian Schweinsteigers Aufopferung im Finale gegen Argentinien: Cut am Auge, blutende Wange – für manche einen Heldenmythos.

Nationalmannschaft, das bedeutet Ersatzkrieg und erlaubter Patriotismus. Die Spuckattacke des Niederländers Frank Rijkaard gegen Rudi Völler im Achtelfinale der Weltmeisterschaft 1990 gilt bis heute als Höhepunkt der Rivalität der Nachbarländer. Für die Deutschen war es wenig später umso beglückender, dass das Team um Kapitän Lothar Matthäus in besagtem Turnier den Titel gewann. Unvergessen das Bild von Franz Beckenbauer, wie er allein, die Hände in den Taschen, über den Rasen flaniert, umgeben von einem Kokon eigener Stille im Getöse des Olympiastadions von Rom.

Das »Wunder von Bern« erschuf 1954 weniger prägende Bilder, dafür aber den legendären Ausruf des Reporters Herbert Zimmermann: »Aus dem Hintergrund müsste Rahn schießen – Rahn schießt – Toooor! Toooor! Toooor! Tooooor!« Wo die Bundeskanzlerin sich Jahrzehnte später gefahrlos in die Männerkabine begeben konnte, verzichtete die damalige Politik bewusst auf eine nationalistische Feier des Sieges. Im Stadion kein Kanzler, nirgends.

In den vergangenen Jahren fremdelten die Deutschen mit »ihrer« Nationalmannschaft, die auf Bestreben des Teammanagers Oliver Bierhoff seit dem Sommer 2015 offiziell DIE MANNSCHAFT heißt. Die patriotischen Bekundungen türkischstämmiger Spieler zu »ihrem« Präsidenten Erdoğan sorgten für Diskussionen. Der 2014 noch gefeierte, nun aber zum Gesicht der Krise gewordene »Jogi« erschuf während der WM 2018 unfreiwillig eine ikonografische Antithese zum lässigen Schlendern des »Kaisers« in der römischen Sommernacht 28 Jahre zuvor. Lässig lehnte Löw an einer Laterne vor dem Teamhotel am Schwarzen Meer, »obwohl«, so die *B.Z.,* »uns das früheste WM-Aus aller Zeiten droht!«. Genau dieses ereignete sich. Löw blieb, scheiterte bei der EM 2020 im Jahre 2021 erneut und wich wenige Wochen vor Fertigstellung dieses Buches für seinen ehemaligen Co-Trainer Hansi Flick, der schon 2014 an seiner Seite gestanden hatte.

Mit ihm hofft das Publikum nun auf eine frische Epoche, in der sich – ganz preußisch gedacht – jeder der Beteiligten die Lässigkeit bitte schön erst dann gönnt, wenn die Arbeit möglichst erfolgreich getan ist. Und auf neue gemeinsame Erinnerungen.

97

Neue Deutsche Welle

Zwischen Subkultur und Hitparade

Völlig losgelöst – von der deutschen Musikgeschichte. Die pure Lust am Leben. Keine Atempause. Mit der deutschsprachigen Popmusik ging es voran!

Für Winfried Longerich

Die Geburt der deutschsprachigen Popmusik fand 1971 mit dem Album *Warum geht es mir so dreckig?* der Polit-Rocker Ton, Steine, Scherben statt. Durch *Alles klar auf der Andrea Doria* von Udo Lindenberg & Das Panik Orchester wurde sie 1973 Hitparaden-fähig. Udo Lindenberg war der erste deutsche Popstar.

Genauso wie bei der Geburt der modernen Popmusik in den 1950ern in den USA bildete Rock musikalisch den Ausgangspunkt, und das nicht als deutsche Imitation à la Peter Kraus oder Ted Herold. Ton, Steine, Scherben und Udo Lindenberg teilten die Idee, dass Musik Ausdruck der unmittelbaren Lebensverhältnisse sein sollte. Eine Alternative zur Dominanz der englischsprachigen Popmusik, aber auch zum lehrerhaft-verstaubten Pathos von Liedermachern wie Hannes Wader oder Franz Josef Degenhardt, deren Gesellschaftskritik, Forderung nach einer vollständigen Entnazifizierung und anti-bürgerliche Haltung man aber teilte. Die Distanz zur deutschen Gesellschaft war ausschlaggebend.

Dieser Ansatz findet sich auch bei vielen der Musiker und Bands der Neuen Deutschen Welle. Sie trug dazu bei, dass die neue deutsche Popmusik vielgestaltig und massentauglich wurde. Zwischen Subkultur und Hitparade. Minimalistisch, experimentell, dilettantisch und ironisch. Die NDW entwickelte sich zwischen Provinz und Metropolen unter Einfluss des seit 1977 aus England kommenden Punk und New Wave. Ihren kommerziellen Höhepunkt erlebte sie in den frühen 1980er Jahren und ihr Ende um 1984 als Folge des inflationären Ausverkaufs durch die deutsche Musikindustrie.

In der ZDF-Hitparade wurde eine Hit-Rakete nach der anderen gezündet, und Musiker in grellen Outfits und mit schräger Performance machten die triste deutsche Fernsehunterhaltung endlich schön bunt. *Da Da Da* von Trio, *Ich will Spaß* von Marcus, *Der goldene Reiter* von Joachim Witt, *Major Tom* von Peter Schilling, *Sternenhimmel* von Hubert Kah oder *Hurra, Hurra, die Schule brennt* von Extrabreit. Die Punkbands, die zur NDW gezählt werden, wie Fehlfarben, DAF, Palais Schaumburg, Mittagspause, Abwärts, oder S.Y.P.H. waren Subkultur und zumeist nicht sendefähig. In Musikmagazinen wie *Sounds* oder *Spex* war das zum Glück anders.

Die NDW war eine Schlüsselzeit, die eine, wie die Musikwissenschaftlerin Barbara Hornberger betont, »traditionsstiftende Wirkung« auf die weitere Entwicklung der deutschsprachigen Popmusik hatte.

98

Öffentlich-rechtlicher Rundfunk

Mediendemokratie

Die Geschichte des öffentlich-rechtlichen Rundfunks ist fast so alt wie die Geschichte der Bundesrepublik Deutschland. Die ARD wurde 1950 gegründet, das ZDF sendet seit 1963. Nach der Medienpropaganda der Nationalsozialisten sollte der öffentlich-rechtliche Rundfunk als vierte Macht einen Beitrag zur Demokratisierung leisten.

Für Thomas Jung

Der öffentlich-rechtliche Rundfunk, konzipiert nach dem Vorbild der britischen BBC, umfasst die neun Landesrundfunkanstalten der Arbeitsgemeinschaft der öffentlich-rechtlichen Rundfunkanstalten Deutschlands (ARD), das Zweite Deutsche Fernsehen (ZDF) und das Deutschlandradio. Die Deutsche Welle ist ebenfalls eine öffentlich-rechtliche Sendeanstalt, wird aber nicht durch Rundfunkbeiträge, sondern aus Steuergeldern finanziert.

Der Gesamtertrag der Rundfunkgebühren betrug im Jahr 2020 über 8 Milliarden Euro. Seit ihrer Einführung sind sie ein konstantes öffentliches Streitthema. Sind sie verfassungswidrig? Durch die Programmqualität gerechtfertigt? Könnten sich die Sendeanstalten ohne Gebühren auf dem Medienmarkt behaupten? Warum werden sie immer wieder erhöht? Wie stark dürfen die Öffentlich-Rechtlichen im Internet aktiv sein? Ist der Rundfunkbeitrag eine Zwangsgebühr, durch die ein angeblicher »Staatsfunk« finanziert wird?

In Deutschland gibt es keinen Staatsfunk. Die Rundfunkgebühren garantieren gerade eine vom Staat unabhängige Programmgestaltung. Zudem ist in Deutschland die Presse-, Informations- und Meinungsfreiheit im Grundgesetz abgesichert, sodass ein autoritärer Eingriff ausgeschlossen ist. Genauso wie der durch Parteien, Unternehmen oder andere gesellschaftliche Institutionen. Demgegenüber finanzieren sich private Rundfunkunternehmen größtenteils aus Werbeeinnahmen oder durch Pay-TV-Modelle.

Aktuelle Umfragen, etwa von der Forschungsgruppe Wahlen oder von infratest dimap, zeigen, dass rund 70 Prozent der Deutschen ein großes Vertrauen in die Berichterstattung des öffentlich-rechtlichen Rundfunks haben. Somit bleibt er, über siebzig Jahre nach seiner Gründung, auch weiterhin eine Säule der Demokratie.

99

Oktoberfest

Volkskultur, Volksfesttourismus und volkstümlicher Exportschlager

Das größte Volksfest der Welt findet in München statt. Das Oktoberfest bringt Menschen aus ganz Deutschland und aller Welt zusammen. Dieses Spektakel ist ein internationaler Exportschlager deutscher Volkstümlichkeit.

Auf fast jeder Reise ins Ausland wird man als Deutscher auf das Oktoberfest angesprochen, das seit 1810 jährlich auf der Theresienwiese in München stattfindet. Es wird international gleichgesetzt mit Deutschland und der deutschen Kultur – und zieht Gäste aus den entlegensten Winkeln der Erde an. Ich habe Reisebekanntschaften, die dafür aus Australien herbeifliegen.

Deren Motivation war eher Partytourismus als Bildungsurlaub. Ein wirkliches Interesse an der deutschen Volkskultur wurde selten bekundet. Einigen erscheint das Oktoberfest als eine Art volkstümlicher Karneval. Viele denken, dass Trachten, Dirndl und Lederhosen die deutsche Nationalkleidung sind und das Oktoberfest Deutschland im Kleinformat.

Die Maß mit genau einem Liter Bier im Krug überfordert so manche Gäste und begeistert sie zugleich. Wie die deutsche Gemütlichkeit und das gemeinsame Schunkeln im Festzelt. Den Ausruf »O'zapft is« haben fast alle mit unterschiedlichen Akzenten erklingen lassen. Genauso wie das Wort »zünftig«. Das Riesenrad- und Karussellfahren wurde häufig erwähnt. Nicht zu vergessen: die netten Menschen, die sie dort kennengelernt haben. Und natürlich das deftige Essen, vor allem das Brathendl.

Bei meinen Reisebekanntschaften hat der Oktoberfestbesuch das Deutschlandbild nachhaltig geprägt. International ist es dermaßen beliebt, dass es mittlerweile über 2.000 weltweite Nachahmungen gibt.

Im Jahr 2019 haben Menschen aus 45 Nationen das Oktoberfest besucht. Der Besucherrekord wurde im Jahr 1985 mit über 7 Millionen Besucherinnen und Besuchern aufgestellt. Damit ist das Oktoberfest das größte Volksfest der Welt und somit auch in Deutschland. Die Stadt München betont, dass das Oktoberfest »nach wie vor ein ›bayrisches‹ Fest« sei, denn »die überwiegende Mehrheit der Oktoberfestbesucher kommt aus Bayern«.

Das Oktoberfest zeigt, dass Deutschland eine Nation ist, die regelmäßig ihre eigene Kultur feiert. Allerdings steht bei den großen Volksfesten schon seit langer Zeit mehr der Spektakelcharakter im Vordergrund als das Feiern der verschiedenen Volkskulturen, die zumeist nur noch für den Feieranlass verantwortlich sind. Vielleicht ist das aber auch ein guter Weg, um von einem Volksfest zu einem Fest der Kulturen zu gelangen. Gerade mit Blick auf die große Zahl der ausländischen Feiergäste.

100

Ordnung

... muss sein!

Ordnungsliebe ist der Kompass der Deutschen. Ohne Ordnung stürzen wir ins Chaos. Zumindest glauben wir das.

Ich möchte mit einem persönlichen Geständnis beginnen: Ja, ich bin ordentlich. Sehr sogar. Manche sagen, übertrieben. Seit ich meine erste eigene Wohnung habe, hat mich die Ordnungsliebe verführt, eine der wichtigsten deutschen Charaktereigenschaften.

Ich habe bis heute allerdings nie auf einen Aufräumratgeber zurückgegriffen, wie sie unter Ordnungsfreaks und Chaosopfern sehr beliebt sind. Die populäre japanische Aufräumexpertin Marie Kondo verbindet die Frage nach der Ordnung mit unserer Suche nach dem Glück. »Macht es dich glücklich?«, lautet ihre Frage bei jedem Ding, das wir besitzen. Ist etwas in diesem Sinne kein auszusortierender Ballast, hat es seinen Platz, an den es zurückmuss. In den sozialen Medien gibt es die sogenannten »Cleanfluencer«, die ein strenges Ordnungsregime vermitteln und den Ordnungstrieb als etwas Positives darstellen.

Kindern und Kreativen sagt man nach, dass sie chaotisch seien und es bei ihnen auch gut so ist. Zugleich gelten sie, das hat nicht nur die Corona-Pandemie gezeigt, nur sehr bedingt als – um dieses deutsche Unwort zu verwenden – »systemrelevant«. Sie stellen keine Konkurrenz zur Welt der Ordnung dar. »Man muss noch Chaos in sich haben, um einen tanzenden Stern gebären zu können.« Ideen sind endgültig tot, wenn sie auf T-Shirts gedruckt werden. Gibt es eine Verordnung zur ordnungsgemäßen Nutzung von Sternen?

Der Kapitelordnung halber sollten wir bei der Ordnung bleiben. Denn der deutsche Volksmund ist voll an Ordnungsliebe: »Ordnung ist das halbe Leben«, »Ordnung erhält die Welt«, »Ordnung hilft haushalten«, »Ordnung muss sein« oder »Ordnung hat Gott lieb«.

Ordnungen bestimmen das Leben der Deutschen. Die öffentliche Ordnung wird von Ordnungshütern und der Ordnungsmacht geschützt. Keine Sportart kommt ohne Spielordnungen aus. Die deutschen Parkanlagen sind ordentlich. Und auch Menschen werden aus der Ordnungsperspektive beurteilt. Sie haben doch bestimmt auch schon mal gesagt, dass eine Person »in Ordnung« ist?

Fast alles, was unser Leben betrifft, ist in Verordnungen detailliert festgelegt. Kennen Sie zum Beispiel die genehmigungsfreie Größe, wenn Sie in NRW ein Gartenhaus auf Ihr Grundstück bauen wollen? Sie liegt laut Landesbauordnung (BauO NRW) bei 30 Kubikmetern Rauminhalt.

Die deutsche Ordnungsliebe macht die Deutschen effizient. Aber auch so flexibel wie einen Aktenordner. Etwas mehr Spontanität und Improvisation würde ihnen guttun.

101

Papierverbrauch

Deutschland ist Spitzenreiter

Ein Land der Rekorde. Immer wieder aber auch der Negativrekorde. Der Papierverbrauch zählt dazu. Die Frage nach der Nachhaltigkeit und der eigenen Verantwortung gerät dabei aus dem Blick.

Der Papierverbrauch pro Kopf belief sich laut Bundesregierung in Deutschland im Jahr 2018 auf 241,7 Kilogramm. In keinem anderen Land der G20 ist der Verbrauch an Papier, Pappe und Karton so hoch. Global belegt Deutschland den vierten Platz.

Die Ökobilanz der deutschen Papierindustrie befindet sich knietief im Minus. Hohe CO_2-Emissionen, großer Holz- und Wasserverbrauch, großflächige Abholzung sowie der immer weiter steigender Gesamtenergieeinsatz. Daran ändert auch der große Recyclinganteil beziehungsweise der Einsatz von Altpapier bei der Produktion nichts, »[s]olange der Papierverbrauch nicht deutlich sinkt«, wie die Politikerin Bettina Hoffmann, Sprecherin für Umweltpolitik und Umweltgesundheit in der Fraktion Bündnis 90/Die Grünen, betont.

Einen großen Anteil am deutschen Papierverbrauch hat der Online-Versandhandel. Der Verbrauch von Papierverpackungen hat sich durch seinen Boom deutlich erhöht. Der Gesamtumsatz des deutschen Onlinehandels belief sich nach Angaben des Handelsverbands Deutschland (HDE) im Jahr 2018 auf 53,4 Milliarden Euro. Im Jahr 2020 steigerte sich dieser Umsatz bereits auf 72,8 Milliarden Euro. Nach Schätzungen des Bundesumweltministeriums sind allein im Jahr 2018 knapp 49 Prozent des Pro-Kopf-Verbrauchs von Papier, Pappe und Karton auf Papierverpackungen entfallen.

Bettina Hoffmann hebt die Bedeutung umweltfreundlicher Alternativen und Versandoptionen hervor: »Gerade im Versandhandel können viele Papier-, Pappoder Kartonverpackungen einfach durch Mehrweglösungen wie wiederverwendbare Versandtaschen oder -boxen vermieden werden.« Bedeutsam ist in diesem Zusammenhang etwa mit Blick auf Amazon, mehrere Produkte nicht als schnelle Einzel-, sondern als Gesamtlieferung zu bestellen.

Die soziale Verantwortung für den Papierverbrauch in Deutschland, und damit für ein nachhaltiges Engagement hinsichtlich des Klima- und Ressourcenschutzes, besitzt jeder Einzelne von uns. Allerdings ist mit Blick auf den Papierverbrauch die egoistische Befriedigung der »Gier nach Papier« (Jeannette Cwienk) bisher noch stärker ausgeprägt als das Bewusstsein für ein ressourcenverantwortliches Leben.

102

Partnerlook

Zusammengehörigkeitsgefühl und Modetrend

Die Entwicklung geht von der Konsensgesellschaft zur Streitgesellschaft. Zur gesellschaftlichen Spaltung. Das erzeugt sozialen Druck. Partnerlook hält dagegen. Als Konsenskleidung ist er die textile Oase der Harmonie im stürmischen Alltag, ein Bekenntnis zur Zusammengehörigkeit.

Meine erste Begegnung mit Menschen im Partnerlook hatte ich in den 1980er Jahren mit meinen Eltern auf der Nordseeinsel Borkum. Beim Abendspaziergang am Strand kamen uns laufend vor allem ältere Menschen entgegen, die die gleichen Windbreaker-Jacken, Dockermützen, Sonnenbrillen und Funktionshosen trugen. Mein Vater fand das romantisch. Meine Mutter lachte. Ich fragte meine Eltern, warum die ganzen Leute sich verkleidet haben.

Partnerlook war damals fast gleichbedeutend mit Funktionskleidung. Das Zelt, das man mitnimmt, sobald man die Wohnung verlässt. In den 1990er Jahren gab es dann immer mehr Pärchen, die im Mindesten farblich aufeinander abgestimmt auftraten und so die innere Verbundenheit nach außen trugen. Die kollektive Sehnsucht nach der Seelenverwandtschaft als Modetrend. Diese Paare haben auch immer nur im »Wir« gesprochen: »Wir mögen das nicht.«

Dieser Partnerlook war nicht ausschließlich auf Liebespärchen begrenzt. Auch Eltern und Kinder oder gute Freunde präsentierten sich gerne so. Ein kollektives Zeichen für Zusammengehörigkeit.

Heute klingt der Begriff wie aus einer anderen, weit entfernten Zeit. Das Trendphänomen unserer Zeit ist »Twinning« beziehungsweise der Twin-Look. Die Modejournalistin Elenia Wolf spricht von einem »Style-Boost aus der Streetstyle-Szene« für den klassischen Partnerlook. Für mich klingt das nur nach einem weiteren Marketingbegriff, um aktuelle Mode durch einen nostalgischen Retroklang aufzuwerten.

103

Penibel

Es ist so mühsam, deutsch zu sein!

Die Champignons-League der Ordnung ist die Penibilität. Doch die ist in Deutschland nicht die schönste Nebensache der Welt wie der Fußball. Sie ist eine Tugend. Ein dramatischer Kampf um Leben und Tod. Der Teufel ist der Grauschleier auf der Kochwäsche.

Für Hans-Joachim Kleiner

Mein Vater war Jurist und ein Meister der akribischen Ablage. Jeder Gegenstand hatte seinen Platz. Die Akten heftete er sehr sorgfältig in Ordner, die akkurat und nach Farben sortiert in den Regalwänden standen. Die Farben verkörperten die jeweiligen Rechtsgebiete.

Der Schriftsteller Wladimir Kaminer hat vor ein paar Jahren im Interview mit der *Süddeutschen Zeitung* eine andere Seite unserer Penibilität hervorgehoben: Er betonte, dass wir das Gartenleben genauso ernst nehmen wie das ganze Dasein. Humor ist kein Meister aus Deutschland und der Garten eher ein Ort für die Gartenarbeit und weniger für ausschweifende Feste. Mit der Anarchie der in seinem Schrebergarten wild wachsenden Vegetationen hat sich Kaminer keine Freunde gemacht. Es folgte eine unfreiwillige Verlagerung in »einen großen Landgarten« in Brandenburg, in dem alles »spontan vegetieren« durfte. Die Berliner

Schrebergartenfreunde verstehen hier keinen Spaß. Natur, ja. Wildwuchs, nein danke!

Nach dem Fußball gilt dem Auto die große Liebe der Deutschen. Regelmäßig in die Waschanlage, Armaturen reinigen und, hat ein Vogel seine Notdurft auf dem Auto verrichtet, mit Babyfeuchttüchern wischen, damit der Lack nicht beschädigt wird. Auch die Arbeitswelt bleibt nicht von Penibilitätswütigen verschont. Wächtern über die Einhaltung von Deadlines, Plänen und Pünktlichkeit.

Bei so viel deutscher Penibilität können wir uns doch wenigstens auf unsere Punker verlassen, die uns mit Chaoskompetenz entspannen? Ich muss Sie enttäuschen. Farin Urlaub, Sänger der Ärzte, betonte 2016 gegenüber der *Frankfurter Allgemeinen Zeitung,* dass er beim Reimen nichts dem Zufall überlässt: »Ich bin da echt penibel. Mir reicht es nicht, wenn es ungefähr passt. Es soll bitte genau passen, ganz genau.«

Für uns Deutsche ist die Penibilität der Hochsicherheitsbereich zur Aufrechterhaltung der Ordnung. Hier verstehen wir keinen Spaß. Penibilität drückt unseren Wunsch nach der »Abwesenheit von Chaos« (Sandra Danneil) aus. Und verweist damit auf eine andere deutsche Eigenschaft: dass wir das, was wir nicht sehen wollen und von dem wir nicht wollen, dass es andere sehen, krampfhaft versuchen, unsichtbar zu machen. Gerade dann, wenn es sich um Themen handelt, die unangenehm sind.

104

Pflichtbewusstsein

Deutschland ist kein Vergnügungspark

Das Leben ist keine Party. Dies ist keine Spaßgesellschaft. Die Deutschen leben für die Pflichterfüllung. Sie sind Pflichtmenschen.

Die wichtigsten aller preußischen Tugenden, von denen sich viele unserer deutschen herleiten, ist das Pflichtbewusstsein. Friedrich Wilhelm I., dem wir den ganzen Schlamassel mit den preußischen Tugenden zu verdanken haben, sah das Ziel seines Regierungshandelns darin, der erste Diener des Staates zu sein.

Sich auf die Pflichterfüllung zu berufen, um die Verantwortung für sein eigenes Handeln nicht übernehmen zu müssen, ist auch sehr deutsch. Nach dem Ende des Zweiten Weltkriegs ist der Satz »Ich habe nur meine Pflicht getan!« zur zynischen Rechtfertigung derjenigen geworden, die juristische Schuld und moralische Mitverantwortung am Holocaust in Abrede stellen und einer Verurteilung entgehen wollten.

Das deutsche Pflichtbewusstsein führt uns auf eigenartige Pfade. Es lässt uns krank zur Arbeit gehen, weil wir das Gefühl haben, nicht ersetzbar zu sein oder unseren Arbeitsplatz zu riskieren, wenn wir unseren Pflichten nicht nachkommen. Der Mathematiker und Autor Gunter Dueck spricht diesbezüglich von der »Supramanie« des Pflichtmen-

schen, denn Pflichten sind nicht nur Aufgaben, sondern Leistungs- und Anreizsysteme, die uns beständig dazu auffordern, unseren Platz in der Gesellschaft zu finden und nicht an den Rand gedrängt zu werden.

Pflichtmenschen stellen sich aus Überzeugung mit Beständigkeit und Verantwortungsbewusstsein in den Dienst einer Sache und ordnen dieser häufig ihr Leben unter. Der Journalist Günter Gaus wird als Pflichtmensch bezeichnet, aber auch Politiker wie Wolfgang Schäuble. Dem Ex-Bundespräsidenten Horst Köhler wirft man vor, »seine Pflicht nicht gewissenhaft erfüllt« und damit »mitten in der Finanzkrise« eine »Vertrauens- und Verfassungskrise« heraufbeschworen zu haben.

Der deutsche Alltag ist voll mit Pflichten, die sogar rechtsverbindlich sind: Steuerpflicht, Schulpflicht, Meldepflicht, Ausweispflicht oder einst die Wehrpflicht. Den Deutschen würde es allerdings guttun, Pflichten und Moral voneinander zu trennen. So könnte das Verhältnis von Pflicht und Freiheit neu gedacht werden und in der Arbeitswelt mehr Freiraum für die Haltung »Wertschöpfung durch Wertschätzung« entstehen, wie es der Berliner Organisationspsychologe Carsten Schermuly nennt. Im Alltagsleben wäre sogar Raum für »Wertschätzung durch Wertschätzung«. Das klingt nicht deutsch. Und das ist an dieser Stelle auch gut so.

Das Reiterstandbild
von Kurfürst Friedrich
Wilhelm I. steht in Berlin.

105

Polterabend

Scherben bringen Glück

Ein typischer und beliebter Hochzeitsbrauch aus dem Spätmittelalter, den das Paar vor der Hochzeit gemeinsam feiert. Die Gäste zerbrechen beim Polterabend Porzellan, Keramik oder Steingut, um Glück und Gelingen sowie Schutz und Segen für die Ehe zu wünschen. Glas ist dagegen Tabu. Das würde Unglück bringen.

Der Polterabend ist ein Schwellenbrauch, der den Übergang vom Ledigsein in die Ehe markiert. In der Regel findet er vor dem Elternhaus der Braut statt. Eingeladen werden die Familie, Freunde, Nachbarn, Arbeitskollegen, der Pastor oder Pfarrer und andere Bekannte. Oft mehr Gäste als zur eigentlichen Hochzeit. Als Alternative zum Polterabend gibt es die »Polterhochzeit«, bei der Polterabend und Hochzeit am selben Tag miteinander verbunden werden.

Nach dem Zerbrechen des Geschirrs durch die Gäste, muss das Brautpaar den Scherbenhaufen zusammenfegen. Mit diesem Brauch wird das zukünftige gemeinsame Handeln in der Ehe symbolisiert. Beliebt ist hierbei, den Behälter, in den das Brautpaar die Scherben hineintut, am Ende wieder umzuwerfen, um das Brautpaar etwas leiden zu lassen. Ein Vorgeschmack darauf, dass das Brautpaar in der Ehe so manche Anstrengungen gemeinsam meistern muss.

Ein beliebter Brauch beim Polterabend ist es, die Hose des Bräutigams um Mitternacht zu verbrennen, um damit anzudeuten, dass die Junggesellenzeit vorbei ist und er nicht mehr die Hosen in der Beziehung anhat. Im Gegenzug dazu werden die Schuhe der Braut an einen Baum genagelt, um zu verhindern, dass sie dem Bräutigam davonläuft.

Zu einem zünftigen Polterabend gehören wie zur Hochzeit Spiele, Streiche oder Sketche, für die in der Regel die Trauzeugen verantwortlich sind. Beliebte Polterabend und Hochzeitsspiele sind das BrautpaarQuiz, bei dem die Trauzeugen oder Gäste dem Brautpaar Fragen über den Partner stellen, oder Karaoke-Duelle.

Polterabende werden in der Regel häufiger auf dem Land als in der Stadt gefeiert, aufgrund der hohen Lärmbelästigung und der Schwierigkeit, geeignete urbane Plätze dafür zu finden. Gleichzeitig kann es aber auch Polterabende geben, bei denen nicht gepoltert, also kein Geschirr zerbrochen wird.

Die im Polterabend festgelegte gemeinsame, konventionelle und verbindliche Form von Geselligkeit verschafft ein Gefühl von Sicherheit und Heimat. Das kann zugleich die Kreativität im Umgang mit Traditionen und dem Brauchtum einschränken, genauso wie den Blick auf diese Traditionen aus der Perspektive einer interkulturellen Gesellschaft, in der wir schon lange leben.

106

Pop

Import/Export

Deutschland und die Popkultur. Beziehungsstatus: Es ist kompliziert.

Für Alexander Paeffgen

An der globalen Entwicklung der Popkultur war Deutschland, bis auf wenige Ausnahmen im Progrock oder Techno, kaum beteiligt. Pop ist eher ein Importschlager – weltweit ist Deutschland einer der wichtigsten Märkte für den Konsum von Popkultur.

Die Entwicklung der Popkultur in Deutschland hängt häufig von den Vertriebsmedien und Verbreitungswegen ab, wie der Amerikanist Christian Huck mit Blick auf den Breakdance gezeigt hat. Breakdance als popkulturelles Phänomen ist in Deutschland besonders durch Filme wie den US-amerikanischen Hip-Hop-Film *Wild Style* aus dem Jahr 1982 bekannt geworden. Dieser Film hat das Entstehen der deutschen Breakdance-Szene mit ausgelöst. In den USA hatte sich die im Film dargestellte Breakdance-Szene zu dieser Zeit schon wieder weiterentwickelt. Deutschland kommt mit Blick auf den internationalen Pop-Zeitgeist oft zu spät.

Das Kino ist zusammen mit der Musik, der Literatur, dem Journalismus und der Kunst ein wichtiges Verbreitungsmedium für die Popkultur in Deutschland. Im Pop-Kino wird seit den 1950er Jahren die Performance popkultureller Stilgemeinschaften aufgeführt, so etwa 1953 in *The Wild One* (USA, Regie: László Benedek) die frühe Rocker- und Motorradkultur, 1986 der Punk am Beispiel der Sex Pistols in *Sid and Nancy* (GB, Regie: Alex Cox) oder 2006 in *This Is England* (GB, Regie: Shane Meadows) die britische Skinhead-, Mod- und Brit-Pop-Szene. Einer der ersten deutschen Popkultur-Jugendfilme ist *Rocker* aus dem Jahr 1972 von Klaus Lemke.

Das deutsche Fernsehen hat lange Zeit gebraucht, um sich der Popkultur zuzuwenden. Die ARD-Sendung *Formel Eins* (1983–1990) präsentierte lange vor MTV internationale Musikvideoclips. Im DDR-Fernsehen startete 1983 *Stop!Rock* (DDR2) mit Videos einheimischer Künstler. Im Gegensatz zu Sendungen wie *Formel Eins* wurde Popmusik im deutschen Fernsehen zumeist didaktisch gerahmt oder kritisch-bedrohlich präsentiert. So startete 1984 die ZDF-Sendung *Breakdance* im Gegensatz zur US-amerikanischen Coolness mit einer allgemeinmedizinischen Einführung eines Professors für Orthopädie über die gesundheitlichen Chancen und Risiken.

Popmusik war in Deutschland spätestens seit den 1960er Jahren identitätsbildend und ein lukratives Geschäft – zunächst bei den jungen Generationen, heute generationsübergreifend. Die Popkulturentwicklung spielte sich ambivalent zwischen Metropole und Provinz, »Heimat und Wahlheimat« ab. Die Hamburger Schule, die von Ende der 1980er Jahre bis Ende der 1990er Jahre mit ihrem sogenannten Diskurs-Pop Geschichte schrieb, hatte ihre Wurzeln im flachen westfälischen Land, in Ostbevern und im Kurort Bad Salzuflen – rund um ein Plattenlabel namens Fast Weltweit.

Weltberühmt in Deutschland – das ist die Formel für den größten Teil der deutschen Popkultur. Deutschland ist eben keine Pop-Nation wie England oder die USA. Dennoch sind Pop und die Popkultur für die kulturelle Entwicklung Deutschlands nach dem Zweiten Weltkrieg wegweisend. Pop ist spätestens seit den 1960er Jahren zu einem Spiegel unserer Gesellschaft geworden.

107

Pünktlichkeit

Prinzipientreue

Wir sind pünktlich wie ein Uhrwerk. Aus Prinzip. Wir verschwenden keine Zeit.

Ich bin eindeutig im Team »pünktlich« und lebe den Spruch des deutschen Volksmunds: »Fünf Minuten vor der Zeit ist des Deutschen Pünktlichkeit.« Zugegeben, pünktlich würde ausreichen. Mein Zeitgefühl lässt diese Art der Gelassenheit aber nicht zu. Diese Eigenschaft habe ich von meinen Eltern.

Als Hochschullehrer finde ich es unfassbar unhöflich, wenn die Studierenden zu spät kommen. In 22 Jahren gab es noch kein Seminar, bei dem alle pünktlich waren. Ein Student ist mir ganz besonders in Erinnerung geblieben. In seinem Verständnis waren fünfzehn bis dreißig Minuten Zuspätkommen ausreichend pünktlich. Nachdem er in Ruhe seinen Platz eingenommen hatte, forderte er mich auf, kurz für ihn das bereits Gesagte zusammenzufassen. So viel Zeit muss sein. Fairerweise muss ich festhalten, dass Pünktlichkeit nicht nur ein Problem von Studierenden ist, sondern auch von Kollegen bei Sitzungen oder Tagungen.

Laut dem Journalisten Peter Zudeick unterscheidet sich die Pünktlichkeitstreue von Bundesland zu Bundesland: »Westfalen zum Beispiel lernen im Rheinland, dass Pünktlichkeit zwar eine Tugend sein mag. Aber eine, die sich nicht lohnt. Weil keiner da ist, der sie würdigen kann.«

Die ARD-*Tagesschau* beginnt jeden Tag pünktlich um 20 Uhr. Thomas Gottschalk wiederum war als Moderator von *Wetten, dass..?* der Inbegriff der Unpünktlichkeit. Keine Sendung mit ihm, die nicht überzog. Heute spielt diese Frage kaum noch eine Rolle, weil die meisten von uns Medien asynchron im Internet nutzen.

Pünktlichkeit wird in Deutschland mit Zuverlässigkeit, Verantwortung und Respekt gleichgesetzt und immer auch moralisch aufgeladen. Sie ist aber nicht nur eine deutsche Tugend, sondern auch ein deutscher Besitzwunsch. Die Deutschen leben nicht in oder mit der Zeit. Sie lassen die Zeit auch nicht einfach im Müßiggang verstreichen. Ganz zu schweigen davon, dass sie keine Zeit zu verschenken haben. Zeit ist Geld, und daher wollen die Deutschen die Zeit besitzen, um sie effizient zu nutzen und möglichst vollständig auszuschöpfen, etwa bei der Arbeit oder wenn wir einen Tennisplatz buchen.

108

Querulant

Der Alfred Tetzlaff ins uns allen

Notorische Nörgler und beseelte Besserwisser: Beschwerde einreichen, Anzeige erstatten und Meldung machen, das können die Deutschen.

Kennen Sie noch die populäre WDR-Serie *Ein Herz und eine Seele* von Wolfgang Menge, die von 1973 bis 1976 in zwei Staffeln produziert wurde und bis heute wiederholt wird? In der kleinbürgerlichen westdeutschen Familie Tetzlaff treffen zwei Welten aufeinander: der konservative Familientyrann und Spießer Alfred Tetzlaff, großartig gespielt von Heinz Schubert, und sein von ihm gehasster Schwiegersohn Michael Graf, ein von den Ideen der 68er geprägter Mittzwanziger, gespielt von Diether Krebs.

Für Alfred ist Michael die Verkörperung von allem, was in Deutschland schiefläuft, seit die SPD an der Regierung ist. Alfred ist rechtskonservativ und rassistisch. Ausländer und Gastarbeiter gefährden aus seiner Sicht genauso wie die Sozialdemokraten seine Idee von Deutschland, die er bewahren möchte. Als Choleriker schreit er, wenn er sich missverstanden fühlt, was permanent der Fall ist. An anderen Menschen lässt er kein gutes Haar. Sein Gerechtigkeitsverständnis bezieht sich nur auf sich und seine Weltsicht. Alfred bezieht sein Weltwissen zumeist aus der *Bild*-Zeitung.

In der Konfrontation von Alfred und Michael wird nicht nur die spannungsreiche Beziehung der BRD und der DDR durchgespielt. Alfred erweist sich auch als Inbegriff des deutschen Querulanten. Seine Intoleranz gegen alle und jeden versucht er mit abstrusen Verschwörungserzählungen zu plausibilisieren, die er für unantastbare Wahrheiten hält. Unser sozialdemokratischer Alt-Bundeskanzler Willy Brandt ist so etwa für Alfred ein Spion der DDR. Vom Gegenteil kann ihn niemand überzeugen.

Die heutige Diskussion wird in Deutschland seit einiger Zeit stark von den unterschiedlichen Gruppierungen im Umfeld der radikal institutionenfeindlichen Querdenker mitbestimmt. Den Begriff Querdenker verwende ich als Sammelbegriff für diese Gruppierungen, die ticken wie Alfred Tetzlaff, der als Serienfigur heute bestimmt Querdenker wäre, und ebenfalls als Querulanten wahrgenommen werden. Dazu zählen Reichsbürger, Verschwörungsideologen, Rechtskonservative und Rechtsradikale oder Parteien wie die AfD. Eine offene und faktenbasierte Diskussion zwischen den Kritikern dieser Gruppierungen und ihnen ist zumeist nicht mehr möglich. Vielmehr bestimmen wechselseitige Affektivität und Aggression die Auseinandersetzung. Deutschland hat seit einigen Jahren ein Problem mit der Debattenkultur. Gesinnungen und Gefühle überlagern hierbei häufig die rationale Urteilsfähigkeit. Auch die Begriffe quer und alternativ, deren Herkunft eigentlich Kreativität adressiert, kann man heute nicht mehr öffentlich verwenden, da allein ihre Erwähnung ausreicht, um stigmatisiert zu werden. Die problematischen politischen Stichwörter hierzu lauten: *Cancel Culture* und Identitätspolitik.

Das zeigt, wie viel Macht mittlerweile diese querdenkenden Querulanten und alternativlosen Alternativen über das Empfinden und Denken der Deutschen haben. Dazu brauchen sie dringend Alternativen, die die Deutschen für demokratiestärkende Alternativen offenhalten.

109

Ratinger Hof

Legendäres Drecksloch

Die Keimzelle von Punk und New Wave in Deutschland und das Pendant zum New Yorker CBGB's in Düsseldorfs R(h)einkultur.

Der Ratinger Hof, kurz »Hof«, befand sich in der Ratinger Str. 10 in der Düsseldorfer Altstadt. Bis heute gilt er als Ort für Legenden. Eine Oase für das subkulturelle Anderssein, ein Labor für die Popkultur in Deutschland und eine »Kulisse für Punkkunst-Experimente« (Christoph Twickel). Das tolerante Nebeneinander ohne Generationskonflikte und Prioritätsstreitigkeiten machte es möglich.

Im »Hof« haben sich zahlreiche Bands gegründet wie KFC, Male, ZK (die Vorgängerband der Toten Hosen), Der Plan, DAF (Deutsch-Amerikanische Freundschaft) oder Fehlfarben. Aber auch damals schon bekannte wie Kraftwerk oder Neu! nutzten die Theke des »Hofs« als Bühne, um sich zu zeigen.

Alles fing damit an, dass Carmen Knoebel und Ingrid Kohlhöfer die gemütliche Altstadt-Hippie-Kneipe Ratinger Hof 1974 übernahmen und sie, inspiriert durch den Einfluss von Avantgarde-Kunst und Punk, zum wichtigsten subkulturellen Ort in Deutschland machten. Auch zahlreiche Akteure der nahegelegenen Kunstakademie

waren Stammgäste. Sigmar Polke, Jörg Immendorff, Katharina Sieverding oder Blinky Palermo. Auch Joseph Beuys ließ sich ab und zu blicken.

Pop und Kunst gehörten in Düsseldorf in dieser Zeit zusammen. Vor der Neugeburt des Ratinger Hofs im Punk war das nicht weit entfernte Creamcheese der Pop-Avantgarde-Leuchtturm der damals noch verschlafenen Republik.

Aus der Perspektive ehemaliger Zeitzeugen endete die »Hof«-Ära zwischen 1979 und 1984, nachdem die Szene zu einem etablierten Pop-Phänomen und der »Hof« zu »Touristenattraktion« (Christoph Twickel) und »Konsensladen« (Franz Bielmeier) geworden war. 1979 zog sich auch Carmen Knoebel zurück, weil die zunehmende Professionalisierung der Punkszene nichts mehr mit ihrer Idee von einem subversiven Pop-Ort zu tun hatte.

Die berechtigte Sonderstellung, die der Ratinger Hof in der Geschichte einnimmt, überblendet mit diesem Fokus auf Pop als Metropolenphänomen die Bedeutung von regionalen Clubs für die individuelle Sozialisation. Zudem macht der Nostalgiefilter solche Orte zu unerreichbaren Vorbildern. Die aktuelle Initiative des Vereins Creamcheese e. V., mit der das legendäre Avantgarde-Lokal in den Ratinger Hof zurückkehren und dort sein Revival feiern soll, zeugt davon.

110

Rechnung

So zahlt Deutschland

Die Deutschen kaufen im Internet am liebsten auf Rechnung. Es folgen die Zahlungsmethoden PayPal, Lastschriftverfahren und Kreditkarte. Die Bezahlung per Vorkasse und Nachnahme sind hingegen relativ unbeliebt.

Das Kölner Handlungsforschungsinstitut EHI hat in der Studie *Online-Payment 2021* ermittelt, dass im Jahr 2020 circa jeder dritte Onlinekauf auf Rechnung bezahlt wird. Allerdings bieten in Deutschland bei Weitem noch nicht alle Onlineshops auch die Möglichkeit eines Rechnungskaufs an.

Zudem wird in der EHI-Studie darauf hingewiesen, dass die Zahlung per PayPal Corona-bedingt stark zugenommen habe, sodass der Zahlungsdienstleiter mittlerweile »rund ein Viertel des E-Commerce-Marktes« ausmacht. Vor allem Neukunden nutzten laut Aussagen der befragten Onlinehändler »PayPal beim Check-out«. Im stationären Handel wurden 2020 nur noch rund 35 Prozent aller Einkäufe mit Bargeld bezahlt. Die Girocard war das am meisten genutzte bargeldlose Zahlungsmittel.

Ich weiß nicht, wie es Ihnen geht, aber ich führe kaum noch Bargeld mit mir. Ich zahle fast alles und immer bargeldlos. Das konfrontiert mich aber immer wieder, ganz häufig in Berlin, damit, dass ich etwa in Restaurants oder Bars nicht bargeldlos zahlen kann. Regelmäßig muss ich den nächsten Bankautomaten aufsuchen, um meine Rechnung zahlen zu können. Zum Unmut der Gastwirte. In den Restaurants und Bars, die ich regelmäßig aufsuche, sorgt meine Bargeldvergessenheit jedoch eher für Belustigung.

Beim Online-Shopping wähle ich ganz bewusst nicht die Rechnungsoption aus, weil ich schon zu oft vergessen habe, die Rechnung zu bezahlen, und dann durch das Eintreffen von Mahnungen unangenehm an meine Schusseligkeit erinnert wurde. Unsere deutsche Tugend der Korrektheit erzeugt dann auch immer gleich ein schlechtes Gewissen bei mir. Erinnert Sie das an Ihre eigene Rechnungsvergesslichkeit?

Die Deutschen haben es bekanntlich gerne komfortabel, und ein Rechnungskauf beim Online-Shopping ist das Maximum an Konsumkomfort. Zudem sind Rechnungen im Unterschied zu den Deutschen geduldig und gewähren viel Zeit, bevor schließlich gehandelt werden muss.

111

Reeperbahn

Popmythos St. Pauli

Kaum eine andere Straße ist so bekannt wie die Hauptstraße im Hamburger Stadtteil St. Pauli. Eine Attraktion für Touristen und Einheimische. Dieses Vergnügungs-, Rotlicht- und Partyviertel wird als Deutschlands sündigste Meile bezeichnet. Hier trifft Kiezkultur auf Pop.

Abseits von Sex, Party und Tourismus ist die Reeperbahn seit Anfang der 1960er Jahre ein bedeutsamer popkultureller Ort. Der Startschuss für den heutigen Mythos fiel allerdings schon einige Jahre vorher, mitten im Wirtschaftswunder, durch den Film *Auf der Reeperbahn nachts um halb eins*. Darin geht es um eine Männerfreundschaft zwischen dem Seemann Hannes Wedderkamp (Hans Albers) und dem Gastwirt Pitter Breuer (Heinz Rühmann), dem Wedderkamp seine schlecht laufende Gaststätte wieder auf Erfolgskurs bringt.

Die Filmmusik hat seinerzeit zur großen Beliebtheit dieses Films beigetragen, ganz besonders der von Hans Albers gesungene titelgebende Gassenhauer. Bereits 1912 von Ralph Arthur Roberts geschrieben, ist er seitdem die Hymne des Sehnsuchtsorts. Melancholie, Nostalgie und anschwellende Heteronormativität inklusive. Erst durch den empathischen Kiezbeobachter Hubert Fichte, einen Wegbereiter der queeren Literatur in Deutschland, wurde das Reeperbahnbild ab Mitte der 1960er Jahre diverser.

Im Unterschied zu den Romantisierungen im zuvor erwähnten Film sind die Kiezbilder von Fichte drastisch deutlich, aber niemals distanziert, sondern immer empfindsam involviert in seiner Darstellung des anti-bürgerlichen Milieus. Am 2. Oktober 1966 hielt Fichte vor 1.500 Zuhörern die wohl erste Poplesung des Landes im legendären Hamburger Star Club, in dem sich zwischen 1962 und 1969 Jimi Hendrix, Chuck Berry, Little Richard, Ray Charles oder die Beatles die Klinke in die Hand drückten.

Deren Karriere begann am 17. August 1960 im Indra Club, den sie 48-mal bespielten, »viereinhalb Stunden wochentags und sechs Stunden am Wochenende«. Im Oktober folgten 58 Shows im Kaiserkeller, ab April 1961 92 Auftritte im Top Ten Club und schließlich die berühmte Star-Club-Zeit, in den sie wenig später als Weltstars für zwei Konzerte zurückkehren. Danach werden sie nie wieder in Hamburg spielen.

Seit 2006 findet das Reeperbahn-Festival im September statt, ein wichtiges europäisches Branchentreffen der Musik- und Kreativwirtschaft. Die Reeperbahn hat die Entwicklung der Popkultur in Deutschland maßgeblich mitbeeinflusst und mitgeprägt. Dabei ist, wie auch mit Blick auf den Ratinger Hof oder das Berliner Berghain, die Verbindung und Vermischung lokaler und globaler Popkulturen von besonderer Bedeutung. Nicht umsonst wird von vielen Musikjournalisten und Musikhistorikern die sogenannte Hamburger Schule, ob zu Recht oder nicht, als der deutsche Grunge bezeichnet.

112

Reformhaus®

Treffpunkt gesundes Leben

Reformhäuser gibt es in Deutschland seit über 130 Jahren. Die heutigen Bioläden und Biosupermärkte sind Nachfolger der Reformhausbewegung und Reaktion auf die gesellschaftlichen und gesundheitlichen Folgen der Industrialisierung und Urbanisierung.

Den Ausgangspunkt der Reformhausbewegung bildeten die zahlreichen Lebensreformbewegungen, die sich seit Mitte des 19. Jahrhunderts entwickelten. Sie strebten eine Rückbesinnung zur Natur an und legten Wert auf ökologisch erzeugte Produkte. Zu einem ganzheitlich gesunden Lebensstil gehörten ebenfalls viel Bewegung in der Natur und die Freikörperkultur, über die ich schon berichtet habe.

Als erstes Reformhaus in Deutschland, das diesen Namen noch nicht verwendete, gilt die Gesundheitszentrale, 1887 in Berlin vom Unternehmer Carl Braun gegründet, der auch Mitglied in einem Naturheilverband war. Das erste als Reformhaus bezeichnete Geschäft, auf den der bis heute verwendete Begriff zurückgeht, wurde 1900 von Karl August Heynen in Wuppertal-Barmen eröffnet. Mit der Eröffnung des Reformhauses Jungbrunnen beginnt die Erfolgsgeschichte der Reformhäuser, die erst seit den 1990er Jahren in die Krise gerät.

Zum Sortiment gehörten Naturheilmittel, Vollkornbrot, Traubensäfte, Trockenobst, Naturkosmetik, natürliche Kleidung oder Öle für die Körperpflege. Vor dem Entstehen der Reformhäuser haben Einzelhandelsgeschäfte in Deutschland naturbelassene Lebens- und Körperpflegemittel nicht angeboten.

Die Besitzer der frühen Reformhäuser gründeten Verbände und 1927 eine Genossenschaft, die seit 1930 den Namen neuform Vereinigung Deutscher Reformhäuser eG trägt. Sie besteht bis heute und wurde 2014 in Reformhaus eG umbenannt. Alle Einzelhandelsgeschäfte, die seitdem ein Reformhaus in Deutschland gegründet haben, mussten Mitglied in der Genossenschaft werden und deren Grundsätze einhalten. Die Wortmarke »Reformhaus®« ist eine eingetragene Marke der Genossenschaft und darf ausschließlich von Mitgliedern verwendet werden. Reformhaus-Fachverkäufer ist ein Lehrberuf.

Bis zum Aufkommen der Bioläden ab Ende der 1970er Jahre hatten Reformhäuser das Monopol auf die alternative Ernährung. Ab 1987 kam noch eine weitere Konkurrenz hinzu: die Biosupermärkte. Zudem wurden auch noch Drogeriemärkte, Apotheken und Supermärkte zu neuen Konkurrenten. Mit dem Resultat, dass von den rund 2.800 Reformhäusern in Deutschland Mitte der 1990er Jahre heute nur noch rund 900 existieren.

Reformhäuser sind eine deutsche Errungenschaft, die es so nur noch in Österreich und den Niederlanden gibt. Einst Pioniere, haben sie es verpasst, die jungen Generationen abzuholen und den Bio-Boom in die eigenen Modernisierungsprozesse einzubinden.

113

Regeln

Verhaltensformung und Verbotskultur

Wir sind flexibel. Wir sind nicht starr. Wir verstehen Spaß! Wenn es die Regeln erlauben.

Betreten-verboten-Schilder gestalten den öffentlichen Raum. Bei Rot gehen die Deutschen, auch wenn weit und breit kein Auto zu sehen ist, nicht über die Ampel. Zumindest nicht ohne schlechtes Gewissen oder das Gefühl, ein Outlaw zu sein. Oder wenn Kinder an der Ampel stehen.

Kennen Sie alle aktuellen Rechtschreibregeln? Die aktuellen Corona-Regelungen und Einreisebeschränkungen? Trennen Sie Ihren Müll regelkonform?

Befolgen Sie die alltäglichen Verhaltensregeln, und halten Sie sich an die Etikette? Apropos: Bei mehreren Gängen das Besteck immer von außen nach innen benutzen.

Kennen Sie die Regeln für Beschwerdebriefe? Und halten Sie sich auch daran, wenn Sie so richtig wütend sind und sich ungerecht behandelt fühlen? Beachten Sie die Geschwindigkeitsbegrenzung?

Es gibt auch noch ungeschriebene Regeln des Alltags. Als Berufspendler bin ich häufig an Bahnhöfen und Flughäfen auf Rolltreppen unterwegs. Da heißt es: links gehen, rechts stehen! Wer sich nicht daran hält, zieht nicht nur stummen Ärger auf sich.

Das Gleiche kann Ihnen passieren, wenn Sie die Fahrgäste in Zügen, Bussen, Straßen- oder U-Bahnen nicht zuerst aussteigen lassen, bevor Sie einsteigen. Rücksicht wird von den Deutschen zumeist nur beim Verhalten der anderen eingefordert.

Spielschulden sind Ehrenschulden und müssen umgehend beglichen werden. Starren Sie keine Menschen an. Wer ein Auto ausleiht, füllt den Tank vor der Rückgabe. Mit den offiziellen und inoffiziellen Regeln der Deutschen könnte ein Buch gefüllt werden.

Auch die Welt der deutschen Verbotskultur ist voller Regeln, beziehungsweise viele der deutschen Regeln sind implizite Verbote. Denken Sie an das hitzig umstrittene Thema des Rauchverbots in öffentlichen Räumen. Oder an die saisonal immer wieder aufkommende Diskussion um das Verbot sogenannter »Killerspiele«.

Die 68er riefen: »Es ist verboten zu verbieten!« Nicht mal im Protest geht es ohne Regeln.

Die Überregulierung des Lebens in Deutschland dient nicht ausschließlich zum Schutz des Gemeinwohls, sondern erzeugt zugleich Zwangs-, Unsicherheits- und Angstkulturen. Vielleicht könnten die Deutschen in Zukunft mehr Zutrauen in die situative Selbstregulierung der Zivilgesellschaft haben.

114

Retour

Alles kann, nichts muss

Der Onlinehandel ist seit Jahren auf der Überholspur. Allerdings ist das digitale Konsumverhalten nicht besonders nachhaltig und ressourcenorientiert. Der Retouren-Boom im Onlinehandel belastet das Klima und die digitale Wirtschaft und wird dadurch zum Bumerang.

Im Jahr 2018 wurden nach Schätzung der Forschungsgruppe Retourenmanagement der Otto-Friedrich-Universität Bamberg ungefähr »280 Millionen Pakete und rund 490 Millionen Artikel retourniert«. 2020 haben rund 56 Prozent der Online-Shopper die Bestellungen zurückgeschickt. Damit ist Deutschland im europäischen Vergleich Spitzenreiter.

Bei den Retouren unterscheiden die Onlinehändler zwischen sogenannter A-Ware, die keinerlei Beschädigungen aufweist, und nicht als A-Ware klassifizierten Rücksendungen. Diese werden in der Regel als B-Ware gekennzeichnet. Vor dem Wiederverkauf nimmt man kleinere Ausbesserungen vor oder bietet die Ware im »primären Distributionskanal« günstiger an. Bei Rücksendungen, die als C- oder D-Ware gekennzeichnet werden, führt der Weg zur Vernichtung oder zum Recycling, aber auch in »Sekundärmärkte« wie Osteuropa oder Afrika.

Surfen, schauen, klicken, bestellen, anoder ausprobieren und, wenn es nicht gefällt, kostenlos zurückschicken. Das gehört zum Konsumalltag vieler Deutscher. Dabei kostet jede Retoure nach Angaben des Retourenregisters e. V. de facto im Schnitt 15,18 Euro. Die Idee der Einführung eines Retourensiegels, das der 2019 gegründete Verein herausgibt, besteht darin, die Prozesse nachhaltig zu verbessern, also gezielt gegen Ressourcenverschwendung vorzugehen und die Kreislaufwirtschaft zu unterstützen. Das Siegel siegelt die Retourenvermeidung und Wiederverwertung von Retouren, unterstützt den verantwortungsvollen Umgang mit Retouren und begeistert Online-Shopper durch nachweislich nachhaltige Händler. Das Motto von Retourenregister e. V. lautet entsprechend: »Die beste Retoure findet nicht statt. Die zweitbeste wird wiederverwertet.«

Auch mit Blick auf die Retouren entscheidet sich, wie wichtig den Deutschen die Nachhaltigkeit und eine effiziente Kreislaufwirtschaft wirklich sind. Handelt es sich nur um ein Lippenbekenntnis fürs gute Gewissen, mit dem man privat und öffentlich punkten kann, oder vielmehr um eine Haltung aus Überzeugung? Die Retouren und die nachhaltige Gestaltung des Versandhandels sind eine gesamtgesellschaftliche Herausforderung.

115

Sahnetorte

»Aber bitte mit Sahne«

In Deutschland geht es um den guten Geschmack. Das klappt zwar nicht immer. Aber zumindest in kulinarischer Hinsicht lassen wir uns nichts vormachen. Dank des Konditorenhandwerks sind wir »Meister des guten Geschmacks«.

Diese Meisterschaft hat dem Konditoren-handwerk im Jahr 2020 einen Gesamtum-satz von rund 1,7 Milliarden Euro einge-bracht. Es scheint uns also geschmeckt zu haben. Torten repräsentieren Kunst und Können. Sie verbinden eine »ideenreiche Komposition« und leidenschaftliches Hand-werk.

Wie beim Brot oder der Wurst muss der gute Geschmack auch Namen haben, die häufig den regionalen Bezug herstellen, so wie der Frankfurter Kranz, die Friesentorte oder die Schwarzwälder Kirschtorte.

1976 wurde der Tortenüberschläger *Aber bitte mit Sahne* veröffentlicht. Gut, wie auch beim Müsli wissen wir: Es waren nicht die Deutschen. Diesmal auch nicht die Schweizer. Nein, dieser Schlager kommt aus Österreich und stammt aus der Feder von Udo Jürgens. Jürgens Schlager amüsiert sich augenzwinkernd über Spießertum, Tor-tenlust und Maßlosigkeit. Das Tortenessen hilft gegen Kummer und Schicksalsschläge. Man versichert sich dabei seiner eigenen

Normalität, nicht ohne über die zu lästern, die diesem Maßstab nicht entsprechen. Ein treffendes Panorama damaliger Cafés, 1993 gecovert von Sodom, die neben Kreator und Destruction zu den »Big-Three« des interna-tional anerkannten deutschen Thrash Me-tals gehören.

Im deutschen Schlager sind Torten sehr beliebt geblieben. So hat der ostdeutsche Musiker und Fernsehmoderator Achim Mentzel seinem selbst erklärten Lieblings-hobby, dem Essen, im Jahr 2000 ein musi-kalisches Monument gesetzt: »Meine Lieb-lingsworte heißen Sahnetorte.« Selbst in der Morgenröte des deutschen Hip-Hops gab es 1995 bei Schwester S feat. Rödelheim Hart-reim Projekt im Song *Ja Klar* vom Album *S ist soweit* Liebe in Form des beliebten sexisti-schen Vergleichs von Frauen und Sahne-torten: Beide sind lecker und verführerisch. Beide möchte man einfach nur vernaschen. Dem Assoziationsraum Sahne sind hier kei-ne Grenzen gesetzt. Lecker finde ich das nicht gerade.

Der Songtitel *Aber bitte mit Sahne*, der sinnbildlich für den Wunsch nach einer Ex-traportion steht, hat viel mit den Deutschen zu tun. Denn auch sie wollen gerne immer mehr, als ihnen vielleicht zusteht und gut für sie ist. Gerade im Urlaub sind die Deutschen bekanntlich als Büfettplünderer bekannt und berüchtigt. Hier aber selten mit Sahne.

116

Sandalen und Socken

Ein modisches No-Go oder neuste Hipster-Mode?

Die Deutschen sind Reiseweltmeister. Und viermal Fußballweltmeister. Aber Modeweltmeister sind sie nun wirklich nicht. Eher doch Meister in Mode-Fauxpas. Oder ist das nur ein Vorurteil?

Die Zeiten ändern sich. In Deutschland aber bekanntlich nicht so schnell. Früher war die Kombination von Socken in Sandalen ein modisches No-Go. Besonders beliebt: Weiße Tennissocken in Leder- oder Trekkingsandalen, häufig getragen von älteren Menschen. Fairerweise, nicht nur von Deutschen. Aber schlechter Geschmack ist bekanntlich ein kultur- und altersunabhängiges Phänomen. So findet sich diese Kombination auch schon in der Antike und im Mittelalter, wie die Journalistin Elisabeth Grenier berichtet.

Im Urlaub sind wir dadurch besonders schnell als deutsche Touristen erkannt worden. Natürlich gehört hierzu auch die Adilette an den Pools und Stränden dieser Welt. Waren die Deutschen vielleicht die Vorreiter der Globalisierung dieser modischen Todsünde? Endlich auch mal Vorreiter in Sachen Mode? Zumal eine weitere der mittlerweile internationalen Trendsandalen auch aus Deutschland stammt – mit orthopädischem Hintergrund.

Die Deutschen hat der Spott über die Kombination von Socken und Sandalen niemals gestört. Haben wir einmal unsere Wahl getroffen, halten wir ihr sehr lange die Treue. Aber selbst in Deutschland bleibt nichts für die Ewigkeit. Zum Glück natürlich. In den letzten Jahren werden viele muffige Traditionen ironisch gebrochen und von No-go-Phänomenen zu Trendthemen, über Hipster-Gartenzwerge habe ich schon berichtet. Bei manchen Themen denkt man, durchaus zu Recht, wir wären in vergangenen Jahrzehnten steckengeblieben. Allerdings gibt es auch andere, die zeigen, dass Deutschland wandlungsfähig ist. Und sei es nur der Wahrnehmungswandel der Kombination von Socken in Sandalen von hässlich zu hip. Modeindustrie, Lifestyle-Journalismus und die sozialen Medien machen es möglich.

Schaut man sich in den Großstädten um, ist die Kombination von Socken und Sandalen mittlerweile »von einem Fashion-No-Go zu einem angesagten Must-have« geworden. Das ist, mit Zwischenstation bei den US-amerikanischen Hippies in den 1960er und 1970er Jahren, der Fluch der Hipster, »die, inspiriert vom Unisex-Trend Normcore und Ironie, ›absichtlich‹ uncool aussehen« wollen.

Heute sind es daher nicht mehr die deutschen Touristen, die diesen Trend weiter vorantreiben und globalisieren, sondern Supermodels, Superstars und andere Prominente, die uns alle dazu auffordern, mit der Kombination von Socken in Sandalen zu Superstars des Alltags zu werden. Zum Glück nicht bei uns allen mit Erfolg.

117

Satire

... darf alles?

Böhmermann'scher Freibrief oder ein schmaler Grat zwischen Biss und Grenzüberschreitung? Eine traditionsreiche und höchst demokratische Form der Kritik wandelt sich.

1919 beschrieb Kurt Tucholsky in der Gedichtsammlung *Fromme Gesänge* die Situation des Satirikers wie folgt: Er »kann nicht wägen – er muss schlagen«.

Dies tat Tucholsky mit seinen scharfzüngigen Texten, etwa in dem Berliner Satireblatt *Ulk,* aber auch von seinem späteren Wohnsitz in Frankreich aus. Zunehmend konzentrierte seine Arbeit sich auf die Kritik der erstarkenden Nationalsozialisten. Erst mit dem Beginn seines Exils in Schweden beendete er seine mahnende satirische Tätigkeit, da er zunehmend davon überzeugt war, dem Siegeszug des deutschen Faschismus nichts Wirksames entgegensetzen zu können.

Auch Jahrzehnte nach Tucholsky scheinen viele in Deutschland Satire noch immer schwer zu verkraften, bedenkt man, dass sogar gerichtliche Verfahren ihretwegen geführt werden. Die bekanntesten Satiremagazine in Deutschland sind heute der *Eulenspiegel* (seit 1954) und die *Titanic* (seit 1979).

Übertreibung, Zuspitzung und Verzerrungen machen die satirische Form aus. In all ihrer kritischen Haltung korrigiert sie nicht einfach dort, wo es Missstände zu vermelden gibt, sondern muss als eigene Kunstform erst gelernt werden. Ist diese Voraussetzung gegeben, so ist der Satire noch immer kein Erfolg oder auch nur Respekt gesichert, denn zu sehr hängen die Menschen in vielen Fällen ihren eigenen Meinungen und Grundsätzen an, als dass sie bereit wären, sich durch einen gelungenen satirischen Text kritisch mit dem für sicher Erachteten auseinanderzusetzen.

In den letzten Jahren wird Satire in Deutschland fast gleichbedeutend mit dem Namen Jan Böhmermann gesetzt. Seine schonungslosen Kultur- und Gesellschaftssatiren halten Deutschland und den Deutschen den Spiegel vor und haben, mit Blick auf das sogenannte »Schmähgedicht« über den türkischen Präsidenten Erdoğan, einen internationalen Skandal ausgelöst. Allerdings schauen die Deutschen, wenn sie sich im richtigen Bewusstsein wähnen, selten in den Spiegel. Selbstkritik ist keine Böhmermann'sche Kernkompetenz.

So traditionsreich die Satire ist, zeigen sich an ihr zwei deutsche Eigenarten: Zum einen ist es bis heute sehr schwierig, direkt zu sagen, wie es ist. Gesellschaftskritik ist und bleibt Unterhaltung, die nur ein Ergebnis hat: den Fame des Satirikers. Zum anderen besteht das Problem darin, dass die Rede, »Man darf doch heute wieder sagen!« in Deutschland durch rechte und anderweitig extremistische Milieus belastet ist. Somit bleibt Satire häufig die direkteste und demokratischste Form, in Deutschland zu sagen, wie es ist.

Warum Europa? Weil wir gemeinsam stärker sind als allein.

Zeit für mehr Gerechtigkeit

SPD

ZU HEISS FÜR DEN HERD

Maria von Bolla
Matriarchat für Pankow

Die PARTEI

die-partei.net/pankow

Ein Wahlplakat der Satire-Partei »Die PARTEI«

118

Sauerkraut

Sind die Deutschen wirklich so sauer und farblos wie unser Essen?

Sauerkraut wird als eines der deutschen Nationalgerichte bezeichnet. Dabei ist Sauerkraut noch nicht einmal eine deutsche Erfindung. Und die Deutschen sind auch nicht die Einzigen, bei denen Sauerkraut Tradition hat.

Essen macht nicht nur satt und glücklich, im besten Fall, sondern ist auch immer eine Frage der Kultur. Und an der scheiden sich bekanntlich oft die Geister. Essen wird zur Frage von nationaler Identität. Und zur Kulisse für Stereotype und Streit.

Meine Beziehung zum Sauerkraut begann märchenhaft. Im Kinderbuch *Räuber Hotzenplotz* von Otfried Preußler kocht die Großmutter von Kasperl und Seppl den beiden donnerstags Bratwurst und Sauerkraut. Der *Räuber Hotzenplotz,* der dieses Gericht auch sehr mag, futtert es den beiden einfach weg.

Als Kind dachte ich mir, dass Bratwurst und Sauerkraut unglaublich lecker sein müssten, und wünschte mir das Gericht von meiner Oma. Beim kulinarischen Erstkontakt war mir aber schnell klar: Wurst, ja. Kraut, nein! Ganz egal, wie gesund und gut für die Darmflora Sauerkraut auch sein soll.

Einer der von meinem Vater so genannten Öko-Kollegen aus der Schule meiner Mutter hatte eine Vorliebe für Sauerkrautsaft, den er im Reformhaus kaufte. Für mich ein suspekter Ort mit merkwürdigen Gerü-

chen und angestrengt wirkenden Leuten. Wie Lehrer, die Kinder nicht mögen, aber das Wissen der Welt in sich tragen.

Auch die Witwe Bolte aus den Bubenstreichen von *Max und Moritz* liebte das saure Kraut sehr. Max und Moritz verschmähten es und stahlen nur die gebratenen Hühner. Ich fühlte mich in meiner Zurückweisung des Sauerkrauts bestätigt.

Der Ruf als »Krauts« wurde den Deutschen im Zweiten Weltkrieg von den alliierten Soldaten gegeben. Schon Heinrich Heine spottete in seinem *Wintermärchen* über das Sauerkraut als Besonderheit der deutschen Küche. Ganz verleugnen können wir es auch nicht. Allein im Jahr 2019 wurden rund 67.000 Tonnen Sauerkraut produziert.

Nahrungsmittel als abwertende oder humorvolle Bezeichnung für andere Kulturen und Länder zu verwenden, ist weit verbreitet. »Kartoffel« wäre eine andere Bezeichnung für uns Deutsche. »Lauch« bezeichnet heute in der Jugendsprache Menschen, die sehr dünn und groß sind oder als Trottel und Schwächlinge wahrgenommen werden.

Es sind häufig die kleinen Dinge und feinen Unterschiede, die das Bild von Kulturen und anderen Ländern prägen. Die deutschen Essgewohnheiten sind oft Gegenstand für stereotype Deutschlandbilder. Beim Sauerkraut entsprechen die Deutschen diesem Stereotyp nicht. Die Franzosen und Amerikaner produzieren und verzehren mehr davon als wir.

119

Schlager

Kitsch und Kult

Der Schlager war der Soundtrack zur Nachkriegszeit und zum Wirtschaftswunder. Ein musikalischer Farbfilter über dem zerstörten Land und gute Gefühle am laufenden Band. Nach einer Durststrecke in den 1980ern ist der Schlager heute wieder generationenübergreifend fest im Mainstream verankert.

Schlager gehört zu Deutschland wie Kartoffelsalat, Schrebergarten und Fußball. Unser »Herz schlägt Schlager«, um es mit Vanessa Mai zu sagen.

Schlager ist beliebt und gehört zum musikalischen Mainstream. Im Jahr 2020 gab es rund 14,83 Millionen Personen ab 14 Jahren, die »sehr gern« deutschen Schlager hörten, und 19,63 Millionen, die Schlager »auch noch gern« hören. Oft bildet der Schlager Erinnerungsbojen, die helfen, das eigene Leben zu ordnen und überschaubar zu machen. Viele verbinden biografische Erinnerungen mit *Wer soll das bezahlen?* (1949) von Jupp Schmitz, *Sugar Baby* (1958) von Peter Kraus, *Ich will 'nen Cowboy als Mann* (1963) von Gitte, *Marmor, Stein und Eisen bricht* (1965) von Drafi Deutscher, *Griechischer Wein* von Udo Jürgens (1974), *Ein Bett im Kornfeld* von Jürgen Drews (1976), *Dich zu lieben* von Roland Kaiser (1981), *Wahnsinn* von Wolfgang Petry (1983), *Ein Stern (... der deinen Namen trägt)* von DJ Ötzi (1998), *Du hast mich tausendmal belogen* von Andrea Berg (2001), *Sie liebt den DJ* von Michael Wendler (2004) oder *Atemlos durch die Nacht* (2013) von Helene Fischer.

Während die Nationalsozialisten den Schlager zu Propagandazwecken vereinnahmten, etwa *Ich weiß, es wird einmal ein Wunder gescheh'n* von Zarah Leander oder *Lili Marleen* von Lale Andersen – zumindest bis zum Verbot im Jahr 1942 –, hat sich der Schlager seit der Nachkriegszeit entpolitisiert. Seither dreht sich seine Welt vor allem um die Liebe und das Menschliche, Allzumenschliche. 1972 hatte die damals 15-jährige Juliane Werding allerdings mit ihrem bis heute größten Hit *Am Tag als Conny Kramer starb* den Drogenmissbrauch und den Drogentod eines ihrer Jugendfreunde verarbeitet.

Das Schlager-Revival in den 1990er Jahren wurde unter anderem von Dieter Thomas Kuhn und Guildo Horn ausgelöst und brachte eine neue, selbstironische Leichtigkeit. Dieses Revival, gerade auch in Verbindung mit dem Schlagermove, der seit 1997 in Hamburg stattfindet, hat die Schlagermusik wieder für größere Zielgruppen interessant gemacht. Der Schlager geht aber auch gerne Experimente ein. Die Ruhrpott-Thrash-Metal-Band Sodom sang mit Roberto Blanco beim Wacken-Festival. Heino hatte eine Kooperation mit Rammstein, und Karel Gott machte den harten Straßenrapper Bushido im gemeinsamen Duett *Für immer jung* ganz sanft.

Im Land der Dichter und Denker bietet der Schlager einen musikalischen und lebensweltlichen Entspannungsraum mit schlichten Weisheiten, die alle verstehen können – egal ob nüchtern oder angetrunken. Häufig sehr kitschig, aber fast immer mit Kultfaktor.

120

Schnitzel

Vom Kindergeburtstag zum All-you-can-eat-Liebling

Schnitzel? Ja, klar. Typisch deutsche Küche! Genauso wie Schweinebraten oder Sauerkraut. Stimmt das wirklich? Beim Sauerkraut ist das nur die halbe Wahrheit. Ist das Schnitzel etwas, was der typische Deutsche isst?

Für Thorsten Kaufmann

Bei Kindergeburtstagen in den späten 1970er bis zur Mitte der 1980er Jahre durfte das Schnitzel nicht fehlen. Dazu Pommes rot oder weiß oder Schranke. Würstchen gingen auch. Beides zusammen sowieso.

Kartoffelsalat und Schnitzel, eine andere in Deutschland beliebte Kombination, war hingegen mehr etwas für die Erwachsenen. Bei Grillfesten oder am Heiligen Abend. Natürlich auch beim Picknick mit der Familie, bei Fahrradtouren oder in den Tupperdosen bei Schulausflügen. Auch wenn wir nicht müde werden, jeder neuen Generation immer wieder von Neuem Generationskonflikte in die Schuhe zu schieben: Das Schnitzel vereint alle miteinander.

Über 60 Prozent der Deutschen verwenden für ihre Schnitzel Schweinefleisch. Mit Abstand folgen Kalb, Hähnchen oder Pute. Die Panierung ist eine Frage der aromatischen Ummantelungsphilosophie. Die Dicke sowieso. Je dünner, desto besser.

Der Schnitzel-Klassiker stammt allerdings aus Österreich: das Wiener Schnitzel, ein paniertes Kalbsschnitzel, Form kulinarischer Länderverständigung unserer belasteten Beziehungen. Beliebtheit genießen auch das französische Cordon bleu oder der italienische Klassiker: Saltimbocca alla romana.

In Deutschland haben wir selten sexy klingende Schnitzelnamen. Manchmal packen wir auch unsere Vorurteile gegen andere Menschen und Kulturen hinein. Wurde eigentlich das Zigeunerschnitzel mittlerweile umbenannt?

Die deutschen Schnitzel habe ich vor allem in Imbissstuben oder Grillstuben kennengelernt. Eine der vielen lecker frittierten Ranzfettspeisen, die wir so lieben. Nach meiner Kindheit und Jugend habe ich dem Schnitzel lange entsagt. Bis ich an der Universität Siegen meinen bis heute sehr engen Freund Thorsten kennenlernte, der die alte Liebe wieder neu entfachte. Wir haben uns dem Wagnis Schnitzel an den berühmt-berüchtigten All-you-can-Schnitzel-Tagen im Café del Sol gestellt. Die Deutschen stehen eben auf den All-you-can-Style. Nicht nur im Urlaub. Und der Name Café del Sol lässt doch sogar Erinnerungen an Spanien anklingen?!

121

Schrebergarten

Mein Stück vom Glück

Eine beliebte und traditionsreiche Alternative zum eigenen Garten am Wohnort ist der Schrebergarten. Fünfzehntausend Kolonien beherbergen neunhunderttausend dieser Klein-, Heim- und Familiengärten, Datschen und Lauben, die von fünf Millionen Menschen beackert werden. Nirgends so häufig wie in Berlin.

Nach Feierabend oder am Wochenende zieht es viele Deutsche in ihre Schrebergärten, um sich dem Anbau und Ernten von Obst, Gemüse und Kräutern zu widmen oder um die Staudenbeete, die Wildblumenwiesen und den Gartenteich zu genießen.

Viele deutsche Stadtbewohner, denen ihr Balkonien zu klein geworden ist, wenn sie überhaupt eines haben, träumen von diesem grünen Stück gestaltbaren Gartenglücks. Die Wartezeiten auf einen Kleingarten betragen in den städtischen Boomregionen im Durchschnitt zwischen fünf und sieben Jahren. In strukturschwachen Gebieten wie Sachsen gibt es demgegenüber ein Überangebot und viel Leerstand, der häufig zurückgebaut wird. Der Bundesverband Deutscher Gartenfreunde fordert entsprechend eine bedarfsgerechte Entwicklung von Kleingärten. Die Anlagen sollen »zusehends integraler Bestandteil des städtischen Grün- und Freiflächensystems« werden.

Die Begeisterung für Schrebergärten veranschaulicht neben den Erholungs- und Freizeitaspekten aber auch das deutlich gesteigerte Interesse an den Themen Nachhaltigkeit, Selbstversorgung und ökologischer Verantwortung. Schrebergärten können so zu »Katalysatoren für Veränderungen« werden und eben nicht nur Grillstationen, öffentliche Trinkhallen oder Domizile kleinbürgerlicher Gemütlichkeit.

Deutschland wäre aber nicht Deutschland, wenn nicht alles auch immer gesetzlich geregelt ist. Das Bundeskleingartengesetz (BKleingG) aus dem Jahr 1983 regelt die Zweckbestimmung der Nutzung von Kleingärten und deren gesetzlich notwendige Gemeinnützigkeit. Einfach nur leben, das ist in Deutschland fast unmöglich. Das Kleingartenleben bestimmt daher immer noch die Vereinsordnung.

Im Unterschied zu den deutschen Gesetzen, die sich nur langsam ändern, beobachten die beiden Autorinnen Jana Henschel und Ulrike Schacht einen Generationswechsel: »Die neue Generation Schrebergarten ist weiblich.« Ihr geht es u. a. um liebevolle Bepflanzung, innovative Life-Hacks zum »Pflanzen, Bauen und Einrichten«, aber auch um die Kultivierung eines nachhaltigen ökologischen Bewusstseins. Ob das Zeichen für Emanzipation sind oder doch vielmehr ein Festhalten an bekannten Rollenmodellen, kann gerne kontrovers diskutiert werden.

Die deutsche Liebe zum Schrebergarten hat ihr spießiges Image noch nicht verloren, aber die Begeisterung der jüngeren Generationen bewirkt einen Imagewechsel hin zu einem Projekt, das sich für Klimaschutz und nachhaltiges, ökologisches Handeln engagiert. Und damit zeigt sie, dass eine Veränderung jederzeit möglich ist.

122

Schwarzwald

Knietief in Klischees

Der Schwarzwald steht für Romantik, Naturidylle und den Traum von der heilen Welt. Eine Sehnsuchtsregion im Südwesten, in der Tradition und Brauchtum gepflegt werden.

Ich wundere mich immer, warum es so viele unterschiedliche Formen von Reiseführern und Reiseliteratur gibt, aber keine, die sich ausschließlich auf die Klischees konzentrieren, die über die Länder und Regionen kursieren. Dabei sind es doch häufig gerade diese, die das Selbst- und Fremdbild von Ländern und Regionen transportieren.

Klischees können das Gefühl vermitteln, schon einmal an einem Ort gewesen zu sein. Der Schwarzwald ist ein gutes Beispiel dafür. Gerade weil diese Region im Ausland als so typisch deutsch wahrgenommen wird. Zu den bekannten Schwarzwald-Klischees gehören sicherlich die Bollenhüte und die Schwarzwald-Trachten; die Kuckucks- und Lackschilduhr; die Schwarzwälder Kirschtorte; das Kirschwasser; der Schwarzwälder Schinken, für den es auf dem Feldberg sogar ein eigenes Museum gibt, oder die Schwarzwaldromantik samt der Häuser mit dem weit heruntergezogenen Walmdach, den hohen Giebeln, den hölzernen Verkleidungen und den Blumenkästen in den Fenstern. Das Bergpanorama auf dem Feldberg oder die zahlreichen Seen, die Schwäbisch-Alemannische Fastnacht und der Europa-Park Rust, der größte deutsche Freizeitpark.

Für den Erfolg des Schwarzwald-Tourismus und die Bekanntheit von Schwarzwald-Klischees im In- und Ausland ist sicherlich auch eine der deutschen Kult-Fernsehserien der 1980er Jahre mitverantwortlich, die *Schwarzwaldklinik*. Das reale Gebäude ist bis heute eine Touristen-Attraktion.

Einen Imagewechsel vom Beschaulichen zum Mysteriösen hat die Stuttgarter Agentur Ressourcenmangel im Auftrag der Schwarzwald Tourismus GmbH im Jahr 2019 mit der digitalen Kampagne *Wundersamer Schwarzwald* anvisiert. Sie verspricht, auf »die spannendsten Routen durch die Region«, die »von echten Schwarzwäldern« empfohlen werden, aufmerksam zu machen. Die Bildsprache der Werbeplakate weist einen dunklen, mystisch-märchenhaften Look auf. Der Urlaub soll zum Abenteuer werden. Beim Schwarzwald stellt sich die Frage, ob die Region auf alle Zeiten in ihren Klischees stecken bleibt, in die sie seit Mitte des 19. Jahrhundert eingesunken ist, oder ob der Region ein zeitgemäßer Imagewandel gelingt. Der Wandel von beschaulich zu unheimlich ist dazu sicherlich nicht geeignet, weil auch das Schauder- und Märchenhafte zutiefst romantisierend ist.

123

Servicewüste

Der Warteschleifen-Blues

Dienstleistung kann man in diesem Land, denken viele. Schließlich gehören Disziplin, Effizienz, Fleiß und Pflichtbewusstsein zu den deutschen Tugenden. Trotzdem ist der Ruf als Dienstleistungsland schlecht.

Sie kennen das sicherlich: Sie haben ein Problem mit Ihrem Internetanschluss, rufen die Servicenummer Ihres Anbieters an und hängen eine gefühlte Ewigkeit in der Warteschleife. Oder kommen nicht über die Computeransagen hinaus, die Sie auffordern, Ihre Anliegen in Servicekategorien zu unterteilen und mit den Nummern 1, 2 oder 3 zu beziffern.

Im Baumarkt oder Möbelgeschäft sind alle in Beratungsgesprächen, nur nicht mit Ihnen. In einem Restaurant bügelt man die Kritik am Essen desinteressiert ab. Im Geschäft haben Sie das Gefühl, die Mitarbeiter in ihrem Gespräch zu stören.

Deutsche Dienstleister verärgern ihre Kunden häufig, völlig entgegen dem unternehmerischen Leitsatz »Der Kunde ist König«, der dem US-amerikanischen Unternehmer Harry Gordon Selfridge zugeschrieben wird. Der ehemalige Amazon-Chef Jeff Bezos wird nicht müde, das Mantra immer wieder aufzusagen: »Unsere aufrichtige Sorge gehört den Kunden.« Die USA sind das »Mutterland der Dienstleister« (Peter Dussmann). Dort wird ihre Profession nicht nur als Service, sondern als Erlebnis ver-

standen, das begeistern soll. In Deutschland fühlt man sich nur selten als König und häufiger als »Bittsteller« (Annekatrin Zywietz).

Den Begriff »Servicewüste«, den es so nur in Deutschland gibt, hat der Unternehmensberater und Wirtschaftsprofessor Hermann Simon 1995 geprägt. »Dienst am Kunden ist vielfach noch Mangelware«, heißt es entsprechend zur Situation der Kundenzufriedenheit in der Studie *Das Deutsche Kundenbarometer*. Das ist erstaunlich, weil die Dienstleistungsbranche laut *Statista* der »größte und am schnellsten wachsende Wirtschaftsbereich in Deutschland« ist. Seit Mitte der 1990er Jahre steigt die Kundenzufriedenheit dem jährlich erscheinenden *Kundenmonitor* des Münchner Forschungs- und Beratungsunternehmen ServiceBarometer AG zufolge auch an. Die Ansprüche allerdings genauso. Am besten schneiden Optiker, Drogeriemärkte, Musikstreaming-, Paket- und Lebensmittel-Lieferdienste ab. Im Jahr 2020 haben vor allem die Online-Branchen dazu beigetragen, die Zufriedenheit in Deutschland zu verbessern. Trotzdem ist der persönliche Kontakt immer noch unersetzbar. Omni-Channel ist von Bedeutung, die Verbindung von digital und analog.

Alles in allem hat der Kundenservice in Deutschland noch viel Luft nach oben. Die Menschen sind zwar zufriedener als noch Mitte der 1990er Jahre, aber nicht begeistert. Von einer »Serviceoase« (Zhang Danhong) ist Deutschland daher noch ein ganzes Stück entfernt.

Sparfuchs

Haben kommt von Halten

Über Geld redet man nicht. Über das Sparverhalten schon. Die Deutschen leben verantwortungsbewusst und vorausschauend, damit sie immer auf alles vorbereitet sind.

Das Sparen ist eine deutsche Obsession. Nicht nur mit Blick auf den Weltspartag, den es seit 1924 gibt und der auf die große Inflation und Geldentwertung im Jahr 1923 folgte. Mit Blick auf unser »Zeitalter der Nullverzinsung« können die Deutschen auch heute von einer Entwertung des Sparens sprechen.

Der aus der Inflation von 1923 resultierende Vertrauensverlust in den Staat hat sich, wie der Historiker und Unternehmer Asfa-Wossen Asserate betont, »ins kollektive Gedächtnis der Deutschen tief eingeprägt. Bis heute ist die Angst davor weit verbreitet, dass das mühsam Ersparte bald nichts mehr wert sein könnte«.

Am Weltspartag erhalten Kinder traditionell kleine Geschenke, wenn sie das Sparschwein zur Bank bringen. 1950 versprach ein Plakat den deutschen Sparkindern: »Wünsche werden Wirklichkeit durch tapferes Sparen.« Das Sparen ist in Deutschland ein gesellschaftspädagogisches Erziehungsmittel und das Sparschwein die alltägliche Ermahnung zu dieser charakterbildenden Tugend.

Durch das Corona-bedingte Sparen im Jahr 2020 sind die Privathaushalte in Deutschland so vermögend wie noch nie. Das Geldvermögen beläuft sich auf über 7 Billionen Euro. Die Sparquote lag bei über 16 Prozent. Die Zahlen sollten nicht darüber hinwegtäuschen, dass es sich in Deutschland ein großer Teil der Bevölkerung nicht leisten kann, zu sparen. Ein Drittel aller Privathaushalte etwa in den Jahren 2018 und Anfang 2019.

Meine Eltern haben bei meiner Geburt ein Sparkonto für mich angelegt. Zur Einschulung bekam ich ein knallrotes Sparschwein aus Keramik. Meine Oma väterlicherseits hob Anfang des Monats stets alles Geld bis auf 10 Mark auf und verstaute es in einem Sparstrumpf, der aussah wie der Stiefel vom Weihnachtsmann. Im Tennisclub gab es in der Gastronomie einen großen silbernen Sparschrank aus Metall mit fünfzig kleinen Sparfächern, die unter dem Sparschlitz einen goldenen Halbkreis mit der persönlichen Nummer hatten.

Der deutsche Volksmund ist prall gefüllt mit Sparthemen und das Thema mal wieder an die Angst gebunden: »Spare in der Zeit, so hast du in der Not.« Die nächste Krise kommt bestimmt. Ein Leben auf Sparflamme ist daher der sicherste Weg. Vielleicht sollten die Deutschen beim Thema Sparen an Theodor Fontane denken, wenn sie sich wieder einmal verfangen haben: »Wer immer sparen will, der ist verloren, auch moralisch.«

Spießer

Ein deutscher Dauerbrenner

Vom biederen Spießbürger zum hippen Neo-Spießer. Im Wandel der Zeiten bleiben die deutschen Tugenden beständig.

»Boh glaube … ich sach' Sie!« Mit diesem Satz beginnen häufig die Geschichten, die uns das Ruhrpott-Idol Herbert Knebel, gespielt von Uwe Lyko, über seine Alltagserfahrungen erzählt. Knebel ist Rentner, war Bergmann, lebt im Herzen des Ruhrgebiets und hat in seiner kleinkarierten Kleinbürgerlichkeit zu allem eine Meinung, die er uns mit großen Gesten, zugleich aber stocksteif auf der Stelle vor- und zurückwippend präsentiert. Der Inbegriff des deutschen Spießers in der traditionellen Ausprägung, gerade auch mit Blick auf seine Erscheinung: verknautschte Schiebermütze, dicke Hornbrille, hellblaues Hemd, das akkurat in der unförmigen braunen Stoffhose steckt, die von dünnen Hosenträgern gehalten wird.

Gegen reaktionäre Typen wie Knebel und die »Muffigkeit« seiner Lebensweise sind die 68er auf die Straße gegangen. Aus ihrer Perspektive wirkte in diesen Spießern noch immer die charakterbildende Erfahrung des Faschismus fort. »Spießer« ist spätestens seit dieser Zeit ein Schmähbegriff in Deutschland – wenngleich er bereits seit dem 17. Jahrhundert als spöttische und ab-

wertende Bezeichnung Verwendung findet.

Bei vielen jungen Leuten ist Spießigkeit heute wieder hip, etwa mit Blick auf die deutschen Tugenden als Ideale der Lebensführung, die Kleidung, die Wohnungseinrichtung, das Bausparen oder die Altersvorsorge. Der Soziologe Klaus Hurrelmann vermutet hinter dieser Neo-Spießigkeit die Sehnsucht nach Sicherheit angesichts der »Angst, dass das totale Chaos erst noch bevorsteht«.

Die bekannte LBS-Werbung aus dem Jahr 2004 klingt hier noch nach. Eine junge Tochter sitzt mit ihrem Anarcho-Vater in einer alternativen Wohnsiedlung und erzählt ihm begeistert von ihren Freunden, deren Väter Häuser oder Eigentumswohnungen haben. Er nennt diese Eltern Spießer. Am Ende des Spots sagt die Tochter: »Papa, wenn ich groß bin, will ich auch mal Spießer werden.« Im Anschluss ergänzt eine männliche Stimme aus dem Off: »Oder Bausparer.«

Die deutsche Spießigkeit ist für mich die Summe aller deutschen Tugenden, die uns in eine Sackgasse führen. Es wird Zeit, dass wir sie in Rente schicken und endlich anfangen darüber nachzudenken, welche uns stattdessen im interkulturellen Deutschland der Gegenwart begegnen und guttun, um uns weiterzuentwickeln und die Zukunft nicht mit dem Blick auf die Vergangenheit aus den Augen verlieren.

Streamland

Alltagsvergnügen und Demokratiebedrohung

Noch vor wenigen Jahren waren Video-Streaming-Dienste ein Nischenmarkt. Heute dominieren sie die Medienlandschaft. Dank bestechend auf unsere Bedürfnisse abgestimmter Angebote von Netflix, Amazon Prime und Co. nimmt der Siegeszug der Streaming-Dienste kein Ende.

Ende 2020 hatten in Deutschland rund 10,9 Millionen Menschen ein Netflix-Abo. Die Anzahl des tatsächlichen Publikums ist höher, da der gleiche Zugang ja von allen Familien- oder WG-Mitgliedern genutzt werden kann oder die Log-in-Daten weitergegeben werden.

Wann haben Sie zuletzt an einem Wochenende eine Serie gebingewatched? Bei mir war es die zweite Staffel der postapokalyptischen US-amerikanischen Serie *Black Summer*. In Zombie-Serien wie dieser oder *The Walking Dead* geht es immer um das Überleben nach dem Ende der Welt, wie wir sie kennen, und den Wiederaufbau nach dem Ende der Gesellschaft sowie des Zusammenbruchs der Demokratie.

Apropos Demokratie. Netflix und Co. haben einen großen Einfluss auf die Sehgewohnheiten und Unterhaltungsbedürfnisse. Dabei entscheiden die Zuschauer sich für Angebote, die von Algorithmen gesteuert werden. Prompt sehen sie nur noch, was sie sehen sollen. Und versinken in ihren Filterblasen. Bei der Kritik an der digitalen Weltordnung und dem Überwachungskapitalismus sind die Video-Streaming-Dienste bisher nicht als anti-demokratische Akteure in den Blick gekommen. Dabei beuten auch sie die persönlichen Daten aus. Sie nennen es Kundenorientierung und Service. Ich nenne es die doppelte Ökonomie der Selbstentmündigung.

Streaming ist eine Frage der Macht, und Machtbesitz erfordert Verantwortung. Die Intransparenz der Unternehmen fördert kein Vertrauen in demokratische Absichten. Dies könnte nur entstehen, wenn die Anbieter ihre Filtersysteme für die Öffentlichkeit transparenter machen.

Die Deutschen werden aber auch in Zukunft weiterhin blind den Algorithmen vertrauen, lassen für sich entscheiden, sind entmündigt und verstehen das als freie Wahl. Diese selbst gewählte digitale Unterhaltungsdiktatur und On-demand-Entmündigung bedroht die Demokratie, weil die Zukunft, um einen Begriff des Philosophen Richard David Precht zu verwenden, den zynischen »Gewinnoptimierern« wie Netflix, Amazon Prime & Co. überlassen wird.

Weder der Politik noch sich selbst trauen die Nutzerinnen und Nutzer zu, eine besser abgestimmte Zukunftsvision zu ermöglichen. Demokratie funktioniert aber nun einmal nicht als personalisierte On-demand-Option. In Deutschland steht die Auseinandersetzung mit diesen Themen noch ganz am Anfang.

127

Suburbanisierung

Gehört die Zukunft der Stadt oder dem Land?

Das Frankfurter Zukunftsinstitut hat die Urbanisierung zum Megatrend erklärt. In Deutschland wird jedoch diesem Megatrend der Gegentrend der Suburbanisierung, also der verstärkten Stadtflucht entgegengesetzt.

In Deutschland leben im Jahr 2020 laut *Statista* 77,5 Prozent der Gesamtbevölkerung in Städten und städtischen Ballungsräumen. Nur 15 Prozent leben hingegen in Dörfern mit unter 5.000 Einwohnern. Die beiden kleinsten Gemeinden in Deutschland sind Hallig Gröde in Nordfriesland und Dierfeld in Rheinland-Pfalz mit jeweils 10 Einwohnern.

Weltweit gehört Deutschland, wie der *Atlas of the Human Planet* der EU zeigt, zu den 96 Ländern, in denen der Anteil der Stadtbevölkerung bei über 50 Prozent liegt. Seit 1975 hat sich diese Zahl verdoppelt, die der Millionenstädte und Megacitys sogar verdreifacht. Letztere müssen nach der Definition der UN mindestens 10 Millionen Einwohner haben. Zu den Megacitys gehören unter anderem Osaka, Dhaka, Peking, Mumbai, Kairo, Mexiko-Stadt, Delhi und Tokio.

In Deutschland gibt es mit Berlin, Hamburg, München und Köln vier Millionenstädte, aber keine Megacity. Die meisten Menschen leben laut *Stadtentwicklungsbericht der Bundesregierung 2020* in den derzeit 620 Mittel- und 2.100 Kleinstädten, an welche die Großstädte Bevölkerung verloren, bis in den 2000er Jahren die Trendwende einsetzte.

Die damit zusammenhängende Landflucht, also die Abwanderung der Landbevölkerung in die Städte, um bessere Arbeits- und Lebensbedingungen zu bekommen, und die sogenannte Vergreisung ländlicher Regionen wie etwa in Ostdeutschland wird heute mit dem Trend der Suburbanisierung konfrontiert. Damit ist die Verlagerung der städtischen Bevölkerung, aber auch der Gewerbebetriebe an die Stadtränder, in die Speckgürtel, das städtische, suburbane Umland oder auf das Land gemeint, wobei letzteres eher die Ausnahme darstellt. Zu den Verursachern dieser Suburbanisierung zählen unter anderem die dauerhaft angespannte Wohnraumsituation, die permanent ansteigenden Miet- und Immobilienpreise, aber auch die hohen Lebenshaltungskosten in den deutschen Städten.

Seit der Wiedervereinigung wechselten sich die Phasen der Urbanisierung und Suburbanisierung sowie der Land- und Stadtflucht immer wieder ab. Ob sich das Land, wie das Zukunftsinstitut vermutet, zur »progressiven Provinz« entwickelt und »zu einem neuen Zukunftsraum« wird, der »gesellschaftliche Entwicklungen« vorantreibt und dadurch zum »Versuchslabor für Gesellschaftstrends« wird, bleibt abzuwarten. Die Aufgabe der Trendforschung besteht bekanntlich immer wieder darin, kommende Trends herbeizuschreiben, ohne dazu eine belastbare empirische Basis zu haben.

Einen einheitlichen Trend oder einen neuen Megatrend wird es auch in den nächsten Jahren in Deutschland nicht geben. Deutschland ist eben ein ambivalentes Land. Das ändert auch die Urbanisierung oder Suburbanisierung nicht.

128

Synchronisation

Das Fremde und das Vertraute

Die Deutschen haben eine Vorliebe für die eigene Sprache. In Deutschland ist daher die »Synchronkultur« so ausgeprägt wie in kaum einem anderen Land der Welt.

Mit dem Tonfilm ist um 1930 die »Synchronkultur« entstanden – nicht nur in Deutschland. Die Synchronisation als Mittel der Übersetzung des Fremden in das Eigene war bis in die frühe Nachkriegszeit hinein umstritten und konnte sich, wie der Medienwissenschaftler Thomas Bräutigam hervorhebt, in Deutschland nur langsam durchsetzen. Erst »seit 1949/50 wurde in Deutschland flächendeckend synchronisiert«.

Nach dem Ende des Zweiten Weltkrieges gehörte es, wie Alex Jacobi bemerkt, zur kulturpolitischen Strategie der Alliierten, vor allem im amerikanischen und britischen Sektor die Lichtspielhäuser wieder zu öffnen und mit Filmen einerseits zur sogenannten »Re-Education« beizutragen, also zur Entnazifizierung durch demokratische Filmbildungsarbeit, und andererseits dazu, die Menschen nach dem Terror des »Dritten Reiches« mit Unterhaltung durch die Nachkriegszeit zu begleiten. Die Bildungsarbeit mit und durch Medien ist seit dieser Zeit von zentraler Bedeutung für die Bildungsprozesse. Filme in Originalsprache mit Untertiteln fanden aber in der Nachkriegszeit keinen großen Anklang. In den frühen 1950er Jahren entsteht daher in Deutschland eine ausdifferenzierte Synchronkultur, die bis heute von großer Bedeutung ist.

Die Synchronisation ist nicht nur eine einfache Übersetzung von der einen Sprache in eine andere. Übersetzungen sind immer auch Neuschöpfungen. Filme, die interkulturelle Erfahrungen vermitteln könnten, werden in der Synchronisation an die deutschen Verhältnisse angepasst und damit in gewisser Hinsicht ihrer Eigensinnigkeit beraubt.

Die deutsche Synchronkultur »verhindert«, wie Thomas Bräutigam zu Recht betont, »den Kulturtransfer eher, statt ihn zu fördern«. Die Vielfalt der internationalen Sprachen, Stimmen, Dialekte, Akzente und Besonderheiten wird eingedeutscht, ohne das Interkulturelle in seiner Individualität und Sinnlichkeit zu Wort kommen zu lassen.

Es dauerte lange, bis etwa durch Programmkinos oder Fernsehsender wie 3sat und arte Filme, Serien sowie Fernsehsendungen wieder in Originalsprache mit Untertitel gezeigt wurden. In der globalisierten Welt, in der wir leben, sind Fremdsprachenkenntnisse unverzichtbar. Allein in der Berufswelt wird neben Englisch vor allem Französisch, Russisch, Spanisch, Türkisch, Italienisch und Chinesisch benötigt. Die Fremdsprachenkompetenz in Deutschland könnte heute deutlich höher ausfallen, wenn nicht in der deutschen Kino- und Fernsehlandschaft die Synchronkultur ein integraler Bestandteil der audiovisuellen Medien gewesen wäre.

129

Techno

Die ravende Gesellschaft

Ende der 1980er Jahre war Techno eine Subkultur-Avantgarde, ein Labor für die zukünftige Popkultur. Bereits wenige Jahre später wurde er zum Hitparaden-tauglichen Massenphänomen und Modetrend mit allen Begleiterscheinungen und dominierte die Jugendkultur in den 1990ern.

Der Mitgründer und Mitherausgeber der Szene-Zeitschrift *Frontpage,* Jürgen Laarmann, zeitweise Mitveranstalter der Mayday und Loveparade, hat 1994 zusammen mit dem DJ Westbam den Begriff der »Raving Society« oder ravenden Gesellschaft geprägt. Für Westbam ist die DJ-Musik in den 1980ern und 1990ern das, was der Punk für die 1970er war. Der Techno-DJ/Producer wird zu einem neuen popkulturellen Star-Typus.

Orte der Technokultur waren Clubs wie das Dorian Gray in Frankfurt oder das Warehouse in Köln und sind es bis heute, etwa mit Blick auf den Tresor in Berlin. Herrschaftsfreie Räume für die tolerante Selbstpräsentation, Selbstentfaltung und Selbstverwirklichung, gleichzeitig aber auch für Gemeinschaftlichkeit.

Die Technokultur hatte für Laarmann und Westbam das Potenzial, nicht nur die Popkultur, die Nachtökonomien und die Lebenswelten zu verändern. Mehr noch: Die Gesellschaft sollte aus ihrer Perspektive umgestaltet werden. Als Technowerte nennt Laarmann Toleranz, Offenheit, Inspiration, Genussorientierung, Spaß, Humor, die Freude am Neuen und das positive Verhältnis zur Technologie. Die Technokultur ist

bis heute eine der kreativsten Szenen, wenn man allein die unüberschaubare Vielfalt ihrer Subgenres betrachtet.

Selbsterhöhung und Selbstüberschätzung gehören auch dazu. Aktuell etwa mit Blick auf den Techno-DJ und Vater der Loveparade in Berlin, Dr. Motte. Gegenwärtig möchte er mit seiner gemeinnützigen GmbH Rave the planet die Loveparade wieder aufleben, die »Technokultur« in das Verzeichnis des immateriellen Kulturerbes der UNESCO aufnehmen, einen offiziellen internationalen Feiertag für die elektronische Tanzmusik einrichten lassen und als Sahnehäubchen den Weltfrieden durchsetzen.

»Friede, Freude, Eierkuchen« war das Motto der ersten Loveparade, die als politische Demo der West-Berliner Technoszene angemeldet wurde und mit 150 Teilnehmern am 1. Juli 1989 auf dem Ku'damm stattfand. 1999 erreichte die Loveparade mit 1,5 Millionen Teilnehmern ihren Rekord. 2010 endete ihre Geschichte in Duisburg mit dem durch eine Massenpanik ausgelösten Tod von 21 Menschen und über 500 zum Teil schwer Verletzten. Weitere Techno-Großevents sind die Mayday sowie Festivals wie Nature One, Fusion oder SonneMondSterne.

Heute wird die »nationale wie auch internationale Techno-Szene von Berlin dominiert«. Das Berghain nimmt eine zentrale Rolle ein. Techno ist nicht nur Musik, Kultur und ein Lifestyle, sondern ein lukrativer Standort- und Wirtschaftsfaktor, genauso wie ein international renommierter, über dreißigjähriger Innovations- und Erfolgsgarant der deutschen Kreativindustrie.

130

Trachten

Tradition und Trend

Ob Gutachter Tracht mit Bollenhut, Miesbacher Tracht, Spreewaldtracht, Warnemünder Tracht, Schwälmer Tracht oder andere – die zünftigen Hingucker und das dazugehörige regionale Brauchtum werden bis heute gepflegt.

Die ständige Trachtenvertretung in Deutschland ist der Deutsche Trachtenverband e. V. Aus der Perspektive des Verbandes tragen mehr als eine Million Menschen in Deutschland regelmäßig Trachten, »darunter 350.000 Kinder und Jugendliche«.

Durch diesen großen Zuspruch bei der jungen Generation ist 1996 der bundesweite Jugendverband Deutsche Trachtenjugend im Deutschen Trachtenverband gegründet worden. Im Jahr 2009 wurde er zum Vollmitglied im Deutschen Bundesjugendring, der Arbeitsgemeinschaft der deutschen Jugendverbände. Beide Verbände setzen sich für die Brauchtumspflege ein, unter anderem mit Blick auf Kleidung, Musik, Tanz, regionale Bräuche und Sitten, Volksfeste oder die Mundart und die Muttersprache.

Der SPD-Politiker und Oberbürgermeister der Stadt Gotha, Knut Kreuch, hebt die Bedeutung von Trachten für die deutsche Kultur hervor: »Die Zukunft der Tracht wird von uns selbst gemacht. Dass, was der Mensch als Heimat empfindet, ihn auch für das nächste Jahrhundert bindet. Die Tracht als regionales Gewand ist Farbe und Vision in Deutschland.« Kreuch ist im Ehrenamt der Präsident des Deutschen Trachtenverbandes und des Thüringer Trachtenverbandes. Aus seiner Perspektive stellen Trachten die lebendige und »unverwechselbare Verbindung zu Heimat, Vaterland, Wohnort und Menschen« dar.

Diese Überhöhung der gesellschaftlichen Bedeutung von Trachten übersieht, dass ein großer Teil der Bevölkerung, regional und national, kein Interesse an Trachten und Brauchtumspflege hat. Das starke gesellschaftliche Interesse an Trachten ist Ende des 19. Jahrhunderts im Zusammenhang mit der Heimatbewegung entstanden, um regionale und nationale Besonderheiten herauszustellen. Aus der Heimatbewegung und deren romantisierender Vorstellung von Natur und ländlichem Leben, sind zahlreiche Heimatvereine, Trachtenvereine oder Volkskunstvereine entstanden. All diese Themen spielen heute wieder eine große Rolle im neurechten Spektrum und bei deren Strategien der »völkischen Landnahme«.

Die deutschen Trachtenvereine distanzieren sich hierbei kaum von den neurechten Bewegungen. Mitmachen und gut finden oder einfach in Ruhe lassen, das ist die Haltung. Geschichte und Tradition verstehen diese Verbände als etwas, das ausschließlich bewahrt und weitergegeben werden muss. Aber bitte keine Veränderung, denn dann müssten die Geschichte und die Tradition selbst infrage gestellt werden. Und damit auch das eigene Engagement in diesen Angelegenheiten. Kritisches Hinterfragen mit Blick auf die deutsche Geschichte ist auch nach 1945 in Deutschland zu keiner selbstverständlichen Kernkompetenz aller Bürger geworden.

131

Tribal Tattoo

Trendland

Tattoos gelten als Ausdruck von Persönlichkeit und Individualität. Über 11 Millionen Deutsche haben mindestens ein Tattoo. Manche der Tätowierungen entstanden durch Trends – wie das Tribal-Tattoo in den 1990er Jahren.

Für Marcus Stiglegger

Die Geschichte der Tribal-Tattoos beginnt nicht in den 1990er Jahren. Und schon gar nicht in Deutschland. Sie geht auf die indigenen Völker Polynesiens zurück. Das Wort Tribal leitet sich vom englischen Wort *tribe* ab, Stamm. Mit den Tribals wird die Stammeszugehörigkeit angezeigt und werden Stammesgeschichten erzählt.

Der Kulturwissenschaftler Marcus Stiglegger erläutert diesen Trend im Gespräch mit mir so: »Der Kult um die kontrastreichen Tribal-Tattoos der 1990er Jahre schöpfte Inspiration aus internationalen Tattoo-Traditionen, vor allem aus Neuseeland und Polynesien. Von vielen als großflächige Ornamente getragen, sind sie bereits damals ein subkultureller Code der Modern-Primitive-Szene, die zudem auch Ziernarben und Sonnentanzrituale praktiziert.«

Darüber hinaus sind Tribals Statussymbole, etwa mit Blick auf das erfolgreiche Jägersein. Sie dienen zur Identifikation mit Stammesvorfahren und sollen im Schlaf darüber wachen, dass die Seele den Körper nicht verlässt und in die Welt der Geister entschwindet. Nach dem Tod weisen die Tribals den Weg ins Jenseits.

Mit dieser kulturellen Tradition haben die Tribal-Tattoos, die in den 1990er Jahren in Deutschland Mainstream wurden, kaum etwas zu tun. Vielmehr kann der Kultfilm *From Dusk Till Dawn* von Robert Rodriguez aus dem Jahr 1996 als Vorbild für die zweite Tribal-Tattoo-Welle genannt werden. Die großflächigen Tattoos der Figur Seth Gecko, gespielt von George Clooney, wurden in der deutschen Filmkomödienreihe *Fack ju Göthe* von Elyas M'Barek als Zeki Müller verniedlichend imitiert.

Mit den Tribal Tattoos wird in der Regel keine Verbundenheit mit den Naturvölkern, ihrer Geschichte und ihren Werten ausgedrückt. Es sind modische Körperaccessoires beziehungsweise, wie der ehemalige Chefredakteur der Zeitschriften *Tätowier Magazin* und *Tattoo Style* klarstellt, »abstrakte Ornamente«, die »relativ nichtssagend« sind und sich daher »individuell mit Bedeutung füllen« lassen. Das Tribal-Tattoo ist heute, wie Ulf Poschardt schreibt, »zum Sinnbild hoffnungsloser Entwurzelung« und zum »Stempel des Gewöhnlichen« geworden. Der Wunsch nach Individualität werde durch die Wahl dieses Motivs gerade verspielt. Das bekannteste und bis heute am meisten verspottete Tribal-Tattoo ist das sogenannte Arschgeweih, das direkt über dem Steißbein platziert vor allem von Frauen ausgesucht wurde. Bei den Männern zierten die Tribals besonders die Oberarme, Ellenbogen und Beine.

Deutschland ist kein Trendland. Ganz besonders nicht mit Blick auf die populäre Kultur und hier insbesondere nicht bei Tätowierungen. Zum Glück sind Trends immer schnell wieder vorbei.

132

Universität

Tradition und Wandel

Die deutschen Universitäten haben eine über sechshundertjährige Geschichte. In diesem Zeitraum haben sie sich immer wieder als veränderungsoffen und veränderungsstark gezeigt.

Die erste Universität Deutschlands wurde 1386 von Kurfürst Ruprecht I. in seiner Residenzstadt Heidelberg gegründet. Die Weisung dazu erteilte Papst Urban VI., der damit insbesondere die Theologenausbildung in Deutschland vorantreiben wollte. Neben der Theologie gab es zum Eröffnungszeitpunkt mit der Jurisprudenz und der Philosophie zwei weitere Fakultäten, denen rasch die Medizin nachfolgte.

Seither durchlaufen deutsche Universitäten immer wieder zahlreiche Reformen und Veränderungsprozesse. Eine der grundlegendsten der Gegenwart war die transnationale Bologna-Hochschulreform, die 1999 im gleichnamigen italienischen Ort von den europäischen Bildungsministern beschlossen wurde und es sich zum Ziel gemacht hatte, den europäischen Hochschulraum zu vereinheitlichen, etwa durch die Einführung von Bachelor- und Master-Studiengängen. Hierdurch fielen gegen Mitte der 2000er Jahren die ehemaligen Abschlüsse Diplom, Magister und Staatsexamen größtenteils weg. Studierende als auch Lehrende beklagen Verschulung sowie die Einschränkung akademischer Freiheit.

Auch Förderprogramme wie die Exzellenzinitiative des Bundes und der Länder zur Förderung von Wissenschaft und Forschung an deutschen Hochschulen zielen vor allem auf internationale Sichtbarkeit. Kritiker sehen in der Konzentration auf durch Drittmittel geförderte Forschungsprojekte eine Vernachlässigung der Lehre sowie die Herausbildung einer Zwei-Klassen-Universitäts-Gesellschaft. Noch immer ist für Deutschland zudem eine Abwertung privater Hochschulen und ihrer Lehrkräfte festzustellen. Nichtsdestotrotz steigt die Anzahl Studierender an privaten Hochschulen stetig.

Ob privat oder öffentlich: Hochschulabschlüsse »Made in Germany« genießen international ein Renommee erster Güte. Die *Times-Higher-Education*-Rangliste im Jahr 2021 zählt 48 deutsche Hochschulen unter die 1.000 besten weltweit.

Nicht zuletzt wartet Deutschland mit einer Vielzahl von Studiengängen auf, wie sie sich nur wenige leisten. Wussten Sie, dass man in Hamburg Coffeemanagement studieren kann? Oder in der Kieler Frisistik das Friesische erforschen?

Die Corona-Pandemie führte zur bisher letzten großen Veränderung. Ein weiterer Ausbau digitaler Lehr- und Lernangebote steht an, der die digitale Lehre langfristig zu einem festen Bestandteil der Hochschulbildung macht. Die Zukunft der deutschen Hochschulen hängt davon ab, sich immer wieder von neuem auf die Anforderungen einer globalisierten Welt einzustellen und auch selbst Veränderungen zu initiieren.

133

Urlaubsweltmeister

Rekordverdächtiges Reiseverhalten

Wir Deutschen bleiben gerne zu Hause – auf Balkonien, dem Campingplatz oder im Schrebergarten. Wir reisen auch viel. Im eigenen Land und um die ganze Welt. Das machte uns jahrelang sogar zu Reiseweltmeistern.

Deutschland gehört gemessen an der absoluten Zahl der Reisenden nach China und den USA international zu den reisefreudigsten Ländern. Zuzüglich der gesetzlichen Feiertage kommen wir auf 37 bis 41 Urlaubstage pro Jahr. Viel Zeit, um die Welt zu bereisen und andere Länder kennenzulernen.

Die Anzahl der deutschen Urlaubsreisenden erreichte 2019 mit über 55 Millionen Reisenden, die eine Reise von mindestens fünf Tagen unternommen haben, den bisherigen Höchststand. Und wir sind bereit, viel für die schönste Zeit des Jahres zu investieren: 2019 haben wir 73 Milliarden Euro für über 70 Millionen Reisen ausgegeben. Die durchschnittliche Reisedauer dabei betrug rund zwölf Tage. Die beliebteste Urlaubsart ist nach wie vor der Bade- und Strandurlaub. Ein aktueller Trend geht zum Naturerlebnis, Outdoor-Abenteuer und Aktivurlaub. Spontanität ist aber auch beim

Reisen keine deutsche Tugend. Wir planen unsere Reisen in der Regel fünf bis sechs Monate im Voraus.

Zu den beliebtesten Reisezielen außerhalb von Deutschland zählen in Europa vor allem Spanien, Italien, Türkei, Österreich, Griechenland, Frankreich oder Kroatien. Auch Fernreisen nach Nordamerika, Afrika, Asien, Dubai oder in die Karibik sind sehr beliebt.

Die Corona-Pandemie hat den Tourismus weltweit einbrechen lassen, generell aber ist unser Reiseverhalten ein Zeichen für wirtschaftlichen Wohlstand. Reisen statt Sparen ist das Motto. Natürlich gilt das nicht für alle von uns, denn die Sparfüchse wissen: Haben kommt von Halten. Wir vergessen aber bei unserer Reiseeuphorie, dass Wohlstand auch immer Verlierer erzeugt. Der Tourismus bedeutet in den bereisten Ländern nicht Wohlstand für alle, sondern häufig auch die Ausbeutung derjenigen, die in der Branche arbeiten. Zu beachten ist auch der ökologische Fußabdruck, den wir beim Reisen erzeugen, um unseren Lebensstil und Lebensstandard zu halten. Die soziale und ökologische Verantwortung ist daher etwas, das jeder Reisende im Reisegepäck dabeihaben sollte.

134

Verein

Eine deutsche Leidenschaft

Hierzulande kommt man um Vereine nicht herum. Deutschland ist ein Vereinsland. Es gibt rund 600.000 davon. Seit den 1970er Jahren hat sich damit die Anzahl verfünffacht.

Sie kennen bestimmt den alten Witz: »Treffen sich drei Deutsche, gründen sie einen Verein.« Und weil Humor in Deutschland kein gern gesehener Gast ist, muss ich gleich korrigieren: In Deutschland müssen es nach dem Vereinsrecht sieben Personen sein. Dennoch zeigt der Witz: Die Deutschen sind Vereinsmeier.

Die Deutsche Gesellschaft für Auswärtige Politik (DGAP) e. V. hebt die gemeinschaftsstiftende und -stärkende Funktionen von Vereinen hervor: »Für 32 Millionen Menschen in Deutschland sind die rund 600.000 eingetragenen Vereine eine ›zweite Familie‹.«

Darüber hinaus stärken die Vereine und das von den Vereinsmitgliedern freiwillig und gemeinnützig ausgeübte bürgerschaftliche Engagement die Zivilgesellschaft. In Städten fällt dieses Engagement stärker politisch, sozial oder dienstleistungsorientiert aus, auf dem Land eher gemeinschaftsorientiert sowie gesellig. Das Vereinssterben ist vor allem dort zu beobachten. Über 15.500 Vereine haben sich seit 2006 in ländlichen Regionen aufgelöst. Gründungen wiederum finden meist in Städten statt.

Im *ZiviZ-Survey 2017* wird zudem betont, dass zivilgesellschaftliche Organisationen einen Beitrag »zur sozialen Integration von Bürgern mit Migrationshintergrund« leisten und sich auch »in der Flüchtlingshilfe« engagieren. Allerdings ist die Integration von Menschen mit Migrationshintergrund in diese zivilgesellschaftlichen Organisationen noch am Anfang.

Der beliebteste Vereinstyp in Deutschland ist der Sportverein. Den am stärksten wachsenden Vereinstypus bilden Fördervereine, die vor allem in den »Handlungsfeldern Bildung/Erziehung und Kultur/Medien« auftreten. In Deutschland gibt es nach Angaben des *ZiviZ-Survey 2017* 130.000 Fördervereine.

Vereine sind in Deutschland ein Gradmesser für das zivilgesellschaftliche Engagement. Die Vielfalt der zivilgesellschaftlichen Organisationen und ihrer engagierten Mitglieder trägt dazu bei, den gesellschaftlichen Zusammenhalt zu fördern, aber auch Politik und Gesellschaft aktiv mitzugestalten. Es sind heute vor allem die jüngeren Organisationen, die zeigen, dass die Zivilgesellschaft politischer wird und diese Organisationen sich als »Akteure der politischen Willensbildung oder als Interessenvertreter« *(ZiviZ-Survey 2017)* verstehen.

135

Vernunft

Auf Abwegen

Die Auseinandersetzung mit der Vernunft hat eine lange Tradition in der deutschen Philosophie. Durch die Corona-Pandemie wird die Frage nach der Vernunft neu gestellt.

Nach der Hochphase der philosophischen Epoche des Deutschen Idealismus im 18. und 19. Jahrhundert, die mit dem Erscheinen der *Kritik der reinen Vernunft* von Immanuel Kant im Jahr 1781 einsetzt und mit dem Tod von Georg Wilhelm Friedrich Hegel im Jahr 1831 sowie mit der Spätphilosophie von Friedrich Wilhelm Joseph Schelling endete, folgte eine lange kritische Auseinandersetzung mit der Vernunftphilosophie des Deutschen Idealismus.

Eine der bedeutsamsten Kritiken formulierten die beiden Philosophen Max Horkheimer und Theodor W. Adorno 1944 in ihrer Studie *Dialektik der Aufklärung*. Sie zeigten, dass sich der Vernunftbegriff der Aufklärung und des Deutschen Idealismus in sein Gegenteil verkehrt hat, zu einem Instrument der institutionalisierten Herrschaft von Menschen über Menschen geworden ist und sogar in der rassistischen Vernichtungsideologie der Nationalsozialisten mündete.

In der Auseinandersetzung mit der Corona-Pandemie sind die beiden Begriffe Vernunft (im Sinne der instrumentellen) und Herrschaft häufig implizit oder explizit in einen Zusammenhang gebracht worden, wie etwa die querdenkerische Rede von der sogenannten »Corona-Diktatur« zeigt. Fragen wie jene, ob man sich während der Pandemie an die Bestimmungen hält oder welche Perspektive man zum Thema Impfen einnimmt, wurden zum Gradmesser für die eigene Vernünftigkeit. Und die Entscheidung über diese hatte häufig mehr mit Glauben und Hoffen zu tun als mit Wissen und Überzeugung. Die Haltung zur Pandemie wurde zu dem, was Kant den »Gerichtshof der reinen Vernunft« nannte. Viele fühlten sich daher verpflichtet, die eigene Haltung ständig zu rechtfertigen, und ließen dabei einen Rat unberücksichtigt, den man durch die Lektüre der Romane von Franz Kafka bekommen konnte: sich niemals in den Gerichtssaal zu begeben, weil das Urteil bereits immer schon feststeht.

Durch die Haltung zur Corona-Pandemie wurde auch über die Sozialität und A-Sozialität von Menschen entschieden. Wer waren die Vernünftigen und Unvernünftigen in der Corona-Pandemie? Wer verhält sich richtig oder verantwortungslos? Waren die jungen Menschen die Unvernüftigen? Die Querdenker? Ist »Corona-Kritik« zum »Ausdruck einer radikalen Ego-Freiheit« geworden, die zu einer »Verwahrlosung der Vernunft« beigetragen hat, wie der Politikwissenschaftler Reinhard Olschanski diskutiert? War die deutsche Politik, wie der Journalist Michael Herl behauptet, hingegen »überraschend vernünftig«, obwohl viele ihr bis heute komplettes Versagen vorwarfen?

Die Corona-Pandemie war nicht nur das beherrschende Thema seit 2020 und ein Ereignis, durch das man sich seiner eigenen Vernünftigkeit versichern konnte. Vielmehr wurde die Auseinandersetzung mit der Corona-Pandemie zu einem Herrschaftsinstrument in Deutschland.

Immanuel Kant.

136

Versandhandel

Digital ist besser

Die Erfolgsgeschichte des Versandhandels beginnt analog. 1886 versendete der sächsische Herrenausstatter Mey & Edlich die ersten bebilderten ataloge. Zwei Jahre später folgte der Fahrradversandhandel August Stukenbrok Einbeck.

Die erste Hochphase des katalogbasierten Versandhandels in Deutschland fand in den 1920er Jahren statt, etwa durch die Gründungen der Versandhäuser Klingel 1923 oder Quelle 1927. Mit dem Einsetzen des Wirtschaftswunders beginnt nach Ende des Zweiten Weltkrieges ab den 1950er Jahren die zweite Hochphase des deutschen Versandhandels, der seine letzte in der Wendezeit und kurz nach der Wiedervereinigung hatte.

Ab Mitte der 1990er Jahre wurde der Onlinehandel für viele Deutsche attraktiver als der klassische Versandhandel. Dieser musste sich nach der Jahrtausendwende selbst immer stärker als Online-Versandhandel aufstellen.

Der »Umsatz mit Waren im Online- und klassischen Versandhandel« betrug, wie das Statistikportal handelsdaten.de berichtet, im Jahr 2020 insgesamt 84,4 Milliarden Euro. Der Onlinehandel mit Waren stieg damit in diesem Jahr »um 14,6 Prozent«. Zusammen mit dem Online- und Versandhandel von Dienstleistungen lag der Umsatz bei 94 Milliarden Euro.

Die beliebtesten Warengruppen sind Bekleidung, Elektronik, Telekommunikation, Computer und Computerzubehör, Spiele und Software. Durch die Corona-Pandemie sind auch immer häufiger Lebensmittel und Haushaltsprodukte bestellt worden.

Die Schließung des Einzelhandels hat nicht nur zu einem weiteren Anstieg beim Onlineshopping geführt, sondern den digitalen Versandhandel endgültig fest im Konsumalltag der Deutschen verankert. Diese Entwicklung wird sich postpandemisch nicht ändern.

Zu den zehn umsatzstärksten Onlineshops in Deutschland gehören gemäß der Studie *E-Commerce-Markt Deutschland 2020* des EHI Retail Institute e. V.: Amazon, Otto, Zalando, Media Markt, notebooksbilliger.de, Lidl, Saturn, Bonprix, Apple und cyberport.de. Die meisten Bestellungen erfolgten 2019 über den PC oder das Notebook, mit weitem Abstand folgten das Smartphone oder Tablet. Für mich ist das ikonische Bild zum Onlinehandel das Amazon-Logo, das von A bis Z lächelt und damit die Vollständigkeit im Warensortiment anzeigt.

Die durchschnittlichen Ausgaben der Deutschen für Onlineshopping lagen im Jahr 2018, wie iwd, der Informationsdienst des Instituts der deutschen Wirtschaft ermittelt hat, bei rund 1.303 Euro jährlich. Im Europavergleich haben sie Platz 2 der eifrigsten Online-Shopper erreicht. Der Gewinner war England, Platz 3 belegte Frankreich.

Der Wandel der Einkaufsgewohnheiten betrifft jede Branche und hat einen massiven Einfluss auf den stationären Einzelhandel. Das bequeme und stressfreie Einkaufen per Mausklick erscheint für viele Deutsche reizvoller als eine lange Shoppingtour. Das hat schon heute zur Folge, dass die Innenstädte immer stärker von großen Handelsketten dominiert und die individuellen Geschäfte zurückgedrängt werden. Das macht die Fußgängerzonen zunehmend austauschbar.

137

Versicherung

Risiko, nein danke!

In kaum einem anderen Land sind die Menschen so gut versichert wie in Deutschland. Im Durchschnitt hat jede Person sechs Versicherungen.

Die Deutschen neigen zur Vorsicht und Vorsorge. Sie kämpfen daher jeden Tag gegen den Zufall und das Risiko. Der Wunsch, immer und überall auf alles vorbereitet zu sein, ist tief verankert und zählt zur Effizienzstrategie im Alltag. Damit verbunden ist die Angst, der ständige Begleiter der Deutschen, nicht immer alles unter Kontrolle zu haben. Gut, dass es die Deutschen Versicherer gibt.

Der Gesamtverband der Deutschen Versicherungswirtschaft e. V. (GDV) weist im Überblick zu den Branchendaten 2020 darauf hin, dass die rund 460 Verbandsmitglieder mit fast 449 Millionen Versicherungsverträgen die Risiken der Deutschen umfassend absichern. Versicherung in Deutschland ist überall.

Insgesamt gab es im Jahr 2019 laut *Statista* 530 Versicherungsunternehmen in Deutschland. Im gleichen Jahr haben die Deutschen im Durchschnitt 2.619 Euro jährlich für ihre Versicherungen ausgegeben. Im europäischen Vergleich liegen sie gemäß der zuvor genannten GDV-Umfrage damit auf Platz 10.

Geben die Deutschen dennoch zu viel Geld für ihre Versicherungen aus? Als Faustregel empfiehlt die *Stiftung Warentest:* »Versichern Sie nur jene Risiken, die existenzbedrohend sind.«

Das Deutsche Institut für Service-Qualität hat in einer Umfrage im Auftrag des Fernsehsenders n-tv zur Zufriedenheit der Kunden mit ihren Versicherungen herausgefunden, dass sich auch 2020 der positive Trend zur hohen Kundenzufriedenheit bei den deutschen Versicherten weiter fortsetzt. Die höchste Kundenzufriedenheit erzielte in dieser Umfrage der Münchener Verein, gefolgt von der DEVK, Adam Riese aus der Wüstenrot-&-Württembergische-Gruppe, HUK-Coburg, HUK24 und Württembergische. Als Gründe für Ärgernisse mit Versicherungen werden der schlechte Kundenservice, die langen Bearbeitungszeiten oder das Preis-Leistungsverhältnis genannt.

Die Top 5 der beliebtesten Versicherungsgesellschaften im Jahr 2020 bilden die Allianz, gefolgt von der HUK Coburg, dem ADAC, der ERGO/ERGO Direkt und der R + V Versicherung. Die Allianz ist auch mit weitem Abstand der größte Versicherer mit Beitragseinnahmen in Höhe von über 140,5 Milliarden Euro im Jahr 2020.

Zu den sechs Versicherungen, die die Deutschen im Durchschnitt haben, zählen laut *Statista Global Consumer Survey,* die Erhebung hat zwischen Februar 2020 und März 2021 stattgefunden, die gesetzliche Krankenversicherung (68 Prozent), die Privathaftpflichtversicherung (66 Prozent), die KfZ-Versicherung (64 Prozent), die Hausratversicherung (59 Prozent), die Rechtschutzversicherung (41 Prozent) und die Unfallversicherung (39 Prozent).

Deutschland ist und bleibt ein Versicherungsland. Und die Deutschen vertrauen den Versicherungen. Vielleicht sind sie daher in vielen Fällen aus Übervorsicht überversichert.

138

VIVA

»Liebt dich!«

VIVA war die deutsche Antwort auf MTV. Ein Meilenstein in Sachen deutscher Popkultur. Und ein Sprungbrett für eine neue Moderatorengeneration.

Das Akronym kürzt den ursprünglichen Sendernamen ab, der »Videoverwertungsanstalt« lautet. Ein Begriff, der kaum deutscher sein könnte. Mit beiden Begriffen kann die 25-jährige Sendergeschichte, die am 1. Dezember 1993 begann, gerahmt werden.

VIVA steht für das Unkonventionelle, Jugendliche, Bunte, Freche, Laute, Innovative und Experimentelle. Junge deutsche Medienmacher, die Lust und Mut hatten, Fernsehen in Deutschland anders zu gestalten. Anders war auch 1995 die Gründung von VIVA Zwei nicht zu erklären, einem Sender, der sich vor allem auf die alternativen Szenen diesseits des Pop-Mainstreams konzentrierte. Zum ersten Mal spielten Subkulturen im deutschen Fernsehen eine ausschlaggebende Rolle.

Der Begriff »Videoverwertungsanstalt« weist auf die Ideen- und Bedeutungslosigkeit hin, in die sich der Sender spätestens seit 2008 zunehmend hineinmanövrierte. Die Übernahme durch den US-amerikanischen Medienkonzern Viacom, unter anderem Eigentümer von MTV, hat im Jahr 2004 wesentlich dazu beigetragen. Der Sendebetrieb von VIVA wurde am 31. Dezember 2018 mit der zweistündigen Show *VIVA Forever* eingestellt. Mit von der Partie waren die fünf VIVA-Moderatoren Jan Köppen, Collien Ulmen-Fernandes, Mola Adebisi, Oliver Pocher sowie Sarah Kuttner und die Sängerin Loona. Ulmen-Fernandes begrüßte das Publikum mit den Worten: »VIVA ist da! Herzlich willkommen zu *VIVA Forever,* der fröhlichen Beerdigungs-Show unseres Lieblingsjugendsenders, der jetzt keiner mehr ist, weil wir jetzt alle alt sind.« Die Abschiedssendung wurde nicht einmal zuerst auf VIVA ausgestrahlt, sondern auf MTV und MTV+ ... und anschließend insgesamt neunmal auf VIVA und MTV wiederholt. Es gab keine messbare Quote.

Dabei hatte doch alles so erfolgsversprechend angefangen, als Heike Makatsch in ihrer Moderation zum Sendestart an der Seite von Mola Adebisi und Nilz Bokelberg ein bis heute unvergessenes Freundschaftsangebot machte: »Wir sind mehr als ein Fernsehsender. Denn wir sind euer Sprachrohr. Und euer Freund. Und ab heute bleiben wir für immer zusammen.«

VIVA förderte in enger Verzahnung mit der Musikindustrie die einheimische Popkultur und fand Moderatoren, die keine Supermodels waren, aber Charisma hatten. Der Sender wurde zur Talentschmiede von Medienpersönlichkeiten, die teilweise bis heute präsent sind: Stefan Raab, Charlotte Roche, Sarah Kuttner, Aleksandra Bechtel, Klaas Heufer-Umlauf, Markus Kavka, Matthias Opdenhövel oder Heike Makatsch.

Heute brauchen Musikvideos kein Fernsehen mehr für ihre erfolgreiche Verbreitung. Diese Rolle übernehmen Internet-Plattformen und Streamingdienste. *Internet kills the TV-Star.* Die Geschichte von VIVA zeigt, dass wir in Deutschland, trotz aller Innovationen und Erfolgsgeschichten, unserer Popkultur langfristig nicht trauen beziehungsweise ihr zu wenig zutrauen.

Heike Makatsch war eine der bekanntesten Viva-Moderatorinnen. Hier zu sehen im Jahr 2017 bei den Filmfestspielen im französischen Cannes.

139

Volksmusik

Traditionsreiche Heimatliebe

Die Bedeutung von Herkunft und Heimat wird seit dem Ende des Zweiten Weltkriegs politisch und kulturell kontrovers diskutiert. Insbesondere musikalisch. Da vor allem in der Volksmusik mit ihren unterschiedlichen regionalen Ausprägungen.

Die traditionelle Volksmusik mit ihrem Ursprung in ländlichen und kleinstädtischen Gemeinschaften ist ein Sammelbegriff für das Volkslied, die volksmäßige Instrumentalmusik – zum Beispiel mit Hackbrett, Zither oder Flügelhorn – und den Volkstanz.

Der Begriff Volkslied wurde erstmals von Johann Gottfried Herder in den 1770er Jahren in Anlehnung an die englische Bezeichnung *popular song* vom englischen Dichter und Geistlichen Thomas Percy verwendet. Herders Faszination für die alten und neuen Volkslieder bestand darin, in ihnen eine »Verjüngung der als überkommen empfundenen literarischen Ausdrucksformen klassizistischer Manier« zu erhoffen. Darüber hinaus waren sie für ihn der unverstellte Ausdruck und das Zeugnis der Denk-, Rede- und Lebensweise des einfachen Volkes und seines spezifischen »natürlichen« Gemüts.

Diese in der deutschen Romantik entstehende Faszination für Volkskulturen und das daraus resultierende Bewusstsein für Herkunft und Nationalkulturen stellte eine der Wurzeln für den völkischen Nationalismus im 20. Jahrhundert dar, der zur Vernichtungsideologie der Nazis wurde.

Die historische und wieder stattfindende Vereinnahmung des Volksbegriffs in rechten Kreisen macht die Volksmusik bis heute diskussionswürdig. Die verschiedenen deutschen Volksmusikkulturen bieten aber auch die Möglichkeit, sich über die gegenwärtigen Bedeutungen von Herkunft und Heimat, gerade auch im interkulturellen Dialog, neu zu verständigen.

Die traditionelle Volksmusik legt großen Wert darauf, sich von der volkstümlichen Musik zu unterscheiden, die man als kommerziellen Schlagerzirkus kennt. Von der traditionellen und volkstümlichen Musik unterscheidet sich die Neue Volksmusik, die in den späten 1980er Jahren entstand und sich durch die Verbindung von nationalen und internationalen Musikstilen wie Jazz, Reggae, Hip-Hop, Punk, Rock oder elektronischer Musik als Subgenre der Weltmusik versteht. Die Texte werden zumeist im regionalen Dialekt oder in der Mundart verfasst. Bekannte Vertreter sind etwa Haindling, Hubert von Goisern oder LaBrassBanda. Als Vorläufer der Neuen Volksmusik gilt der Alpenrock, der seit den 1970er Jahren volkstümliche Musik mit Rock verbindet und die Liedtexte in Dialekt oder Mundart verfasst.

Seit den 1970er und 1980er Jahren waren volkstümliche Unterhaltungssendungen im deutschen Fernsehen Quotenrenner. Heute sind sie teilweise in Spartenkanäle wie dem Heimatkanal oder Gute Laune TV abgewandert. Die verschiedenen deutschen Volksmusikkulturen bieten die Möglichkeit, sich diesseits reiner Geschmacksfragen über die gegenwärtigen Bedeutungen von Herkunft und Heimat neu zu verständigen. Gerade auch im interkulturellen Dialog, weil Volksmusik in vielen anderen Kulturen populäre Musik ist, mit der Tradition und Heimatverbundenheit positiv und gemeinschaftsstützend zum Ausdruck gebracht werden. Heute ist es am Ehesten die Neue Volksmusik, die diesen Weg geht.

140

Vokuhila

Du hast die Haare schön

Viele Trends der 1980er Jahre werden immer mal wieder zu einem populären Retrophänomen, das mit nostalgischen Gefühlen oder mit ironischer Haltung gefeiert wird. Doch besonders die Frisuren waren echter Alltagshorror.

Für alle, die sich gerade nicht an den Vokuhila erinnern: vorne kurz, hinten lang. Die Stirn wurde mit Ponyfransen geschmückt, die Seiten windschnittig kurz anrasiert und hinten musste die Haarlänge mindestens schulterlang sein.

Die Frisur war zwar nicht »Made in Germany« – die Anfänge gehen bis zum Anfang der 1970ern und zu Avantgarde-Künstlern wie David Bowie in seiner *Ziggy-Stardust*-Phase zurück – aber zumindest »Big in Germany«.

Deutschland hatte schon immer eine ambivalente Haltung bei Stilfragen und mit Blick auf die ästhetische Geschmackssicherheit. Zur absolut hemmungslosen Veredelung dieser Scheußlichkeit wurde noch der Oberlippenbart hinzugefügt, ein »Gigant der Widerwart« (Die Ärzte). Der Spoiler fürs Gesicht. Wem es dann immer noch nicht genug war, der knallte auch noch blonde Strähnchen drauf. In Italien sagte man in dieser Zeit, daran erinnert der Journalist Pol Rodellar, zum Vokuhila »Haare nach deutscher Art«.

Fußballspieler wie Pierre Littbarski oder Rudi Völler gehörten zum Team Strähnchen und Vokuhila-Oliba, aber auch Musiker wie Wolfgang Petry, Matthias Reim, Peter Maffay, Thomas Anders oder Nena konn-

ten nicht widerstehen. Nicht zu vergessen Schauspieler wie Sascha Hehn und viele andere Prominente. Zum Ende der 1980er Jahre wurde der Vokuhila langsam verpönt in Deutschland.

Mit einiger historischer Distanz haben Die Ärzte 1996 auf ihrem Konzeptalbum *Le Frisur*, in dem es nur um Haare und Frisuren geht, auch dem Vokuhila einen Song gewidmet: *Vokuhila Superstar*. Ein Spottlied, um die drohende »Weltherrschaft« des Vokuhilas anzusingen.

Vor einigen Jahren hat der ostdeutsche Rapper Finch Asozial dem Vokuhila die Ehre erwiesen und diese Anti-Frisur zu seinem Markenzeichen gemacht. Zudem machte er in einem Song zur Frisur klar, dass es den Vokuhila in der ehemaligen DDR schon lange gab, bevor der Begriff für diese Frisur aus dem Westen rüberschwappte.

Mittlerweile hat sich aber sogar Finch Asozial von seinem Vokuhila verabschiedet, obwohl es doch eine Liebe sein sollte, die nie endet. Das gab Hoffnung, das Thema könne jetzt endgültig und für alle Zeiten in Deutschland erledigt sein.

Leider weit gefehlt. Seit 2019 soll sich diese Anti-Frisur der 1980er in einem konstanten Revival befinden. Es sind diesmal aber vor allem Frauen, etwa Miley Cyrus, die sich den Vokuhila als Statement und Lifestyle aneignen. Der Ausgangspunkt dieses Revivals ist nicht Deutschland, sondern die internationale Haute-Couture-Szene um den Kreativdirektor von Gucci, Alessandro Michele. Im Jahr 2021 soll der Vokuhila sogar der Frisurentrend des Jahres sein. Die Folter endet nie.

Die Wachsfigur von Peter Maffay im Museum Madame Tussauds in Berlin

141

Waldromantik

Unter Kronen

**Vom Waldbader bis zum Waldgänger –
der Deutsche hat einen Sehnsuchtsort.**

Zu den erfolgreichsten Sachbuchautoren in Deutschland zählt der Förster Peter Wohlleben. Sein Bestseller *Das geheime Leben der Bäume* traf den Nerv der deutschen Seele. Zum einen belebte er die Waldromantik auf nahezu wissenschaftliche Weise neu und erlaubte somit auch dem inneren Kind im nüchternen Rationalisten wieder die Zuneigung zum märchenhaften Sehnsuchtsort auszuleben. Zum anderen feuerte es die Sozialromantik an, indem es davon erzählte, dass gerade die Natur eben nicht sozialdarwinistisch vorgehe, sondern sich sämtliche Akteure im Ökosystem zur Not die Kräfte und Energien teilen.

Der Wald, das ist mehr als nur ein Ausflugsort zum Wochenende, in dem wir beim Waldbaden den Duft der Bäume genießen. Er ist ein mythischer Raum, in dessen Tiefe wir uralte Legenden und Märchen platzieren, die unser kollektives Unbewusstes prägen. Speziell in Deutschland, von wo aus die Märchen der Gebrüder Grimm ihren Weg in die ganze Welt nahmen und die Nationalsozialisten den deutschen Wald als identitätsstiftenden Mythos übersteigerten und fanatisch politisierten. Die für sich genommen harmlose Liebe zur Natur gerät seither immer wieder in den Verdacht, mit der kritischen Vernunft zu brechen.

Waldromantik – das ist dennoch ein Exportschlager. Die Amerikaner drehen eine düstere Mystery-Serie wie *Grimm,* die den deutschen Mythos aufgreift, und in der Vampirwelt von *Twilight* leben im Wald die Werwolfsrudel. James Cameron platziert in *Avatar* eine unschuldige, naturnahe Spezies wie die blauhäutigen Na'vi in einem gigantischen Baum, der sich als Referenz auf die altgermanische Weltenesche Yggdrasil lesen lässt.

Der Wald ist Lieblingsthema radikal naturromantischer bis latent rechtskonservativer Popkulturen wie des Neofolks oder des Black Metals. Ihr Sinnbild ist der nach stillem Widerstand suchende »Waldgänger« im Sinne von Ernst Jünger. Rausgehen, nicht mehr mitmachen, die Wurzeln fühlen – es benötigt keinen umstrittenen Altdenker wie Jünger, der den späteren Nazis trotz seiner Distanz zu ihnen ein paar geistige Steilvorlagen lieferte.

Heute gibt es für Waldfreunde statt dieser reaktionären Kräfte auch andere Vorbilder: ein Förster wie Peter Wohlleben oder ein Schriftsteller wie Björn Kern, der in seinem fein gewobenem »Nature Writing« dazu aufruft, die »Abenteuer vor der Tür« zu suchen und den Konsumzwang zu hinterfragen, ohne dabei der Aufklärung dräuend zu entsagen. Bei Kern findet sogar ein Zuhause, wer das emotionale Bedürfnis, sich unter Kronen zu begeben, nicht mit dem intellektuellen Abdriften in vormoderne Ressentiments zu bezahlen bereit ist.

Zusammen mit Oliver Uschmann

142

Willkommenskultur

Von Volkes Stimme

Deutsch sein ist immer eine Sache der Haltung, doch selbst beim besten Willen kann es Haltungsschäden geben.

Die Geschichte des jeweils in der breiten Bevölkerung vorherrschenden Zeitgeistes Deutschlands, ließe sich anhand der Schlagzeilen der *Bild*-Zeitung erzählen. Das Boulevardblatt aus Hamburg wurde als Flaggschiff der Springer-Presse besonders in den 1970er Jahren zum Hauptfeindbild der deutschen Linken. Heinrich Böll thematisierte dessen Macht, Menschen zu zerstören, in seinem Roman *Die verlorene Ehre der Katharina Blum*. Die RAF verübte 1972 einen Anschlag auf das Springer-Hochhaus. Im Bekennerbrief schrieb Ulrike Meinhof: »Enteignet die Feinde des Volkes!«

Nun liegt der Erfolg des Blattes bis heute allerdings darin, diesem Volk tatsächlich sehr genau »aufs Maul zu schauen«. Die *Bild* schreibt das, wovon sie denkt, dass es bereits unausgesprochene Mehrheitsmeinung sei. In diesem Sinne ist es bemerkenswert, dass die *Bild* im September 2015 zum Motor dessen wurde, was als »Willkommenskultur« in die jüngste deutsche Mentalitätsgeschichte eingegangen ist. Die Kanzlerin hatte angesichts der Flüchtlingsströme den Claim geprägt: »Wir schaffen das!« Und die Springer-Presse trieb unter dem Hashtag #refugeeswelcome und der Aktion *Wir helfen* eine Politik der offenen Arme voran, die von allen Massenmedien geteilt wurde und zu Beginn eben auch von der Bevölkerung, Empfang mit Teddys und Blumen am Bahnhof inklusive. Der rechte Rand reagierte darauf mit Protesten und erstarkenden eigenen Medien, hatte aber eben nicht mehr die »schweigende Mehrheit« im Rücken.

Doch wie es immer so ist, wenn der Deutsche sich dem Idealismus hingibt, trübte die Mischung aus moralischem Stolz und bester Absicht sowohl den Blick für praktische Probleme als auch die nötige Sachlichkeit eines glaubhaften Journalismus. Eine von der Otto-Brenner-Stiftung und der IG Metall geförderte Studie der Hamburg Media School und der Uni Leipzig unter Leitung des Medienwissenschaftlers Michael Haller brachte nachträglich die allgemein akzeptierte Erkenntnis hervor, dass die Leitmedien die »Losungen der politischen Elite« unkritisch übernommen und eine »euphemistisch-persuasive Diktion« der »Willkommenskultur« verbreitet hätten. Einfacher ausgedrückt: Für eine begrenzte Zeit betätigten sich die Medien nicht als Berichterstatter, sondern als Produzenten eines Zeitgeistes, dessen Einseitigkeit im Laufe der Jahre die Gesellschaft spaltete.

Was passiert, wenn man in typisch deutscher Zuspitzung keine ehrliche Diskussion über Chancen und Probleme einer Willkommenskultur oder jeder anderen großen Gesellschaftsausrichtung führt, hat der Kabarettist Andreas Rebers in seinem Programm *Amen* treffend formuliert: »Am rechten Rand werden Fragen gestellt, die in die Mitte der Gesellschaft gehören. Denn wenn die Mitte irgendwann tiefer liegt als die Ränder – Kloschüssel! Dann werden die Ränder immer breiter und alles, was eines Tages auf uns zukommt, ist nur noch Scheiße.«

An der Spree in Berlin

143

Wirtschaftswunder

»Geh'n Sie mit auf Konjunktur«

Ludwig Erhard gilt als der »Vater« und »Architekt« des deutschen Wirtschaftswunders. Er etablierte das Konzept der »sozialen Marktwirtschaft«, sein Erfolgsrezept von 1949 zum Wiederaufbau der deutschen Wirtschaft nach dem Zweiten Weltkrieg.

Ludwig Erhard war der erste Wirtschaftsminister der Bundesrepublik Deutschland, im ersten Kabinett von Konrad Adenauer, und gilt als der bisher wichtigste. Nach dem Rücktritt von Konrad Adenauer wurde Erhard am 16. Oktober 1963 zum zweiten deutschen Bundeskanzler gewählt. Die deutsche Nachkriegsgesellschaft sollte aus seiner Perspektive vor allem durch die Wirtschaft grundlegend verändert werden und neues Selbstbewusstsein erhalten.

Die Voraussetzung für das Wirtschaftswunder stellte die von Ludwig Erhard ins Werk gesetzte Währungsreform und die daraus resultierende Einführung einer einheitlichen Währung, der Deutschen Mark, im Jahr 1948 dar. Eine weitere war, dass die deutschen Produktionsstätten und Transportwege im Unterschied zu den Städten fast unzerstört waren und schnell wieder in Betrieb genommen werden konnten. Nicht zuletzt wurde das Wirtschaftswunder auch durch die große Unterstützung der westlichen Besatzungsmächte ermöglicht.

Ab den 1950er Jahren sanken die Arbeitslosenzahlen, es herrschte teilweise Vollbeschäftigung, die Arbeitslöhne stiegen, die Fünf-Tage-Woche wurde eingeführt, Lebensqualität und Konsum steigerten sich, die Exportquote wurde erhöht, es kam zu einem Investitionsboom. Sorglosigkeit machte sich in der noch jungen Bonner Republik breit. Jeder bekam ein Stück vom Wirtschaftswunderkuchen. Erst mit der Ölkrise 1973 endete der Nachkriegsboom. Aus dem Wirtschaftswunder ist in Deutschland dennoch eine dauerhafte und erfolgreiche wirtschaftliche Wirklichkeit geworden. Nicht umsonst ist Deutschland eine Exportnation und die weltweit viertgrößte Volkswirtschaft.

Dieser rasante wirtschaftliche Aufschwung hat Deutschland gleichzeitig zu einem Verdrängungsweltmeister gemacht. Die wirtschaftliche und politische Aufbauarbeit waren auch eine gezielte Flucht vor der Auseinandersetzung mit dem Völkermord und dem Terror der Nationalsozialisten sowie den Verstrickungen ehemaliger Täter in den Wiederaufbau. Unternehmerische Säulen der Naziherrschaft waren häufig auch die des Wirtschaftswunders: Daimler Benz, Volkswagen, BASF, Beyer oder Hoechst, die alle erst in den 1980er oder 1990er Jahren ihre Verstrickungen aufarbeiteten, ohne zu bedeutenden Ergebnisse zu kommen.

Die Wirtschaftsjournalistin Ulrike Herrmann hat in der *taz* darauf hingewiesen, dass auch Ludwig Erhard zu den Profiteuren der Nazis gezählt hatte. Dies sei »historisch bestens dokumentiert, wird aber bis heute tatkräftig verschwiegen«. Diese Perspektive auf das deutsche Wirtschaftswunder und auf den Politiker Ludwig Erhard macht deutlich, dass die Vergangenheitsbewältigung in Deutschland in vielerlei Hinsicht noch immer nicht gelingt.

144

Wohlstandsmüll

Eine Wortschöpfung für die braune Mülltonne

Mit dem Begriff Wohlstandsmüll wird die Überproduktion, die Konsumhaltung und Wegwerfmentalität in der Wohlstandsgesellschaft kritisiert. Als menschenverachtender Diskriminierungsbegriff war »Wohlstandsmüll« auch das Unwort des Jahres 1997.

Helmut Oswald Maucher, der ehemalige Generaldirektor und spätere Verwaltungsratspräsident des Schweizer Nahrungsmittelkonzerns Nestlé, war ein leistungsorientierter Manager, aber auch ein Freund der großen Worte. In einem Interview mit der *Zeit* aus dem Jahr 1996 verwendete Maucher den Begriff »Wohlstandsmüll«, um arbeitsunwillige und arbeitsunfähige Menschen zu bezeichnen: »Wir haben einen gewissen Prozentsatz an Wohlstandsmüll in unserer Gesellschaft. Leute, die entweder keinen Antrieb haben, halb krank oder müde sind, die das System einfach ausnutzen.« An anderer Stelle ergänzt er: »Für Menschen, die wirklich arbeiten wollen, gibt es immer noch Arbeit.«

Ganz deutsch definiert Maucher hier den Sinn des Lebens durch die Arbeit und erklärt die Leistungsfähigkeit zur Grundtugend. Die Arbeitslosen und Arbeitsunfähigen sind aus dieser Perspektive für Maucher wertlos, weil sie keinen Beitrag zur Wertschöpfungskette leisten. Helmut Maucher hat mit seiner Verwendung des Begriffs Wohlstandsmüll einen Begriff für die braune Wortmülltonne geprägt. Recycling unerwünscht.

Seit den späten 1970er Jahren kursiert in Deutschland außerdem der Begriff »Sozialschmarotzer«, um Menschen vorzuwerfen, dass sie durch die parasitäre Inanspruchnahme von Sozialleistungen den deutschen Sozialstaat ausbeuten und die Leistungen nicht denen zukommen, die sie auch verdienen. Damit verbunden ist auch die Angst vor dem Sozialneid, die in Deutschland stark ausgeprägt ist. In den 1990er Jahren wird dieser Begriff als politisches Schlagwort verwendet, um von sogenannten »Scheinasylanten« zu sprechen, die einen »Sozialhilfemissbrauch« begehen. Wenige Jahre nach der Äußerung von Helmut Maucher erfährt die diskriminierende und menschenverachtende Haltung, die er mit dem Begriff »Wohlstandsmüll« zum Ausdruck brachte, eine perfide Steigerung. Der ehemalige Berliner Finanzsenator und SPD-Politiker Thilo Sarrazin machte durch sozialdarwinistische und rechtspopulistische Äußerungen auf sich aufmerksam, als er den vermeintlichen Untergang Deutschlands durch die überproportionale Vermehrung von Ungebildeten, Migranten und Sozialschmarotzern prognostizierte. Weitere Jahre machte die AfD mit dem Begriff »Sozialtourismus« Stimmung gegen Zuwanderer.

Mit rechtspopulistischer Rhetorik soll auch klargestellt werden, wer zu Deutschland gehört und wer nicht. Die Verwendungen des Begriffs »Wohlstandsmüll« zeigen, dass es immer wieder an der angemessenen Empathie und Sensibilität im Umgang mit Menschen fehlt, die den eigenen gesellschaftlichen, politischen, kulturellen oder individuellen Perspektiven nicht entsprechen.

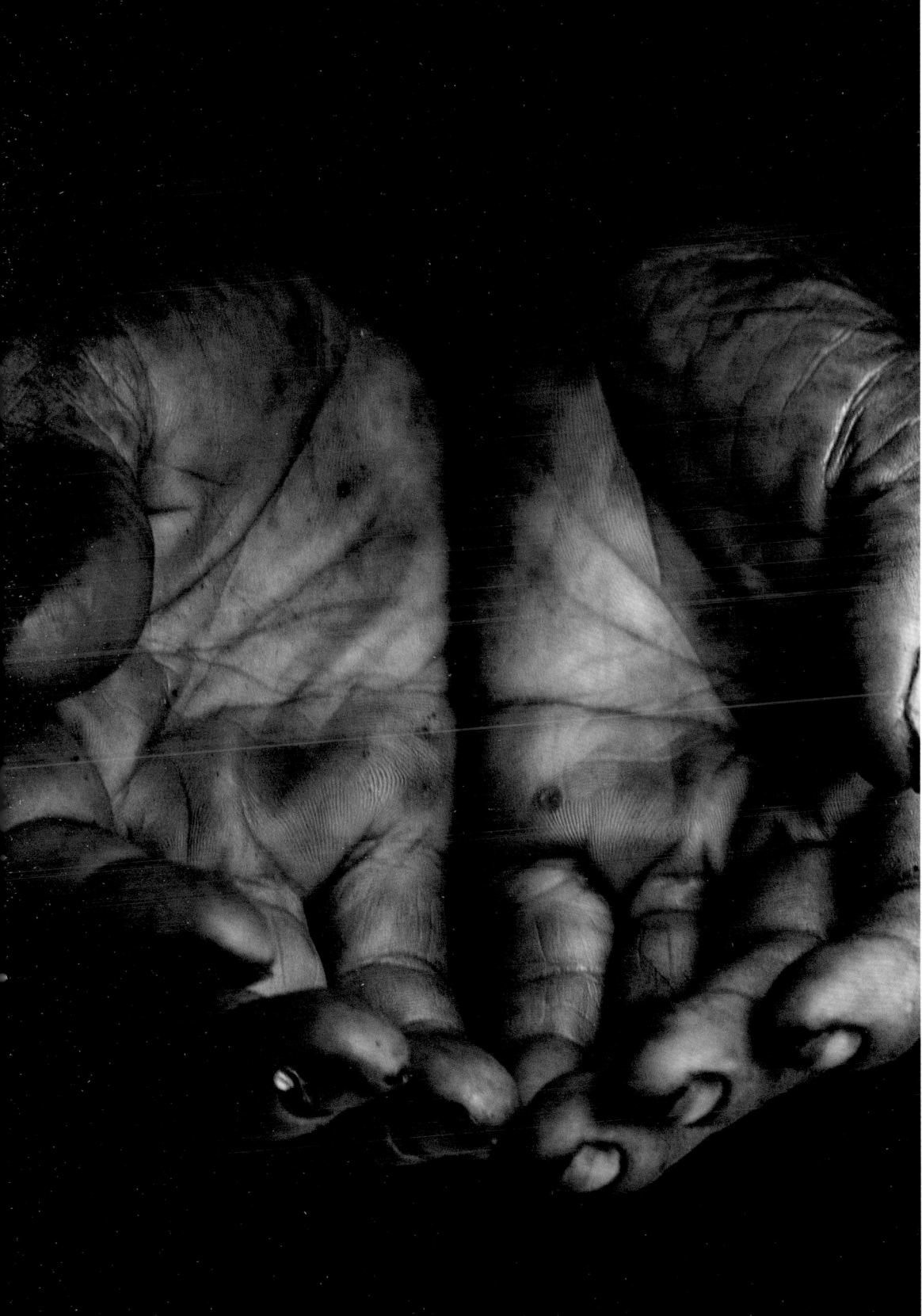

145

Woke

Empört euch, aber redet miteinander!

Deutschland engagiert sich. Gegen soziale Ungerechtigkeiten, soziale Ungleichheiten und Diskriminierungen. Dieser Aktivismus führt zu einem Balanceakt zwischen Moral und Aufklärung. Daraus sind neue moralische Sensibilitäten entstanden, aber auch kontroverse Debatten über die Meinungsfreiheit.

Für Dominik Buch und Oliver Uschmann

In unserem Podcast *Nix für Umme* sind wir uns einig. Besonders dann, wenn wir uns nicht einig sind. Wir, das sind der Schriftsteller Oliver Uschmann, der Schauspieler Dominik Buch und ich. Wir leben in Duisburg, Bochum, Herbern und manchmal auch in Berlin, aber niemals hinterm Mond. Deswegen bekommen wir, wie Oliver es formuliert, »sämtliche Themen mit, entlang derer sich die Nation immer weiter spaltet wie Holzscheite unter dem Axtblatt des Hüttenbewohners«, und sind meist selbst unterschiedlicher Auffassung dazu.

Was geschieht dann? Lösen wir den Podcast auf und gründen drei eigene mit jeweils eindeutiger Haltung? Beschimpfen wir uns gegenseitig als Schwurbler oder Systemling? Als Rechtsradikaler oder Linksgrünversiffte? Als Aluhut oder Schlafschaf? Machen wir unsere Meinung zu unserer Identität und somit den anderen zum Feind im Kriegsgebiet? NEIN! Wir lieben und respektieren uns als Freunde, sind neugierig auf die Meinungen der anderen und können auch Widersprüche stehen lassen.

Woke ist zu alldem das Wort der Zeit und bedeutet, wachsam zu sein gegenüber rassistischer, sexistischer und sozialer Diskriminierung, aber auch gegenüber sozialer Ungleichheit und Ungerechtigkeit. *Woke* Menschen sind sensibel gegenüber der Benachteiligung von Menschen aufgrund bestimmter Merkmale wie etwa Geschlecht, Rasse, Herkunft, Alter, Behinderung oder Kultur.

Daraus resultiert aber nicht nur das Engagement für die Stärkung von Menschen-, Bürger- und Freiheitsrechten und mehr Diversitätstoleranz, sondern auch ein Aktivismus, der sich gegen alles und jeden richtet, der nicht korrekt ist. Maßstab ist die eigene Weltsicht, Lebensweise oder soziale Gruppe. Die Moral ersetzt häufig die kritische Debatte und die Intoleranz gegenüber abweichenden Meinungen den geforderten Respekt. Jeder, der nicht *woke* ist, kommt in den Fokus der Kritik. Individualismus sowie Kunst- und Meinungsfreiheit geraten dadurch aber in Gefahr.

Die Themen, um die es in der *Woke-Culture*-Debatte geht, sind von allergrößter Bedeutung. Die Art, wie wir seit einiger Zeit darüber reden, teilt die Welt schwarz-weiß in richtig und falsch, erlaubt und verboten, korrekt und unkorrekt ein. Deutschland braucht daher dringend eine neue Debattenkultur.

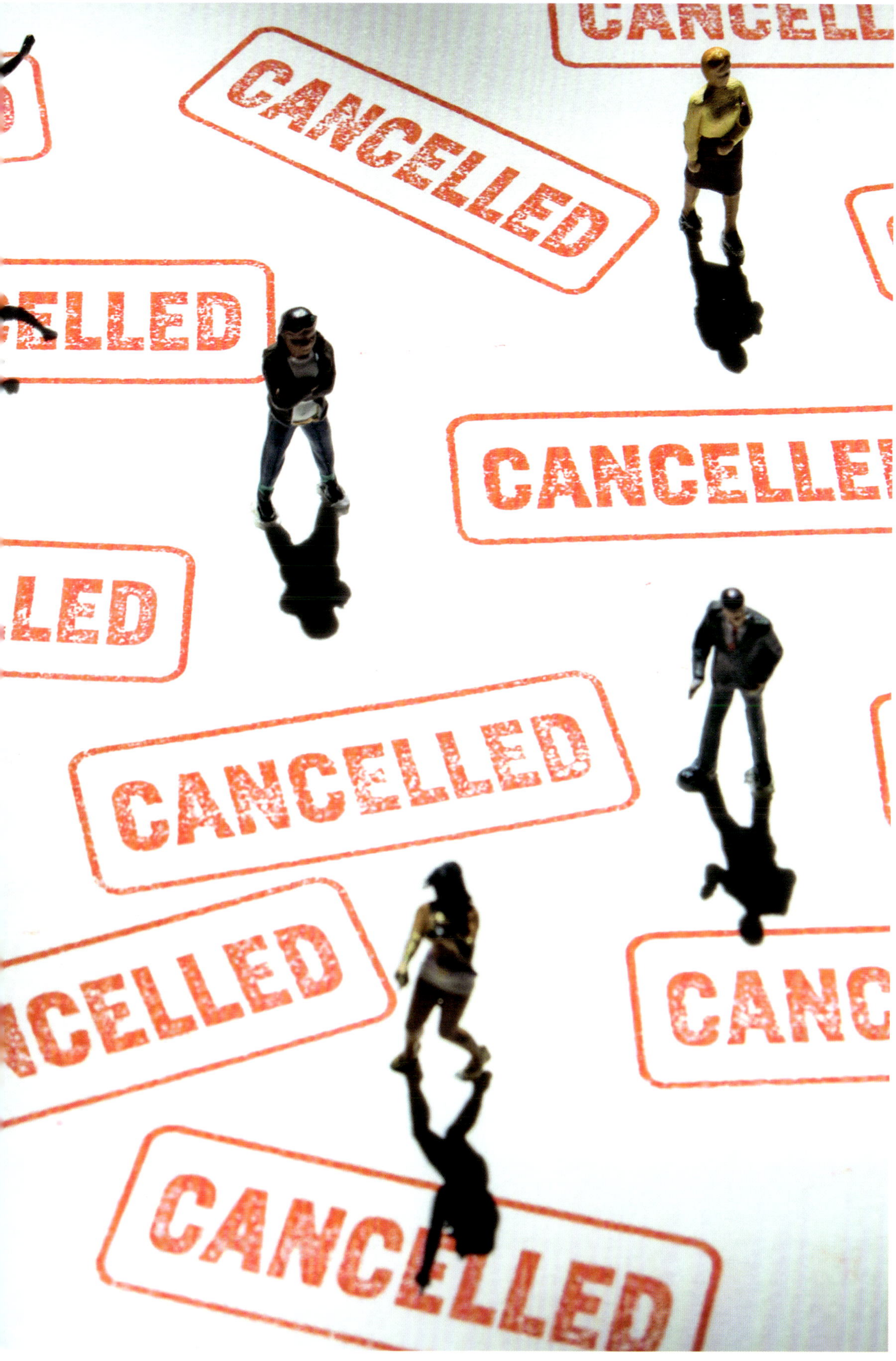
CANCELLED
CANCELLED
CANCELLED

146

Wurst

Früherziehung, Vielfalt und Ersatzprodukte

Deutschland ist ein Wurstland. Jedes Bundesland hat seine regionalen Spezialitäten. Oft identitätsstiftend mit hoher emotionaler Bedeutung wie etwa Frankfurter Rindswurst, Aachener Puttes, bayrische Weißwurst, Thüringer Rostbratwurst. Außerdem ist sie ein Exportschlager.

Als Kind saß ich in den 1970er Jahren immer in den noch sehr engen und schwer zu steuernden Einkaufswagen. Den Bakterienübersäten Metallgeruch habe ich heute noch in der Nase. An den Wursttheken wurde ich nach dem Kaufabschluss mit einem Scheibchen Gratiswurst belohnt. Beim Bäcker hat es hingegen nur selten Gratisbackwaren gegeben. Die Deutschen sind manchmal nicht zu durchschauen.

Die Fleischwurst ist nur eine von circa 1.500 Wurstsorten, die es in Deutschland gibt. Weltweit gibt es in keinem anderen Land eine vergleichbare Vielfalt. Aktuelle Umfragen haben ergeben, dass die Deutschen pro Person allein im Jahr 2019 rund 29,4 Kilogramm Wurst und sonstige Fleischerzeugnisse essen. Die Spitzenplätze belegen hierbei die Brühwurst, die Rohwurst, die Bratwurst, die Kochwurst, Würstchen wie Wiener oder Bockwürste und der Schinken. Die Currywurst ist bei den Deutschen nach wie vor der beliebteste und kultigste Wurstimbiss. Kaum ein Frühstück oder Abendbrot in Deutschland kommt ohne Salami, Leberwurst, Teewurst oder Schinken aus. Und viele Deutsche legen gerne eine Bratwurst auf den Grill.

Sogar vor Wurstpralinen und Salami-Wurstzigarren in edlen Geschenkboxen gibt's keinen Halt. In dem kleinen fränkischen Dorf Georgensmünd steht das erste Wursthotel mit Bratwurstthemenzimmern und Bratwursttischen, einem Restaurant, in dem es nur Bratwurst gibt, Wursttapeten und Sitzgelegenheiten in glücklichen Schweineformen.

Als fester Bestandteil der deutschen Esskultur polarisiert die deutsche Wurstliebe in Zeiten von Tier- und Klimaschutz. Rund 8 Millionen Deutsche essen kein Fleisch. Und ihre Zahl steigt stetig. Gründe hierfür sind vor allem der Wunsch nach einer klimabewussten Ernährung im ökologischen Gleichgewicht oder der Tierschutz. Der *Fleischatlas* der Heinrich-Böll-Stiftung verdeutlicht, dass vor allem die 15- bis 29-Jährigen sich vegetarisch und vegan ernähren. Und beim Thema Wurst etwa auf pflanzlichen Wurstersatz zurückgreifen.

Trotzdem liebt die Mehrheit der Deutschen Fleisch. Das Satiremagazin *Titanic* hat diese Liebe zum Anlass für eine eigene Wurstkampagne genommen: »Deutsche Wurst. Alles andere ist Käse.« Oder mit Bezug auf Brot für die Welt, das Hilfswerk der evangelischen Kirchen und Freikirchen in Deutschland: »Wurst für die Welt.« In einer aktuellen Satire der *Welt* wird zudem empfohlen, unsere deutsche Wurstliebe zu nutzen, um die Akzeptanz des in die Kritik geratenen Corona-Impfstoffs AstraZeneca zu steigern. Der Impfstoff wird zukünftig »als lecker Wurst vom Discounter« verabreicht. Dort sehen wir Deutschen überwiegend keine Gefahren.

147

Xenophobie

Stille Ausgrenzung und offener Hass

Von geistigen und tatsächlichen Brandstiftern.

Lange Zeit erwies sich in der Bundesrepublik die Xenophobie, also die selbst empfundene oder bewusst geschürte Angst vor Fremden, als politische Rhetorik salonfähig. Man denke etwa an die von Roland Koch Ende der 1990er Jahre forcierte Kampagne gegen die automatische doppelte Staatsbürgerschaft für in Deutschland geborene Kinder ausländischer Eltern. Oder an Edmund Stoibers berühmten Slogan »Das Boot ist voll!« hinsichtlich rot-grüner Vorschläge für ein Zuwanderungsgesetz.

Je mehr derlei Positionen aufgrund eines veränderten Zeitgeistes aus der bürgerlichen Politik verschwanden, desto deutlicher kehrten sie auf dem Buchmarkt der beißenden Bestseller sowie in Form eines neuen, erfolgreichen Rechtspopulismus zurück. Thilo Sarrazin warnte in seinem ersten Thesenbucherfolg: »Deutschland schafft sich ab!« 2013 gründete sich die zunächst gegen die Eurorettung gerichtete und heute größtenteils klassisch nationalistische AfD. Ab Herbst 2014 marschierten mit PEGIDA die »Patriotischen Europäer gegen die Islamisierung des Abendlandes« in Dresden.

Der Osten Deutschlands war ohnehin häufig Schauplatz oder Ursprung der schlimmsten, sogar gewalttätigen Auswüchse des Fremdenhasses. Im Spätsommer 1992 attackierten mehrere Hundert Randalierer die Zentrale Aufnahmestelle für Asylbewerber (ZAst) und ein Wohnheim für ehemalige vietnamesische Vertragsarbeiter in Rostock-Lichtenhagen mit Brandsätzen und vertrieben sogar die Polizei – unter dem Applaus Tausender Zuschauer. Auch Hoyerswerda ist bis heute ein Schlüsselwort in der Rückschau auf jene Phase, in der neonazistische Gewalttäter und die örtliche Normalbevölkerung gemeinsame Sache gegen Flüchtlinge machten.

Den Soundtrack zu jenen dunklen Zeiten spielten eigentlich indizierte Rechtsrock-Bands, deren Alben sich zu Beginn der 90er Jahre allerdings unverschämt offen versteckt in Plattenläden zwischen Metal und Punk finden ließen.

Von der Jahrtausendwende bis 2007 wiederum mordete von der Öffentlichkeit unbemerkt mit dem NSU ein ebenfalls in den neuen Bundesländern beheimatetes rechtsextremes Terrornetzwerk, dessen Taten zunächst von 2013 bis 2018 in einem Prozess aufgearbeitet wurden – samt dem Versagen der Sicherheitsbehörden und ihrer V-Männer.

Eine enge Verbindung zwischen neonazistischen Strukturen und den Behörden gab es laut heutiger Forschung ebenfalls in der DDR, was die östlichen Ursprünge des Neonazismus nach der Wiedervereinigung vielleicht teilweise erklärt. Satte 9.000 neonazistisch, rassistisch und antisemitisch motivierte Propaganda- und Gewalttaten konnte der Rechtsextremismusforscher Harry Waibel aus Stasi-Akten extrahieren. Der Staat hinter dem »antifaschistischen Schutzwall« hatte diese Strukturen Zeit seiner Existenz unter den sozialistischen Teppich gekehrt, weil nicht sein konnte, was nicht sein durfte.

Xe|no|gra|fie ...

Xe|non ...

Xe|no|pha|nes ...

xe|no|phil ...
... gegenüber ...
no|phi|lie, die, ...
xe|no|phob (griech. ...
... gegenüber feindlich ...
Xe|no|pho|bie, die, ...
Xe|no|phon (altgriechischer
Schriftsteller; xenophontisch ...
die xenophontische Schriften)
1 K 89 u. 135
Xe|res ...
Xe|ro|gra|fie ...

148

YOLO

Das Lebensgefühl der Jugend

Eine Generation meldet sich zu Wort. Die Jugendsprache bringt die Lebensorientierung und die Alltagserfahrung zum Ausdruck.

YOLO, das Jugendwort des Jahres 2012, ist die Abkürzung für: *You only live once.* Das Wissen um die Endlichkeit des Lebens soll das Handeln der jungen Generation mitbestimmen. Nach dem Vanitas-Motiv beim ersten Jugendwort im Jahr 2008, »Gammelfleischparty«, stellt dieses ein Memento-mori-Motiv dar.

YOLO ist die zeitgemäße Variante des bekannten Sinnspruchs des römischen Dichters Horaz: »Carpe diem.« Nutze den Tag. Im bekannten US-amerikanischen Jugendfilm *Der Club der toten Dichter* aus dem Jahr 1989, zu dem es bisher nicht wirklich ein deutsches Filmpendant gibt, ist es der Lehrer John Keating, gespielt von Robin Williams, der seine Schüler mit dem Sinnspruch dazu motivieren möchte, kreativ und selbstbestimmt zu leben und sich dabei nicht von den Eltern oder anderen Autoritätspersonen vorgeben zu lassen, was sie zu denken und wie sie zu leben haben. In einer der eindrucksvollsten Szenen lässt John Keating einen Schüler das Gedicht *Rat an eine Jungfrau, etwas aus ihrem Leben zu machen* des englischen Dichters Robert Herrick aus dem Jahr 1648 vortragen. Dieses Gedicht veranschaulicht das Carpe-diem-Motto. Im Anschluss an den Gedichtvortrag spricht Keating über die Vergänglichkeit des Lebens und fordert die Schüler auf, sich die Bilder aus der Ahnengalerie des Internats

anzusehen. Diese Bilder zeigen junge Menschen, die im gleichen Alter wie die Schüler sind, so ähnlich wie sie selbst aussehen und an der gleichen Lebensschwelle stehen. Der einzige Unterschied besteht darin, wie Keating sagt, dass sie bereits tot sind. Die Schüler schauen sich die Bilder genau an. Keating fordert sie auf, noch näher an die Bilder heranzutreten, weil die verstorbenen Jugendlichen darauf eine Botschaft für sie hätten: Er haucht anschließend leise immer wieder »Carpe diem« in die Reihen der Schüler und sagt, dass die toten Schüler sie auffordern, die Möglichkeiten ihres Lebens zu ergreifen. Dieses selbstbestimmte Leben stellt eine sinnstiftende Alternative zum Leben der Schüler im konservativen Internat und zu dessen Wertevermittlung dar. Das Selbstdenken und die Emanzipation stehen der Disziplin- und Leistungsorientierung, die auf Tradition, Ehrgefühl und Gehorsamkeit baut, gegenüber.

Das Jugendwort YOLO ist heute bedeutend hedonistischer ausgerichtet. Es geht weniger um Selbstbesinnung als vielmehr um Spaß, Verschwendung und Risikobereitschaft. Oder darum, bei allem, was man tut, eine gute Zeit zu haben und die Anforderungen des Lebens nach Sinnstiftung oder Leistungsorientierung zurückzustellen.

Die Jugendworte in Deutschland stellen immer auch einen Versuch dar, die Vielfalt der Lebenswelten auf einen Nenner zu bringen, um besser über die Jugendlichen sprechen zu können. Vielleicht ist es aber auch sinnvoll, die Jugendlichen selbst mehr sprechen zu lassen und ihnen Gehör zu schenken, als sie nur beim Sprechen zu beobachten.

149

Yps-Heft

Kreativität und Kult

Von der Kinderzeitschrift zum Magazin für Erwachsene. Das *Yps*-Heft begleitete ganze Generationen und ist heute noch Kult.

In den 1970ern und frühen 1980ern war das *Yps*-Heft eine der beliebtesten und auflagenstärksten deutschen Kinderzeitschriften. Dieser Verkaufserfolg resultierte vor allem daraus, dass sie die Aufmerksamkeit der jungen Leser durch etwas gewinnen konnte, das niemand sonst zu bieten hatten: Gimmicks, also innovative Bastelbeilagen und Spielzeug, eingeschweißt in einer durchsichtigen Folie. Die Gimmicks konnten so vor dem Kauf angeschaut, das Heft jedoch nicht durchgeblättert werden.

Um diese Gimmicks herum hat die *Yps*-Redaktion Themengeschichten erzählt, die unterhaltsam waren, aber auch immer Wissen vermittelten. Der Ideenreichtum der *Yps*-Macher brachte Kinder und Eltern immer wieder zum Staunen, so zum Beispiel der »Roboter-Arm«; die Urzeit-Krebse; die »Detektiv-Uhr mit Geheimfach«; die »Detektiv-Brille mit den Spion-Spiegeln«; die »Maschine, die eckige Eier macht«; der »erste Spritzkopfhörer der Welt«; oder der »Solar-Zeppelin«.

Mein erstes *Yps*-Heft habe ich 1982 zum Preis von 2,90 Mark von meinem Taschengeld erworben. Es war die Nr. 355 mit dem Titel »Die goldene Sonnenbrille«, die schon auf dem Cover verheißungsvoll angekündigt wurde: »Ein phantastischer Trick: Du siehst

alles, und keine weiß, wohin Du siehst.« Die Brille konnte sogar in zwei Varianten getragen werden: »Die Sonnenbrille im Einsatz: vorn golden … und hinten silbern!«

Leider war, wie so oft bei den *Yps*-Gimmicks, die Freude an der Brille nur von kurzer Dauer, weil die dünne Kordel, mit der die Brille befestigt wurde, schnell gerissen ist und dabei ein Stück der Brille mit herausgerissen hat. Die Gimmicks waren nie hochwertig, haben aber trotzdem immer wieder von neuem Freude gemacht.

Nach 25 Jahren endet die *Yps*-Ära im Oktober 2000 mit der 1.253 Ausgabe. Das letzte Gimmick war ein »leuchtendes Sound-Ufo«. Zwischen 2012 und 2017 ist das *Yps*-Heft, als Männermagazin, dann noch mal zurückgekehrt, um die Kindergeneration, die mit *Yps* groß geworden ist, als Erwachsene wieder zum Kind beziehungsweise zum »Kidult« werden zu lassen. Das augenzwinkernde Motto lautete: »Eigentlich sind wir doch schon erwachsen!«

Für den Journalisten Johann Fährmann ist diese *Yps*-Rückkehr aber nur noch »ein gedrucktes Museum mit Kindheitserinnerungen der aktuellen Mid-Life-Criseler«. Mehr noch: »Die Kindheit fällt dem Retro-Kult zum Opfer.« Mit Blick auf diese Wiederauflage des *Yps*-Hefts wird deutlich, dass in Deutschland immer wieder versucht wird, eine gemeinsame Vergangenheit zu beschwören, zu inszenieren oder zu feiern und diese anschließend künstlich beziehungsweise nostalgisch zu überhöhen.

Die Urzeitkrebse zählten zweifelsohne zu den beliebtesten Gimmicks.

150

Zensur

Die Zeit heilt (fast) alle Verbote

Zwischen spielerischer Provokation und berechtigter Beseitigung

»Wir haben zusammen im Sandkasten gesessen, beim Doktorspielen wollt ich nur dein Fieber messen, jetzt bist du 14 und du bist so weit, wir warten eine Ewigkeit, sind unsere Eltern auch dagegen, ich würd' dich gerne mal flachlegen.« Die von Farin Urlaub als Sänger der Ärzte einst mit breitem Lachen und Augenzwinkern vorgetragene Inzestfantasie *Geschwisterliebe* reichte 1987 aus, um ein Album »auf dem Index« landen und vom freien Markt verschwinden zu lassen.

Die Begründung der Bundesprüfstelle für jugendgefährdende Schriften zu jener Zeit: »Sexualethische Desorientierung.« Heute führen Verse wie die folgenden aus der Feder der Rapper Finch Asozial und Farid Bang nicht zur Verbannung in den Giftschrank: »Es ist Kampfgeschrei, was nachts aus unserem Schlafzimmer dringt, weil dank mir in deinem Gleitgel ein paar Glassplitter sind.« Oder: »Ich ficke nicht, ich vergewaltige, weil ich mir Alk kippe und dich im Wald ficke.« Zeiten ändern sich.

Nun ist die Jugendschutzbehörde, die mittlerweile Bundesprüfstelle für jugendgefährdende Medien (statt Schriften) heißt, streng genommen keine Zensurinstanz. Indizierte Werke sind lediglich Volljährigen zugänglich und dürfen nicht offen beworben werden. Nicht mehr, nicht weniger. Schon der fünfte Artikel des Grundgesetzes legt die hochgeachete Bedeutung maximaler Meinungsfreiheit fest: »Eine Zensur findet nicht statt.«

Allerdings, so Absatz 2 des Artikels, finden diese Rechte »ihre Schranken in den Vorschriften der allgemeinen Gesetze, den gesetzlichen Bestimmungen zum Schutze der Jugend und in dem Recht der persönlichen Ehre«. Auch die »Freiheit der Lehre«, so Absatz 3, »entbindet nicht von der Treue zur Verfassung«.

Selbstverständlich haben somit Extremisten aller Art ebenso wenig leichtes Spiel wie jeder, der strafrechtlich relevantes Material zu verbreiten versucht. Holocaustleugnung, Kinderpornografie oder Snuff-Filme, die echte Morde zeigen, wären derlei Widerlichkeiten, bei denen weder die Kunst- noch die Meinungsfreiheit greift.

Während der Staat qua Grundgesetz sehr viel zulassen muss, können private Instanzen handeln, wie sie wollen. Der Gebrauch des Hausrechts seitens der Plattformen sozialer Medien führt seit Jahren aber immer wieder zu Kontroversen. Als moralisch verlottert gelten dabei immer nur die Andersdenkenden. Gegen die Zensur in Form von Löschung oder *shadow banning* regt sich meist nur Widerstand, wenn es das eigene Lager betrifft.

Unter den wenigen Rap-Alben der Neuzeit bleibt Bushidos 2014er-Werk *Sonny Black* auch nach einer Klage seitens des Urhebers weiterhin auf dem Index. Die Ärzte wiederum, die einstigen Provokateure, durften während der Corona-Krise höflich und entschlossen für die staatliche Unterstützung der Künstler werben – als exklusive Gäste in den urbürgerlichen *Tagesthemen*. Deutschland ist und bleibt ein ambivalentes Land.

Zuckertüte

Der Ernst des Lebens beginnt süß

Der Schulanfang ist ein Grund zu feiern. Ein ernstes Land stimmt seine Kinder fröhlich auf die Schulzeit ein. Die Schultüte darf dabei nicht fehlen.

Der Schulbeginn ist für Kinder und Familien eine Wendezeit. Nach der entspannten Aufwärmphase im Kindergarten starten die schulpflichtigen Kinder in der Regel im Alter von sechs Jahren mit der Grundschule. Anschließend haben sie zwölf bis dreizehn Jahre Wissensvermittlung und Persönlichkeitsentwicklung vor sich. Zu Beginn des Schuljahres 2020/21 wurden in Deutschland insgesamt 752.700 Kinder eingeschult.

Schulanfänger werden in Deutschland, um diesen langweiligen Begriff zu vermeiden, lieber als Erstklässler, ABC-Schüler, i-Dötzchen oder – vor allem in Westfalen, abgeleitet aus dem westfälischen Platt – als i-Männchen bczeichnet. Die Schultüte symbolisiert bei der Einschulung diese familiäre Wendezeit. In vielen ostdeutschen Kindergärten wird zudem traditionell ein Zuckertütenfest gefeiert, um die Kinder aus dem Kindergarten zu verabschieden und sie freudig auf die Einschulung einzustimmen. Die Zuckertüten sind mit Süßigkeiten gefüllt und werden an einen Zuckertütenbaum gehängt. Beim Zuckertütenfest werden die Zuckertüten vom Baum genommen und den Kindern übergeben.

Die Eltern geben im Durchschnitt bis zu 60 Euro für den Inhalt einer Schultüte aus. In ihr findet sich Nützliches, Leckeres und Geschenke, die nicht in Verbindung mit der Einschulung stehen müssen. Die Gestaltung wird immer individueller. Viele Eltern basteln und befüllen die Schultüten zudem selbst. Das staatliche Bildungs- und Teilhabepaket unterstützt den Schulbeginn von Kindern aus Familien mit geringem Einkommen.

Über 5 Millionen Schultüten werden im Jahr in Deutschland verkauft – »fast alle werden in Sachsen produziert«. Schultüten sind somit nicht nur ein Geschenk für Kinder zur Einschulung, sondern auch ein lukratives Geschäft. Genauso wie deren Befüllung. Die älteste Schultütenfabrik in Deutschland ist die »Firma Nestler Feinkartonagen im erzgebirgischen Ehrenfriedersdorf«.

Zu meinem Schulbeginn war die Schultütenwelt noch bedeutend überschaubarer. Mein erster Schultag war der 6. August 1979. Ein sehr heißer, aber leicht bewölkter Sommertag am Niederrhein. Ich trug ein weiß-rot-kariertes Hemd mit hellbrauner Cordschlaghose und braunen Sandalen, ja, ich muss es zugeben, mit Socken, und hatte eine große, knallig orange Zuckertüte in der Hand, die mein Vater im örtlichen Schreibwarenladen gekauft hatte. Mein Outfit war ambivalent. Typisch deutsch. Gefüllt war die Tüte ausschließlich mit Süßigkeiten. Die Schulsachen lagerten in meinem grün-orangenen Scout-Tornister.

Schultüten sind wie die Schultornister ein demonstratives Statussymbol. Die Einschulung wird damit zu einem frühen Anlass, um das in Deutschland so beliebte Spiel »Mein Haus, mein Auto, meine Yacht« beziehungsweise den demonstrativen Konsum schon im Kindesalter zu verinnerlichen. Wer hat, der kann. Und wer kann, der zeigt.

Dank

Ich möchte jedem Einzelnen der hier genannten Menschen herzlich danken, weil sie alle auf ihre ganz individuelle Weise zum Gelingen meines Buches beigetragen haben. Professionell und persönlich. Kenntnisreich und kritisch. Engagiert und empathisch.

Meinem Agenten Dr. Martin Brinkmann bin ich sehr dankbar für unsere wertschätzende und inspirierende Zusammenarbeit. Er ist ein beeindruckender Ideenentwickler und ein kompetenter Berater.

Matthias Walter, meinem Verleger, danke ich sehr herzlich für sein Vertrauen in und seine Offenheit für unser Projekt. Zudem für die neue Buchreihe und den prominenten Programmplatz, die beziehungsweise den er für *Deutschland 151* im Programm des CON-BOOK Verlags ermöglicht hat.

Stellvertretend für das Presse- und Marketingteam des CONBOOK Verlags danke ich Svenja Müller ganz besonders für die äußerst freundliche und kompetente Unterstützung.

Meinen Freundinnen und Freunden danke ich mehr als herzlich für unsere kontinuierlichen kritischen Gespräche über Deutschland und *Deutschland 151,* die eine Inspiration für meine Beschäftigung mit diesem Land, das einfach nicht zu fassen ist, in meinem Buch waren.

Die Literatur- und Filmwissenschaftlerin Sarah Deborah Reininghaus hat alle Texte unermüdlich mit ihren kritischen Kommentaren begleitet, die wir anschließend intensiv diskutiert haben. Ich habe bei diesen Gesprächen viel gelernt, wodurch weitere instruktive Perspektiven auf die einzelnen Themen entstanden sind. Unser gemeinsamer Text zur »Kanak Sprak« ist ein Ergebnis dieser Gespräche.

Mit dem Schriftsteller und Journalisten Oliver Uschmann habe ich die politischen, kulturellen und künstlerischen Dimensionen der deutschen Geschichte, aber auch der deutschen Pop- und Medienkultur immer wieder kritisch und kontrovers erörtert. Oliver Uschmann ist für mich stets von Neuem zu einer faszinierenden Inspirationsquelle geworden. Ein Freund, der zu allen Themen immer etwas Kluges und Unerwartetes sagen kann. Der gemeinsame Text zur »Waldromantik« ist ein Zeugnis unserer Diskussionen.

Zusammen mit Oliver Uschmann habe ich mit dem Schauspieler und Musiker Dominik Buch in unserem gemeinsamen Podcast *Nix für Umme* wiederholt über Ambivalenz und Ambiguität, Kultur und Kunst, aber auch über *Woke-* und *Cancel-Culture* sowie Identitätspolitik gesprochen. Die Auswirkungen sind in *Deutschland 151* gegenwärtig.

Meinen Eltern Dr. Hans-Joachim Kleiner (1935–2006) und Ingrid Kleiner möchte ich besonders herzlich für ihre kontinuierliche Unterstützung meiner Arbeit danken. Sie haben mir ein haltungsvoll-kritisches Ethos mit auf den Weg gegeben. Und mich immer wieder ermutigt, die Konsensecke nicht zu einer Komfortzone zu machen, in der ich mich aus persönlichen oder professionellen Gründen wohlfühle. Zudem haben sie mir die ersten entscheidenden Perspektiven auf Deutschland und die Deutschen vermittelt, und haben mit mir später immer wieder über die Eigenarten von Deutschland und den Deutschen kontrovers diskutiert.

Anmerkungen

Erläuterungen
⊕ Links: Alle Links wurden zuletzt am 17. August 2021 aufgerufen.
⊙ Buch- und Textquellen
○ Sonstige Quellen

1 • Ambivalenz und Ambiguität
⊕ www.evangelisch.de/inhalte/133991/26-04-2016/verhaeltnis-der-deutschen-zum-islam-bleibt-ambivalent
⊕ www.tab-beim-bundestag.de/de/untersuchungen/u054.html
⊕ www.sueddeutsche.de/reise/nachhaltigkeit-ambivalente-deutsche-1.4727010
⊕ www.tagesspiegel.de/politik/die-deutschen-und-die-eu-zukunft-und-zerstrittenheit/9103506.html
⊙ Bauer, Thomas (2018): *Die Vereindeutigung der Welt. Über den Verlust an Mehrdeutigkeit und Vielfalt.* Ditzingen.

2 • Angrillen
⊕ de.statista.com/themen/4020/grillen-in-deutschland/
⊙ Strunk, Heinz (2004): *Fleisch ist mein Gemüse. Eine Landjugend mit Musik.* Reinbek.

3 • Atomkraft
⊕ www.bpb.de/apuz/333362/kleine-geschichte-der-atomkraft-kontroverse-in-deutschland
⊕ www.bpb.de/apuz/59680/eine-kurze-geschichte-der-deutschen-antiatomkraftbewegung
⊕ www.sueddeutsche.de/medien/dark-staffel-3-kritik-1.4951204
⊙ Klapsch, Thorsten (2012): *Atomkraft.* Mannheim.

4 • Aufklärung
⊙ Horkheimer, Max/Adorno, Theodor W. (1997): *Dialektik der Aufklärung. Philosophische Fragmente.* In: Theodor W. Adorno: Gesammelte Schriften. Band 3. Frankfurt/M.
⊙ Kant, Immanuel (1974): *Kritik der reinen Vernunft.* Frankfurt/M.
⊙ Kant, Immanuel (1999): »Beantwortung der Frage: Was ist Aufklärung?« In: Ders.: *Was ist Aufklärung? Ausgewählte kleine Schriften.* Hamburg, S. 20–27.

5 • Autobahn
⊕ www.adac.de/verkehr/verkehrsinformationen/staubilanz/
⊕ www.bmvi.de/SharedDocs/DE/Anlage/StB/laengenstatistik-2020.pdf?__blob=publicationFile
⊕ www.handelsblatt.com/politik/deutschland/umweltdebatte-fuer-verkehrsminister-scheuer-sind-tempolimits-gegen-jeden-menschenverstand/23886030.html?ticket=ST-3107788-99oKF7PTWvb9BtH2xeIn-ap3
⊕ www.spiegel.de/geschichte/a-555-a-946575.html
⊕ www.stuttgarter-zeitung.de/inhalt.mythos-autobahn-der-deutscheste-aller-traeume.732f0dca-96f5-4c76-8a25-80dc8b0a3d67.html?reduced=true
⊕ www.welt.de/vermischtes/weltgeschehen/article108496203/Die-erste-Autobahn-hat-nichts-mit-Hitler-zu-tun.html
⊕ www.welt.de/reise/nah/article133036024/Warum-die-Adria-mehr-ist-als-ein-Teutonengrill.html
⊙ Schiller, Melanie (2021): »Wie klingt die Bundesrepublik? Kraftwerk, Autobahn und die Suche nach der eigenen Identität«. In: Uwe Schütte (Hrsg.): *Mensch Maschine Musik. Das Gesamtwerk von Kraftwerk.* Düsseldorf. S. 34–49.

6 • Balkonien
⊕ de.statista.com/statistik/daten/studie/172077/umfrage/besitz-von-balkon-oder-terrasse/
⊕ www.urlaubsguru.de/reisemagazin/urlaub-auf-balkonien/
⊕ www.expedia.de/explore/reiselexikon-staycation
⊙ Faßmann, Natalie/Kratz, Monika (2020): *Urlaub auf Balkonien. Zwischen Gemüselust und Blütenmeer.* Stuttgart.

7 • Bayreuth
⊕ www.bayreuther-festspiele.de
⊕ www.ndr.de/kultur/sendungen/gedanken_zur_zeit/Bayreuther-Festspiele-2021-Mythos-aus,gedankenzurzeit1770.html
⊕ www.deutschlandfunk.de/richard-wagner-und-der-antisemitismus.886.de.html?dram:article_id=247181
⊙ Bermbach, Udo (2004): *Der Wahn des Gesamtkunstwerks. Richard Wagners politisch-ästhetische Utopie.* Stuttgart.

8 • Beamte
⊕ www.bmi.bund.de/DE/themen/oeffentlicher-dienst/beamtinnen-und-beamte/beamtinnen-und-beamte-node.html
⊕ www.dbb.de/beamtinnen-beamte/status-dienstrecht.html
⊕ www.dbb.de/presse/mediathek/broschueren.html
⊕ www.destatis.de/DE/Themen/Staat/Oeffentlicher-Dienst/_inhalt.html
⊕ www.welt.de/politik/deutschland/article111494894/Die-ganze-Wahrheit-ueber-das-deutsche-Beamtentum.html
⊕ www.zdf.de/verbraucher/volle-kanne/beamtentum-100.html
⊕ www.zdf.de/nachrichten/panorama/gesetz-polizei-erscheinungsbild-100.html
⊙ Beamtentum Deleuxe (2021): *Beamten-Beschäftigungs-Buch – gegen langweilige Nachmittage im Amt.* BoD.
⊙ Knight, Michael (2015): *Die 101 besten Beamtenwitze.* Kindle.

9 • Bebra
⊕ www.bebra.de/stadt.php/stadt-und-buerger/unsere-stadt/zahlen-fakten
⊕ www.horx.com/archive/80-er/1987-01-Tempo-Bebra-ist-ueberall.pdf
○ Horx, Matthias (1987): »Bebra ist überall«. In: *Tempo*, Januar 1987, S. 64–73.

10 • Berghain
⊕ djmag.com/top100clubs
⊕ www.tagesspiegel.de/berlin/berghain-gegen-uebersee-club-schockmomente-und-peinliche-ausreden/11490420-2.html
⊕ www.vice.com/de/article/kbwjda/der-vielleicht-letzte-text-uber-das-berghain-und-digitale-clubganger

○ Denk, Felix/von Thülen, Sven (2012): *Der Klang der Familie: Berlin, Techno und die Wende.* Berlin.
○ Jörg, Kilian/Schulz Jorinde (2018): *Die Clubmaschine (Berghain).* Hamburg.
○ Marquardt, Sven (2019): *Die Nacht ist Leben: Autobiographie.* München.

11 • Bier
⊕ www.beerwulf.com/de/de/artikel-uber-craft-bier/wo-wird-das-meiste-bier-gebraut
⊕ www.biersommelier.org
⊕ brauer-bund.de/unsere-brauer/daten-und-fakten/
⊕ brauer-bund.de/wp-content/uploads/2020/07/200721-Bier-Pro-Kopf-Verbrauch-1950-2019.pdf
⊕ www.destatis.de/DE/Presse/Pressemitteilungen/2021/02/PD21_046_799.html
⊕ www.facebook.com/pg/Gecko-Geldern-130849070323844/about/
⊕ finkenkrug.de/#/start
⊕ www.historisches-lexikon-bayerns.de/Lexikon/Reinheitsgebot,_1516
⊕ www.rnd.de/lifestyle/bier-monitor-2020-dieses-bier-trinken-die-deutschen-am-liebsten-WX7AP3Q7DFEZXC6NWJT2GECC44.html
⊕ rp-online.de/nrw/staedte/duesseldorf/kultur/300-biersorten-im-finkenkrug-duisburg-spezialitaeten-aus-aller-welt_aid-22081961
⊕ de.statista.com/statistik/daten/studie/3406/umfrage/bierabsatz-in-deutschland-seit-dem-jahr-1999/
⊕ de.statista.com/statistik/daten/studie/4628/umfrage/entwicklung-des-bierverbrauchs-pro-kopf-in-deutschland-seit-2000/
⊕ www.stern.de/genuss/das-beste-craft-beer-der-welt-ausgezeichnet--ein-senatsbock-aus-hamburg-ist-besonders-lecker-9349822.html

12 • Bio
⊕ www.ami-informiert.de/ami-maerkte/maerkte/ami-maerkte-oekolandbau/meldungen
⊕ www.bmel.de/DE/themen/landwirtschaft/oekologischer-landbau/bio-siegel.html
⊕ www.bmel.de/DE/themen/ernaehrung/ernaehrungsreport2020.html;jsessionid=A7748D DD7E84A31497F0D6F0F3849EAD.live922
⊕ www.bundesregierung.de/resource/blob/975274/1546450/65089964ed4a2ab07ca8a491 9e09e0af/2018-11-07-aktualisierung-dns-2018-data.pdf?download=1
⊕ eatsmarter.de/ernaehrung/news/bio-siegel
⊕ www.foodwatch.org/de/informieren/bio-landwirtschaft/zahlen-daten-fakten/
⊕ naturkost.org/naturkost-von-a-z/wer-sind-die-bios/bio-pioniere/
⊕ www.oekolandbau.de/bio-siegel/
⊕ www.solidarische-landwirtschaft.org/startseite
⊕ www.thuenen.de/de/thema/oekologischer-landbau/aktuelle-trends-der-deutschen-ookobranche/oekolandbau-in-zahlen/
⊕ www.umweltbundesamt.de/daten/land-forstwirtschaft/oekologischer-landbau#oekolandbau-in-deutschland

13 • Birkenstock
⊕ www.birkenstock.com/de/geschichte/about-us-history.html
⊕ www.birkenstock-group.com/de/de/marke/birkenstock/
⊕ www.birkenstock.com/de/modelle/arizona/?gclid=Cj0KCQjw24qHBhCnARIsAPbdtlIpdxax KFOVAFVpEIM8KdJopSyC-AqpqGAVLerONYqMciJ7ji7mrwkaAk6pEALw_wcB
⊕ www.birkenstock.com/unternehmen/about-us-company/
⊕ de.statista.com/statistik/daten/studie/276058/umfrage/umsatz-von-birkenstock-weltweit/
⊕ www.horx.com/archive/80-er/1987-01-Tempo-Bebra-ist-ueberall.pdf
⊕ www.reuters.com/article/deutschland-birkenstock-idDEKBN2AQ16O
⊕ www.torial.com/friedemann.karig/contents/179103

14 • Blond
⊕ www.businessinsider.de/wirtschaft/natuerlich-blond-deshalb-haben-so-viele-weibliche-firmenchefs-blonde-haare-2016-8/
⊕ www.deutschlandfunk.de/wissenschaft-und-ideologie-wehrhaft-blond-und-blauaeugig.1148.de.html?dram:article_id=488608
⊕ www.geo.de/mitmachen/frage-des-tages/21798-quiz-frage-des-tages-882019-wie-viel-prozent-der-weltbevoelkerung
⊕ www.zeit.de/kultur/musik/2018-03/heino-heimatbotschafter-heimatministerium-lieder-nationalsozialismus/seite-2

15 • Brot
⊕ www.baeckerhandwerk.de
⊕ www.brotexperte.de/brotsorten/brotspezialitaeten-aus-dem-deutschen-brotregister/
⊕ www.brotinstitut.de/brotinstitut/zahlen-und-fakten-zu-brot
⊕ www.innungsbaecker.de
⊕ www.ploetzblog.de
⊕ www.rtl.de/cms/liebe-zum-brot-in-deutschland-wird-wieder-mehr-selbst-gebacken-4690250.html
⊕ www.rtl.de/cms/tag-des-brotes-spannende-fakten-ueber-die-deutsche-brotkultur-4237063.html
⊕ taz.de/Daemliche-Namen-von-Backwaren/!5524452/
⊕ www.unesco.de/kultur-und-natur/immaterielles-kulturerbe/immaterielles-kulturerbe-deutschland/deutsche-brotkultur
⊕ www.zdf.de/nachrichten/panorama/brot-backen-baecker-corona-trend-100.html

16 • Bundeszentrale für politische Bildung
⊕ www.bmi.bund.de/DE/startseite/startseite-node.html
⊕ www.bmi.bund.de/DE/themen/heimat-integration/gesellschaftlicher-zusammenhalt/politische-bildung/politische-bildung-node.html
⊕ www.bpb.de
⊕ www.bpb.de/die-bpb/51244/der-bpb-erlass
⊕ m.bpb.de/gesellschaft/bildung/politische-bildung/193394/bundes-und-landeszentralen?p=all
⊕ www.bpb.de/die-bpb/51248/leitbild-der-bpb

17 • Burgen
- www.burgen.de/deutschland/burgen-schloesser-in-deutschland/
- www.deutsche-burgen.org/de/verein-startseite/startseite/
- www.testberichte.de/tb/burgen-schloesser-ranking-2020.html
- www.welt.de/reise/deutschland/article214686746/Burgen-und-Schloesser-Das-sind-Deutschlands-beliebteste-Bauten.html
- Schulte, Jan Erik (Hrsg.) (2009): *Die SS, Himmler und die Wewelsburg*. Paderborn.
- Wartburg-Gesellschaft zur Erforschung von Burgen und Schlössern e. V. (Hrsg.) (2007): *Burgenrenaissance im Historismus*. Petersberg.

18 • Bürokratie
- www.deutschlandfunkkultur.de/franz-kafka-ich-bin-ende-oder-anfang.1024. de.html?dram:article_id=494115
- www.ndr.de/fernsehen/sendungen/extra_3/index.html
- www.deutschlandfunk.de/geschichte-und-akzeptanz-des-bundesverfassungsgerichts.1310.de.html?dram:article_id=194472
- Kersten, Jens/Neu, Claudia/Vogel, Berthold (2019): *Politik des Zusammenhalts. Über Demokratie und Bürokratie*. Hamburg.

19 • Campingplatz
- www.tvnow.de/filme/glamping-luxus-unterwegs-17860
- www.destatis.de/DE/Presse/Pressemitteilungen/2020/07/PD20_N033_51.html
- www.daserste.de/information/reportage-dokumentation/verrueckt-nach-camping/neue-doku-verrueckt-nach-camping-100.html
- de.statista.com/themen/795/campingtourismus/
- de.statista.com/statistik/daten/studie/662102/umfrage/neuzulassungen-von-caravans-und-reisemobile-in-deutschland/
- de.statista.com/statistik/daten/studie/3126/umfrage/anzahl-der-uebernachtungen-auf-deutschen-campingplaetzen/
- Flusser, Vilém (2013): »Wohnwagen«. In: Ders.: *Von der Freiheit des Migranten. Einsprüche gegen den Nationalismus*. Hamburg, S. 45–49.

20 • Castingshow
- de.statista.com/statistik/daten/studie/166929/umfrage/top-10-castingshows-in-deutschland-nach-anzahl-der-zuschauer/
- de.statista.com/statistik/daten/studie/1048964/umfrage/tv-zuschauer-von-deutschland-sucht-den-superstar/
- www.derwesten.de/kultur/fernsehen/mit-popstars-geht-die-aelteste-castingshow-im-deutschen-fernsehen-in-die-zehnte-runde-id6841932.html
- Helms, Dietrich/Phleps, Thomas (2005): »Editorial«. In: Dies. (Hrsg.): *Keiner wird gewinnen. Populäre Musik im Wettbewerb*. Bielefeld, S. 7–9.
- Pörksen, Bernhard/Krischke, Wolfgang (Hrsg.) (2012): *Die Casting-Gesellschaft. Die Sucht nach Aufmerksamkeit und das Tribunal der Medien*. Köln.

21 • Computerecke
- www.sueddeutsche.de/wirtschaft/immobilien-luemmeln-im-wohnzimmer-quatschen-in-der-kueche-dpa.urn-newsml-dpa-com-20090101-180629-99-945401
- www.youtube.com/watch?v=4XlwVMYeP4I

22 • DAAD
- www.britishcouncil.org/sites/default/files/k006_02_the_shape_of_global_higher_education_in_europe_final_v5_web.pdf
- www.campusfrance.org/fr
- www.daad.de/de/
- www.daad.de/de/der-daad/wer-wir-sind/
- www.daad.de/de/der-daad/wer-wir-sind/leitbild/
- www.daad.de/de/der-daad/was-wir-tun/
- www.daad.de/de/infos-services-fuer-hochschulen/expertise-zu-themen-laendern-regionen/aussenblick/
- www.forschung-und-lehre.de/politik/deutsche-hochschulen-besonders-international-ausgerichtet-2317/
- www.forschung-und-lehre.de/forschung/auslaendische-forscher-kooperieren-gerne-mit-deutschland-3845/
- www.nuffic.nl

23 • David Hasselhoff
- www.bz-berlin.de/artikel-archiv/hasselhoff-schockt-im-hitler-kostuem
- www.mirror.co.uk/3am/weird-celeb-news/david-hasselhoff-dresses-up-as-hitler-750783
- www.regioactive.de/review/2019/10/18/david-hasselhoff-live-in-frankfurt-bericht-eines-skurrilen-selbstironischen-konzertabends-JPy5B45Jbg
- www.stern.de/neon/feierabend/david-hasselhoff-und-der-berliner-mauer--so-war-die-silvesternacht-1989-9548982.html
- Brussig, Thomas (1995): *Helden wie wir*. Berlin.

24 • Deutsche Bahn
- www.deutschebahn.com/de/presse/pressestart_zentrales_uebersicht/Bahn-faehrt-mit-hoechster-Puenktlichkeit-seit-15-Jahren--5847784
- www.deutschebahn.com/resource/blob/6066940/3d1c3864381befc7b3f3ea7b9a675922/DuF2020-data.pdf
- www.deutschebahn.com/resource/blob/6066938/de3f3d9dc49ac9a2cf520bcd4c10547c/Kennzahlen2020-data.pdf
- www.deutschebahn.com/de/konzern/konzernprofil/zahlen_fakten/kennzahlen_2019-6066914
- www.horizont.net/agenturen/nachrichten/neue-markenkampagne-von-ogilvy-bei-der-deutschen-bahn-wirds-jetzt-hyggelig-174208
- machgruen.de/project/deutsche-bahn-ag/
- Spörrle, Mark/Schuhmacher, Lutz (2008): *senk ju vor träwelling. Wie Sie mit der Bahn fahren und trotzdem ankommen*. Freiburg.
- *Deutsche Bahn today: Klimafreundlich reisen, ohne wahnsinnig zu werden*. Freiburg.

25 • Dialekt
- www.allgemeine-zeitung.de/panorama/leben-und-wissen/dialekte-in-deutschland_18166486
- www.dw.com/de/deutsch-lernen/dialektatlas/s-8150

26 • Dichter und Denker
- geschichte24.eu/warum-ist-deutschland-das-land-der-dichter-denker-xz2/
- www.spiegel.de/lebenundlernen/uni/philosophie-gehen-deutschlands-die-denker-aus-a-576093.html
- www.boersenblatt.net/thema/non-books
- Frühwald, Wolfgang (Hrsg.) (2004): *Sind wir noch das Volk der Dichter und Denker?* Heidelberg

27 • Digitalisierung
- www.bmwi.de/Redaktion/DE/Artikel/Digitale-Welt/digitale-agenda.html
- Vgl. www.fdp.de/medien-internet-und-netzpolitik_es-geht-um-mehr-als-den-schutz-der-privatsphaere
- www.sueddeutsche.de/digital/digitalisierung-politik-kommentar-1.5112615

28 • Distanziert
- www.spiegel.de/panorama/deutschland-warum-sind-die-deutschen-so-verschlossen-a-00000000-0003-0001-0000-000002339954

30 • Diversität
- www.antidiskriminierungsstelle.de/DE/startseite/startseite-node.html
- www.bosch-stiftung.de/sites/default/files/publications/pdf/2019-03/Vielfaltsbarometer%202019_Studie%20Zusammenhalt%20in%20Vielfalt.pdf
- www.charta-der-vielfalt.de
- www.deutschland.de/de/topic/leben/diversity-in-deutschland-zahlen-und-fakten
- www.ewdv-diversity.de/ueber-uns/unser-ansatz/
- www.ewdv-diversity.de/ueber-uns/verein

31 • Dosenpfand
- www.bpb.de/politik/hintergrund-aktuell/152198/10-jahre-dosenpfand-28-12-2012
- www.br.de/nachrichten/wirtschaft/reine-utopie-die-steigerung-der-mehrwegquote,SW9tv1m
- de.statista.com/statistik/daten/studie/218957/umfrage/anzahl-der-verkauften-getraenkedosen-in-deutschland/
- dpg-pfandsystem.de/index.php/de/
- www.spiegel.de/wirtschaft/soziales/dosenpfandes-bilanz-nach-zwoelf-jahren-ist-durchwachsen-a-1022713.html
- www.tagesschau.de/inland/chronikdosenpfand100.html
- www.umweltbundesamt.de/mehrweganteil-bei-getraenken-sinkt-weiter

32 • Earth Speakr
- www.deutschland.de/de/topic/politik/earth-speakr-kuenstler-olafur-eliasson-laesst-kinder-sprechen
- www.destatis.de/DE/Themen/Gesellschaft-Umwelt/Bevoelkerung/Bevoelkerungsstand/_inhalt.html
- de.statista.com/themen/29/kinder/#dossierSummary
- earthspeakr.art/de
- www.eu2020.de
- www.goethe.de/ins/it/de/ueb/akt/21969483.html

33 • Effizienz
- www.iab.de/de/informationsservice/presse/presseinformationen/az19.aspx
- www.iab.de/daten/iab-arbeitszeitrechnung.aspx
- de.statista.com/statistik/daten/studie/6589/umfrage/anzahl-der-versicherungsunternehmen-im-zeitraum-seit-1995/
- www.kabeleins.de/tv/achtung-abzocke
- de.statista.com/themen/161/burnout-syndrom/
- tww-berlin.de/kliniken/krankheitsbilder/burnout-fakten-symptome-und-therapien

34 • Eigenheim
- www.bagw.de/de/
- www.caritas.de/neue-caritas/kommentare/jeder-mensch-braucht-ein-zuhause
- www.caritas-nrw.de/magazin/2018/artikel/jeder-mensch-braucht-ein-zuhause
- www.destatis.de/DE/Service/Statistik-Campus/Datenreport/Downloads/datenreport-2021.pdf?__blob=publicationFile
- de.statista.com/statistik/daten/studie/1885/umfrage/mietpreise-in-den-groessten-staedten-deutschlands/
- de.statista.com/statistik/daten/studie/805058/umfrage/umfrage-in-deutschland-zur-bedeutung-der-begriffs-zuhause/
- de.statista.com/statistik/daten/studie/161543/umfrage/konsumausgaben-der-privathaushalte-fuer-einrichtungsgegenstaende-in-deutschland-zeitreihe/
- de.statista.com/statistik/daten/studie/283615/umfrage/konsumausgaben-in-deutschland-fuer-moebel/
- www.deutschland.de/de/topic/leben/lifestyle-kulinarik/wie-deutschland-wohnt
- www.empirica-institut.de
- www.empirica-institut.de/fileadmin/Redaktion/Publikationen_Referenzen/PDFs/Immobilienpreisindex_Q22021.pdf
- www.mitmischen.de/bundestag-aktuell/news/wieviele-wohnungslose-leben-in-deutschland
- www.rnd.de/politik/wohnungspolitik-das-steht-in-den-wahlprogrammen-der-parteien-U3QN2S7R65AUDGP2P3JQSWSTP4.html
- www.zuhause-fuer-jeden.de/wp-content/uploads/2018/01/2018-01-08_Menschenrecht-auf-Wohnen_PK-fassung_final.pdf
- Heidegger, Martin (2000): »Bauen Wohnen Denken (1951)«. In: Ders.: *Gesamtausgabe. 1 Abteilung: Veröffentlichte Schriften 1910-1976. Bd. 7: Vorträge und Aufsätze*. Frankfurt/M., S. 145–164.

35 • Emma
- www.bpb.de/gesellschaft/gender/frauenbewegung/35287/neue-welle-im-westen
- www.deutschlandfunknova.de/beitrag/40-jahre-emma
- www.emma.de/artikel/chronik-highlights-aus-40-jahren-333921
- www.emma.de/sites/default/files/mediadaten_emma_2021.pdf
- library.fes.de/courage/courage-2cit.html

36 • Energiewende
- www.bmwi.de/Redaktion/DE/Publikationen/Energie/achter-monitoring-bericht-energie-der-zukunft.pdf?__blob=publicationFile&v=4
- www.bmwi.de/Redaktion/DE/Dossier/energiewende.html
- www.bmwi.de/Redaktion/DE/Downloads/XYZ/zwischenbericht-roadmap-energieeffizienz.html
- www.bmwi.de/Redaktion/DE/Publikationen/Energie/energieeffiziezienzstrategie-2050.pdf?__blob=publicationFile&v=12
- www.bmu.de/themen/klima-energie/energieeffizienz/was-bedeutet-energieeffizienz/#c9569
- www.bundesregierung.de/breg-de/themen/energiewende/energiewende-im-ueberblick-229564
- www.erneuerbare-energien.de/EE/Redaktion/DE/Dossier/eeg.html?cms_docId=71110
- unendlich-viel-energie.de/themen/faq/faq-erneuerbare-energien-allgemein/faq-erneuerbare-energien-allgemein2

37 • Ernst
- www.bpb.de/gesellschaft/medien-und-sport/deutsche-fernsehgeschichte-in-ost-und-west/245539/zeit-der-comedy-formate?p=0
- www.dw.com/de/welttag-des-laechelns-warum-laecheln-deutsche-so-selten-a-40819412
- www.sueddeutsche.de/kultur/martin-suter-und-benjamin-von-stuckrad-barre-verbrechen-und-strafe-1.5137772
- Calmbach, Marc/Flaig, Bodo/Edwards, James/Möller-Slawinski/Borchard, Inga/Schleer, Christoph (2020): *Wie ticken Jugendliche? 2020. Lebenswelten von Jugendlichen im Alter von 14 bis 17 Jahren in Deutschland*. Bonn.
- Suter, Martin/Stuckrad-Barre, Benjamin (2020): *Alle sind so ernst geworden*. Zürich.

38 • Exportweltmeister
- www.bpb.de/nachschlagen/zahlen-und-fakten/globalisierung/52842/aussenhandel
- www.destatis.de/DE/Themen/Wirtschaft/Aussenhandel/_inhalt.html

- de.statista.com/statistik/daten/studie/37013/umfrage/ranking-der-top-20-exportlaender-weltweit/
- de.statista.com/statistik/daten/studie/157841/umfrage/ranking-der-20-laender-mit-dem-groessten-bruttoinlandsprodukt/
- de.statista.com/statistik/daten/studie/676530/umfrage/made-in-country-index-gesamtranking-2017/
- www.german-ma.de
- www.planet-wissen.de/gesellschaft/wirtschaft/exportnation_deutschland/kritik-am-deutschen-exportmodell-100.html#eins

39 • Filterkaffee
- www.cafe-royal.com/de-de/c/so-trinken-die-deutschen-kaffee
- www.coffeeness.de/kaffeezubereitung/
- www.kaffeetechnik-shop.de/kaffeejournal/deutschland-ist-das-land-des-filterkaffees/
- www.kaffeeverband.de/de#
- www.kaffeeverband.de/de/kaffeewissen/geschichte#kaffeewissen-slider-93
- markthalleneun.de/anbieter/kaffee-9/
- www.wuv.de/wuvplus/superhero_kaffee_trends_rund_um_die_bohne
- Tchibo/Liedtke, Arnd (Hrsg.) (2020): *Kaffee in Zahlen 2020.* Hamburg.

40 • FKK
- www.badische-zeitung.de/wo-und-wie-fkk-urlaub-in-deutschland-und-europa-moeglich-ist--203910907.html
- www.dfk.org/startseite
- www.dfk.org/geschichte-der-freikoerperkultur
- www.fkk-jugend.de
- www.fkk-jugend.de/wir-ueber-uns/verband/

41 • Fleiß
- www.destatis.de/Europa/DE/Thema/Bevoelkerung-Arbeit-Soziales/Arbeitsmarkt/Qualitaet-der-Arbeit/_dimension-3/01_woechentliche-arbeitszeit1.html
- www.faz.net/aktuell/wirtschaft/deutscher-arbeitsmarkt-hohe-loehne-viel-bezahlte-freizeit-13765023.html
- www.rtl2.de/sendungen/hartz-und-herzlich/oref=aHR0cHM6Ly93d3cuZ29vZ2xlLmNvbQ%3D%3D
- www.welt.de/wirtschaft/article146028412/Der-Mythos-vom-fleissigen-Deutschen-broeckelt.html
- Tucholsky, Kurt (2010)(1923): »Morgens um acht«. In: Ders.: *Das große Lesebuch.* Frankfurt/M., S. 20–21.

42 • Folgsamkeit
- www.nzz.ch/vom_erodierenden_reiz_der_folgsamkeit_in_deutschland-1.2447966
- Calmbach, Marc/Flaig, Bodo/Edwards, James/Möller-Slawinski/Borchard, Inga/Schleer, Christoph (2020): *Wie ticken Jugendliche? 2020. Lebenswelten von Jugendlichen im Alter von 14 bis 17 Jahren in Deutschland.* Bonn.
- Fromm, Erich (1983): *Arbeiter und Angestellte am Vorabend des Dritten Reichs. Eine sozialpsychologische Untersuchung.* München.
- Kant, Immanuel (1999/1784): »Beantwortung der Frage: Was ist Aufklärung?«. In: Ders.: *Was ist Aufklärung? Ausgewählte kleine Schriften.* Hamburg, S. 20–27.
- Kant, Immanuel (2017): *Anthropologie in pragmatischer Hinsicht.* Ditzingen.
- Tucholsky, Kurt (1995): *Schnipsel.* Reinbek.

43 • Fräuleinwunder
- www.deutschlandfunk.de/vor-50-jahren-die-anrede-fraeulein-wurde-abgeschafft.871.de.html?dram:article_id=492561
- Diewald, Gabriele/Steinhauer, Anja (2020): *Duden Handbuch geschlechtergerechte Sprache.* Berlin.
- Wittgenstein, Ludwig (1963): *Tractatus logico-philosophicus: Logisch-Philosophische Abhandlung.* Frankfurt/M.
- *Die Wunderrepublik – Die Helden von Bern und die 50er Jahre* (BR 2004, Regie: Markus Braukmann, Andre Zalbertus).

44 • Funktionskleidung
- www.dw.com/de/deutsche-tragen-outdoor/a-16538049
- www.greenpeace.de/themen/endlager-umwelt/die-greenpeace-outdoor-kampage
- www.greenpeace.de/themen/endlager-umwelt/machen-schlechte-luft-outdoor-jacken
- katrinhilger.com/2010/10/04/das-scheuste-kleidungsstuck---die-funktionsjacke/
- www.spiegel.de/panorama/was-geht-deutschland-warum-traegt-ihr-so-gerne-funktionsbekleidung-a-00000000-0003-0001-0000-000002151990

45 • Fußball
- de.statista.com/statistik/daten/studie/215107/umfrage/mitgliederzahl-deutscher-fussball-bund/
- www.handelsblatt.com/sport/fussball/der-grosse-traum-wenige-fussballer-koennen-davon-leben/9918966-2.html
- www.faszination-fankurve.de/
- Redelings, Ben (2008): *Fußball ist nicht das Wichtigste im Leben – es ist das Einzige.* Göttingen.

46 • Gamescom
- www.auma.de/de/medien/meldungen/corona-virus
- www.auma.de/de/medien/meldungen/presse-2021-02
- www.auma.de/de/medien/meldungen/presse-2021-03
- www.auma.de/de/zahlen-und-fakten/branchenkennzahlen
- www.game.de/digitaler-vielfaeltiger-und-internationaler-gamescom-2019-erreicht-weltweit-mehr-menschen-als-jemals-zuvor/
- www.game.de/leitthema-der-gamescom-2019-stellt-die-community-in-den-mittelpunkt/
- www.gamescom.de/die-gamescom/rueckblick/schlussbericht/
- www.handelsblatt.com/technik/it-internet/digitale-spiele-deutscher-gaming-markt-waechst-in-der-pandemie-deutlich/27032148.html?ticket=ST-12171313-QzKEFKL5SdqTXJNRcUqS-ap3
- de.statista.com/statistik/daten/studie/311807/umfrage/kennzahlen-zur-gamescom/
- de.statista.com/statistik/daten/studie/311807/umfrage/kennzahlen-zur-gamescom/
- Zimmermann, Olaf/Falk, Felix (Hrsg.) (2020): *Handbuch Gameskultur. Über die Kulturwelten von Games.* Berlin.

47 • Gammelfleischparty
- www.jugendwort.de
- Kleiner, Marcus S. (2010): »Help The Aged! Popmusik und Alter(n)«. In: Udo Göttlich/Winfried Gebhardt/Clemens Albrecht (Hrsg.): *Populäre Kultur als repräsentative Kultur. Die Herausforderung der Cultural Studies.* Köln, S. 309–328.

48 • Gartenzwerg
- www.dw.com/de/typisch-deutsch-der-gartenzwerg/l-50019965
- www.dw.com/de/verrückt-nach-gartenzwergen/a-18430174
- www.faz.net/aktuell/stil/drinnen-draussen/gartenzwerge-eine-deutsches-kulturgut-13571223.html
- www.heissner.de/unternehmen/firmengeschichte.html
- www.lwl.org/wim-download/ausstellung-download/Zollern/zzz.lwl.org/LWL/Kultur/wim_portal/S/zollern/sonderausstellungen/alteausstellungen/gartenzwerg/index.html

- taz.de/!1800089/
- www.welt.de/geschichte/article117748058/Unser-Gartenzwerg-ist-ein-Migrant-aus-Anatolien.html
- zwergstatt-graefenroda.de/geschichte/

49 • Gastarbeiter
- www.bundespraesident.de/SharedDocs/Reden/DE/Christian-Wulff/Reden/2010/10/20101003_Rede.html

50 • Geiz
- de.statista.com/statistik/daten/studie/155148/umfrage/private-konsumausgaben-in-deutschland-zeitreihe/
- www.destatis.de/DE/Themen/Wirtschaft/Volkswirtschaftliche-Gesamtrechnungen-Inlandsprodukt/Publikationen/Downloads-Inlandsprodukt/zusammenhaenge-pdf-0310100.pdf?__blob=publicationFile
- www.faz.net/aktuell/feuilleton/debatten/ende-eines-slogans-warum-geiz-voellig-ungeil-ist-1489508.html
- www.ihk-nuernberg.de/de/IHK-Magazin-WiM/WiM-Archiv/WIM-Daten/2005-05/Berichte-und-Analysen/Ist-Geiz-noch-geil-.jsp

52 • Gendern
- www.destatis.de/DE/Themen/Arbeit/Verdienste/Verdienste-Verdienstunterschiede/_inhalt.html
- www.faz.net/aktuell/feuilleton/debatten/grosse-mehrheit-laut-umfrage-gegen-gendersprache-17355174.html
- www.faz.net/aktuell/karriere-hochschule/gendern-im-wahlprogramm-der-gruenen-17447819.html
- www.jetzt.de/hauptsache-gendern/welche-formen-der-gendersensiblen-sprache-gibt-es
- taz.de/Gendern-als-Ausschlusskriterium/!5782080/
- www.uni-regensburg.de/assets/rechtsgrundlagen/leitfaden-gendergerechte-sprache.pdf
- Diewald, Gabriele/Steinhauer, Anja (2017): *Richtig gendern. Wie Sie angemessen und verständlich schreiben.* Berlin.
- Diewald, Gabriele/Steinhauer, Anja (2020): *Duden Handbuch geschlechtergerechte Sprache.* Berlin.

53 • Grobschlächtigkeit
- www.duz.de/beitrag/!/id/104/hen-sie-koi-luschd
- www.tagesspiegel.de/gesellschaft/medien/tv-dokumentation-langhaeuser-und-moorleichen/1191586.html
- taz.de/!448262/

54 • Grundgesetz
- www.gesetze-im-internet.de/gg/BJNR000010949.html
- www.zeit.de/politik/deutschland/2019-05/grundgesetz-verfassung-demokratie-rechtsstaat-impuls-suedkorea-taiwan-eu/komplettansicht
- www.tagesschau.de/inland/innenpolitik/grundgesetz-121.html
- Möllers, Christoph (2019): *Das Grundgesetz. Geschichte und Inhalt.* München

55 • Gummibaum
- de.statista.com/statistik/daten/studie/206256/umfrage/umsatz-mit-blumen-und-pflanzen/
- de.statista.com/statistik/daten/studie/299495/umfrage/umsatz-mit-fairtrade-blumen-in-deutschland/
- www.plantura.garden/gartentipps/zierpflanzen/gummibaum-experten-tipps-zu-pflege-schnitt-vermehrung#Gummibaum_Herkunft_und_Eigenschaften
- Uschmann, Oliver (2008): *Wandelgermanen: Hartmut und ich stehen im Wald.* Frankfurt/M.

56 • Handtuch
- www.welt.de/gesundheit/psychologie/article130776655/Warum-Deutsche-das-Handtuch-auf-die-Liege-legen.html
- www.youtube.com/watch?v=I9s8wPPmwhk

57 • Hartzen
- gfds.de/aktionen/wort-des-jahres/
- www.unwortdesjahres.net
- www.welt.de/kultur/article5378666/Hartzen-zeigt-die-Tristesse-der-Gesellschaft.html
- www.youtube.com/watch?v=EC4PZxlvjHs
- Langenscheidt Redaktion (Hrsg.) (2009): *Hä?? Jugendsprache unplugged 2010.* München.
- Marcus S. Kleiner (2017): »Die Republik der Voyeure? Das Elend der Anderen als Programm – am Beispiel von ›Hartz und herzlich – Die Eisenbahnsiedlung von Duisburg«. In: *Pop-Zeitschrift.* v. 23.08.2017). Digital: https://pop-zeitschrift.de/2017/08/23/die-republik-der-voyeure-das-elend-der-anderen-als-programm-am-beispiel-von-hartz-und-herzlich-die-eisenbahnsiedlung-von-duisburgvon-marcus-s-kleiner23-8-2017/

58 • Heavy Metal
- www.musikindustrie.de/markt-bestseller/musikindustrie-in-zahlen/umsatz-2020
- www.wacken.com/de/
- www.nuclearblast.de/de/label/music/index.html

59 • Heimat
- www.bpb.de/lernen/grafstat/projekt-integration/134586/info-03-05-was-ist-heimat-definitionen
- www.kas.de/de/web/heimat-heute/heimat-und-ort
- www.dw.com/de/deutschland-lokalpatriotismus-nationalstolz/a-54649572
- Altmann, Andreas (2021): *Gebrauchsanweisung für Heimat.* München.

60 • HipHop
- www.br.de/puls/themen/popkultur/deutschrap-periodensystem-100.html
- www.zdf.de/nachrichten/heute/das-phaenomen-capital-bra-100.html
- www.deutschlandfunknova.de/beitrag/trennung-vom-abou-chaker-clan-bushido-macht-schluss
- Seeliger, Martin (2013): *Deutscher Gangstarap: Zwischen Affirmation und Empowerment (Schriften zur Popkultur).* Berlin.

61 • Humor
- www.cicero.de/kultur/der-deutsche-humor-hat-sein-wichtigstes-gesicht-verloren/42721
- www.welt.de/kultur/article13421700/Die-Deutschen-sind-die-unwitzigste-Nation.html
- en.wikipedia.org/wiki/German_humour

62 • Ich-AG
- www.deutschland-startet.de
- www.sueddeutsche.de/politik/hartz-i-bis-iv-ich-ag-minijob-bundesagentur-1.236449-0
- www.unwortdesjahres.net/index.php?id=113
- www.welt.de/print-welt/article318400/Ich-AG-Trotz-guter-Zahlen-waechst-die-Kritik.html
- www.wiwo.de/politik/deutschland/studie-ich-ag-wurde-zu-voreilig-abgeschafft/5520650.html
- Caliendo, Marco/Künn, Steffen/Wießner, Frank (2009): »Ich-AG und Überbrückungsgeld: Erfolgsgeschichte mit zu frühem Ende«. In: Institut für Arbeitsmarkt- und Berufsforschung (IAB) (Hrsg.): *IAB-Kurzbericht. No. 3/2009.* Nürnberg. (Digital abrufbar unter: https://www.econstor.eu/bitstream/10419/158290/1/kb2009-03.pdf)

63 • Insta-Deutschland
- de.statista.com/statistik/daten/studie/505947/umfrage/reichweite-von-social-networks-in-deutschland/
- de.statista.com/infografik/18354/nutzung-von-sozialen-medien-fuer-den-nachrichtenkonsum-nach-alter/

- www.digitalnewsreport.org
- www.digitalnewsreport.org/survey/2019/
- www.gruender.de/online-marketing/erfolgreichste-influencer/
- reutersinstitute.politics.ox.ac.uk/dnr-redirect-2021
- www.stern.de/kultur/instagram--warum-ist-instagram-eigentlich-so-beliebt--8939724.html

64 ▪ Internet
- de.statista.com/statistik/daten/studie/153257/umfrage/haushalte-mit-internetzugang-in-deutschland-seit-2002/
- www.handelsblatt.com/politik/deutschland/studien-buerokratielasten-und-digitalisierungsstau-setzen-deutscher-wirtschaft-zu/24924588.html?ticket=ST-5428984-5AddnqMKYOskWy36gnSg-ap3
- www.netplanet.org/geschichte/deutschland.shtml
- www.speedtest.net/global-index

65 ▪ Ironie
- wortwuchs.net/stilmittel/ironie/
- www.spiegel.de/alles dichtmachen-ironie-stresstest-fuer-die-deutsche-gesellschaft-a-b9575c95-b11b-4b27-a4f8-1ca902856011https://www.welt.de/debatte/kommentare/article213465198/Harald-Schmidt-Die-neue-deutsche-Humorlosigkeit.html
- ⬡ Japp, Uwe (2021): *Theorie der Ironie*. Frankfurt/M.

66 ▪ Jagd
- jagdrechtsblog.com/
- www.abschaffung-der-jagd.de
- www.bietigheimerzeitung.de/inhalt.das-jagen-wird-immer-beliebter-auch-im-kreis-der-jagdschein-aendert-das-leben-das-muss-man-wollen.cfa9c34a-c51d-4217-9bde-b7146bf297e4.html
- ⬡ De Bok, Pauline (2018): *Mein Jahr auf der Jagd*. München.
- ⬡ Fuhr, Eckhard (2014): *Die Rückkehr der Wölfe. Wie ein Heimkehrer unser Leben verändert*. München.

67 ▪ Jägerzaun
- www.hausgarten.net/arbeit-im-garten/gartenzaun/jaegerzaun.html
- moderne-regional.de/fachbeitrag-jaegerzaun/
- www.welt.de/print/die_welt/kultur/article106223290/Der-Jaegerzaun-ist-endlich-entnazifiziert.html
- ⬡ Lohaus, Irene (2012): »Jägerzaun und Plattenweg – Materialien in der Gartenkunst der 1930er Jahre«. In: Jochen Martz/Joachim Wolschke-Bulmahn (Hrsg.): *Zwischen Jägerzaun und Größenwahn. Freiraumgestaltung in Deutschland 1933–1945*. Hannover, S. 39–42.
- ⬡ Schwarze, Dieter von (1968): *Zaun und Mauer*. München.

68 ▪ Jogginghose
- www.aerztezeitung.de/Panorama/Jogginghose-boomt-in-der-Corona-Pandemie-relativ-gesehen-416539.html
- www.hna.de/welt/jogginghose-laessiger-streetstyle-oder-gammelbuchse-3324816.html
- www.horizont.net/planung-analyse/nachrichten/Jogginghose-3-Stunden-taeglich-152011?thankyou=true&login=1
- www.jogginghosentag.de
- plus.tagesspiegel.de/gesellschaft/corona-revolutioniert-diemode-warum-karl-lagerfeld-heute-jogginghose-tragen-wuerde-91670.html

69 ▪ Jutebeutel
- www.monopol-magazin.de/was-wir-vermissen-gratis-jutebeutel
- www.spiegel.de/panorama/wie-aus-der-jutebeutel-als-fashion-statement-a-2ee086ff-1650-428e-8fdf-c9e441678789
- www.welt.de/lifestyle/article1734965/So-war-das-mit-der-Jutetasche
- www.welt.de/kultur/article13857560/Der-Hipster-mit-dem-Jutebeutel-das-neue-Hassobjekt.html

70 ▪ Kanak-Sprak
- www.kanak-attak.de/ka/about/manif_deu.html
- ⬡ Runge, Erika (2008): *Bottroper Protokollen: Mit der DVD des Fernsehfilms: Warum ist Frau B. glücklich?* Berlin.
- ⬡ Zaimoglu, Feridun (2011): *Kanak Sprak /// Koppstoff. Die gesammelten Misstöne vom Rande der Gesellschaft*. Köln.

71 ▪ Karneval
- www.planet-wissen.de/kultur/brauchtum/rheinischer_karneval/index.html
- www.erzbistum-koeln.de/presse_und_medien/magazin/Karneval-Ursprung-Bedeutung-und-Brauchtum-des-Karnevals
- derweg.org/feste/kultur/karneval2-2/
- ⬡ Andrack, Manuel (2020): *Mein Jahr als Narr. Dem Geheimnis von Karneval, Fastnacht, Fasching auf der Spur*. München.

72 ▪ Kehrwoche
- www.stuttgarter-nachrichten.de/inhalt.kehrwoche-in-stuttgart-was-hat-es-mit-der-tradition-auf-sich.9f113678-56d4-4ccc-b1e5-c0f715c5db92.html
- tvv-verlag.de/pdf/schwabenbilder.pdf
- www.welt.de/regionales/baden-wuerttemberg/article159525180/Who-kehrs-Soziale-Kontrolle-alert-Kehrwoche.html
- ⬡ Jeggle, Utz (Hrsg.) (1997): *Schwabenbilder. Zur Konstruktion eines Regionalcharakters*. Tübingen.

73 ▪ Kiosk
- www.mkw.nrw/kultur/arbeitsfelder/immaterielles-kulturerbe
- www.tagdertrinkhallen.ruhr
- www.wiwo.de/unternehmen/handel/infografik-deutschlands-kiosk-kultur-in-vier-grafiken/27052556.html
- ⬡ Naumann, Elisabeth (2003): *Kiosk. Entdeckungen an einem alltäglichen Ort. Vom Lustpavillon zum kleinen Konsum*. Marburg.

74 ▪ Kirmes
- www.dm.com/de/profissimo-duftkerze-rummelplatz-p4058172769245.html
- www.dsbev.de/fileadmin/user_upload/DSB_Studie_2018_web.pdf

75 ▪ Kitsch
- www.sueddeutsche.de/kultur/achtung-statement-kitsch-als-kitsch-can-1.427214-0
- ⬡ Gelfert, Hans-Dieter (2000): *Was ist Kitsch?* Göttingen.
- ⬡ Killy, Walther (1961): *Deutscher Kitsch. Ein Versuch mit Beispielen*. Göttingen.
- ⬡ Mongardini, Carlo (1985): »Kultur, Subjekt, Kitsch. Auf dem Weg in die Kitschgesellschaft«. In: Harry Pross (Hrsg.): *Kitsch: Soziale und politische Aspekte einer Geschmacksfrage*. München, S. 83–94.
- ⬡ Stadt Gelsenkirchen/Städtisches Museum (Hrsg.) (1991): *Gelsenkirchener Barock. Ausstellungskatalog des Stadtmuseum*. Gelsenkirchen.

76 ▪ Klopapier
- de.statista.com/infografik/15624/klopapierverbrauch-pro-kopf-in-ausgewaehlten-laendern/
- de.statista.com/statistik/daten/studie/171564/umfrage/verwendung-toilettenpapiermarken-in-den-letzten-drei-monaten/
- www.hakle.de/unternehmen/historie/#
- www.iwd.de/artikel/kein-anderes-land-in-europa-produziert-mehr-papier-als-deutschland-467150/

- www.instagram.com/p/B92DuU_lbzm/?hl=de
- www.rnd.de/wirtschaft/corona-hamsterkaufe-700-prozent-mehr-umsatz-wegen-klopapier-KOFBY7XPC4Z57ZXZ3WELX4A24E.html
- www.sueddeutsche.de/wissen/hamsterkaufe-toilettenpapier-corona-1.4934045
- www.tagesspiegel.de/die-liebe-zur-sanften-rolle-was-die-klopapier-obsession-mit-deutscher-geschichte-zu-tun-hat/25664692.html

77 ▪ Kohle
- www.erih.de
- ruhrgebiet-industriekultur.de
- www.bmwi.de/Redaktion/DE/Artikel/Wirtschaft/kohleausstieg-und-strukturwandel.html
- ⬡ Kiesendahl, Rolf (2020): *Industriedenkmäler im Ruhrgebiet: Zeitzeugen aus Stein, Stahl und Kohle*. Hamburg.

78 ▪ Korrekt
- de.statista.com/themen/4459/gesellschaftsspiele/#dossierSummary
- de.statista.com/infografik/19742/umfrage-welche-gesellschaftsspiele-die-deutschen-zuhause-haben/

79 ▪ Kukucksuhr
- www.dw.com/de/warum-maxximal-die-größte-kuckucksuhr-der-welt/av-52289817
- www.faz.net/aktuell/reise/typisch-deutsch-4-die-wahre-geschichte-der-kuckucksuhr-13768482.html
- www.stefanstrumbel.de
- www.uhren-park.de/index.php/cat/c177_Modern-Style.html#page=1&products_sorter=0&perpage_selector=48&shipping=0&minimumPrice=94&maximumPrice=919

80 ▪ Kulturnation
- www.goethe.de
- www.faz.net/aktuell/feuilleton/buecher/reich-ranickis-kanon-wer-soll-das-alles-lesen-und-warum-1132831.html
- www.bpb.de/politik/extremismus/islamismus/255521/leitkultur-als-integrationskonzept-revisited
- ⬡ Borchmeyer, Dieter (2017): *Was ist deutsch? Die Suche einer Nation nach sich selbst*. Berlin.

81 ▪ Kunstverstand
- bersarin.wordpress.com/2010/10/17/kunst-und-geschmack-4/
- www.moyland.de/joseph-beuys-archive/joseph-beuys-archiv/
- www.deutschlandfunkkultur.de/folge-30-geschmacksurteil-oder-kunstverstand-theaterkritik.3488.de.html?dram:article_id=486677
- ⬡ Saehrendt, Christian / Kittl, Steen T. (2016): *Ist das Kunst oder kann das weg? Vom wahren Wert der Kunst*. Köln.

82 ▪ Lederhose
- www.deutschland.de/de/topic/kultur/kreativitaet-mode/das-comeback-von-dirndl-und-lederhose
- www.spiegel.de/fotostrecke/lederhosenfilme-auf-der-alm-da-gibt-s-koan-sinn-fotostrecke-154611.html

83 ▪ Lost
- www.iab.de/de/informationsservice/presse/presseinformationen/abijahrgangcorona.aspx
- www.iab-forum.de/der-abiturjahrgang-2021-in-zeiten-von-corona-zukunftssorgen-und-psychische-belastungen-nehmen-zu/
- ⬡ Anger, Silke/Bernhard, Sarah/Dietrich, Hans/Lerche, Adrian/Patzina, Alexander/Sandner, Malte/Toussaint, Carina (2021): »Der Abiturjahrgang 2021 in Zeiten von Corona: Zukunftssorgen und psychische Belastungen nehmen zu«. In: *IAB-Forum*, 18. März 2021, https://www.iab-forum.de/der-abiturjahrgang-2021-in-zeiten-von-corona-zukunftssorgen-und-psychische-belastungen-nehmen-zu/
- ⬡ Bertelsmann Stiftung (Hrsg.) (2021): *Das Leben von jungen Menschen in der Corona-Pandemie. Erfahrungen, Sorgen, Bedarfe*. Sabine Andresen, Lea Heyer, Anna Lips, Tanja Rusack, Wolfgang Schröer, Severine Thomas und Johanna Wilmes. Gütersloh.

84 ▪ Mallorca
- www.merkur.de/reise/coronavirus-mallorca-urlaub-2021-sommer-reiseziele-griechenland-beliebteste-orte-fuer-deutsche-90204318.html
- de.statista.com/themen/4368/urlaubsinsel-mallorca/
- de.statista.com/infografik/21767/anteil-deutscher-touristen-auf-den-balearen/
- www.sueddeutsche.de/panorama/sommerloch-1993-die-mallorca-idee-palma-wurde-palmenhausen-1.878759

85 ▪ Meckern
- www.n-tv.de/leben/Warum-meckern-Deutsche-so-viel-article21134219.html
- www.welt.de/gesundheit/psychologie/article12909098/Warum-die-Deutschen-Meister-im-Jammern-sind.html
- worldhappiness.report/ed/2021/
- ⬡ Thiel, Michael (2011): *Deutschland, einig Jammerland. Warum uns Nörgeln nach vorne bringt*. Gütersloh.

86 ▪ Menschenwürde
- www.bpb.de/nachschlagen/lexika/lexikon-in-einfacher-sprache/249974/menschenwuerde
- www.frankfurter-stadtevents.de/Themen/Kultur-Stadtgeschichte/Die-Wrde-des-Menschen-ist-unantastbar_20011997
- ⬡ Schirach, Ferdinand von (2021): *Jeder Mensch*. München.
- ⬡ Schirach, Ferdinand von (2014): *Die Würde ist antastbar*. München.

87 ▪ Mercedes
- www.swr.de/swr1/bw/musik/janis-joplin-porsche-102.html
- www.tagesspiegel.de/wirtschaft/image-der-automarken-von-arroganten-mercedesfahrern-und-hippen-minifahrerinnen/22807930.html
- www.dm.de/unternehmen/auto/studie-audi-bmw-oder-mercedesfahrer-wer-welches-image-hat/22808030.html

88 ▪ Missgunst
- www.absatzwirtschaft.de/je-reicher-und-juenger-desto-neidischer-63609/
- www.faz.net/aktuell/feuilleton/gesellschaft-philosoph-peter-sloterdijk-sagt-neue-grausamkeit-voraus-158836.html
- www.focus.de/wissen/mensch/umfrage_aid_117892.html
- www.presseportal.de/pm/52678/889924
- www.wallstreet-online.de/special/11231710-internationale-studie-sozialneid-neidisch-deutschen
- www.zeit.de/wissen/2015-08/deutschland-studie-wie-wir-deutschen-ticken-christoph-droesser?utm_referrer=https%3A%2F%2Fwww.google.com
- ⬡ Geißler, Holger/Drösser, Christoph (2015): *Wie wir Deutschen ticken: Wer wir sind. Was wir denken. Was wir fühlen*. Hamburg.
- ⬡ Neckel, Sighard (2001): »Deutschlands gelbe Galle. Eine kleine Wissenssoziologie des teutonischen Neides«. In: Karl Markus Michel/Ingrid Karsunke/Tilman Spengler (Hrsg.) (2001): *Die Neidgesellschaft. Kursbuch: Heft 143*. Berlin, S. 2–10.
- ⬡ Veblen, Thorstein (1997): *Theorie der feinen Leute. Eine ökonomische Untersuchung der Institutionen*. Frankfurt/M.

⊙ Zitelmann, Rainer (2019): *Die Gesellschaft und ihre Reichen. Vorurteile über eine beneidete Minderheit*. München.

89 • Mittagstisch
⊕ www.3sat.de/kultur/kulturzeit/der-deutsche-mittagstisch-100.html
⊕ www.gastronomieguide.de/magazin/essgewohnheiten-der-franzosen-weltmeister-der-mittagspause/
⊕ www.sueddeutsche.de/wirtschaft/frankreich-mittagstisch-steuerfrei-1.4627025
⊙ Bernhard, Thomas (1999): *Der deutsche Mittagstisch. Dramolette*. Frankfurt/M.

91 • Mülltrennung
⊕ blog.stp.de/recycling-nation-deutschland/
⊕ www.bmu.de/fileadmin/Daten_BMU/Pools/Broschucrcn/abfallwirtschaft_2020_bf.pdf
⊕ www.destatis.de/DE/Presse/Pressemitteilungen/2020/06/PD20_195_321.html
⊕ deutsche-recycling.de/blog/top-und-flop-recycler-der-welt/
⊕ www.recyclingnews.de/zahl-des-monats/30-jahre-muelltrennung-und-verpackungsrecycling-in-deutschland/

92 • Multikulti
⊙ Bayrak, Deniz/Dinc, Enis/Ekinci, Yüksel/Reininghaus, Sarah (Hrsg.): *Der deutsch-türkische Film: Neue kulturwissenschaftliche Perspektiven*. Bielefeld.

93 • Musikzeitschriften
⊕ www.laut.ag
⊕ taz.de/!233144/
⊕ www.tonspion.de/news/die-wichtigsten-musikmagazine-deutschlands
⊙ Doehring, André (2017): »Musikzeitschriften«. In: Thomas Hecken/Marcus S. Kleiner (Hrsg.): *Handbuch Popkultur*. Stuttgart , S. 191–197.

94 • Müsli
⊕ de.statista.com/statistik/daten/studie/172360/umfrage/haeufigkeit-konsum-von-fertig-muesli/
⊕ de.statista.com/outlook/cmo/lebensmittel/brot-getreideprodukte/fruehstueckscerealien-muesli/deutschland
⊕ de.statista.com/statistik/daten/studie/1112554/umfrage/umsatz-mit-muesli-und-cerealien-in-deutschland/

95 • Muttersprache
⊕ iam.dioe.at/frage-des-monats/warum-heisst-es-muttersprache-und-nicht-vatersprache
⊕ talkreal.org/blog/wie-viele-woerter-muss-ich-lernen-um-eine-sprache-fliessend-zu-sprechen
⊕ www.welt.de/kultur/article124064744/Die-deutsche-Sprache-hat-5-3-Millionen-Woerter.html
⊙ Gesellschaft für deutsche Sprache e. V. (Hrsg.) (1890 bis heute): *Muttersprache. Vierteljahresschrift zur deutschen Sprache*. Wiesbaden.

96 • Nationalmannschaft
⊕ www.dfb.de/news-detail/wm-1990-voeller-und-rijkaard-versoehnten-sich-erst-sechs-jahre-spaeter-126005
⊕ www.ndr.de/geschichte/chronologie/Wunder-von-Bern-Fussball-WM-1954-wird-Balsam-fuer-deutsche-Seele,wundervonbern188.html
⊙ Schulze-Marmeling, Dietrich (2008): *Die Geschichte der deutschen Fußball-Nationalmannschaft*. Göttingen.

97 • Neue Deutsche Welle
⊙ Hornberger, Barbara (2011): *Geschichte wird gemacht. Die Neue Deutsche Welle. Eine Epoche deutscher Popmusik*. Würzburg.
⊙ Longerich, Winfried (1997): *›Da Da Da‹. Zur Standortbestimmung der Neuen Deutschen Welle*. Pfaffenweiler.
⊙ Teipel, Jürgen (2001): *Verschwende Deine Jugend. Ein Doku-Roman über den deutschen Punk und New Wave*. Frankfurt/M.

98 • Öffentlich-Rechtlicher Rundfunk
⊕ www.bpb.de/politik/hintergrund-aktuell/311191/die-gruendung-der-ard
⊕ www.augsburger-allgemeine.de/panorama/Kommentar-Es-geht-nicht-um-die-Hoehe-des-Rundfunkbeitrags-id56917566.html
⊕ de.statista.com/statistik/daten/studie/163022/umfrage/gesamtertrag-der-gez-seit-2005/
⊕ www.zeit.de/news/2019-01/08/faktencheck-ist-die-kritik-am-rundfunkbeitrag-berechtigt-190107-99-463376?utm_referrer=https%3A%2F%2Fwww.google.com

99 • Oktoberfest
⊕ www.cannstatter-volksfest.de/volksfest/zahlen-und-fakten/
⊕ de.statista.com/statistik/daten/studie/165511/umfrage/anzahl-der-besucher-auf-dem-oktoberfest-seit-1980/
⊕ de.statista.com/statistik/daten/studie/38391/umfrage/anzahl-der-verkauften-brathendl-auf-dem-oktoberfest-seit-1980/
⊕ www.handelsblatt.com/archiv/umsatz-von-einer-knappen-milliarde-euro-die-wiesn-ein-fest-fuer-die-wirtschaft-seite-2/2402082-2.html?ticket=ST-4417395-A1RybwzebCdiWFUMv77h-ap3
⊕ www.kn-online.de/Kiel/Bilanz-der-Stadt-Kiel-3-5-Millionen-Besucher-bei-der-Kieler-Woche-2019
⊕ www.kreiszeitung.de/lokales/bremen/freimarkt-vier-millionen-besucher-10474653.html
⊕ www.muenchen.de/veranstaltungen/oktoberfest/wiesn-wirtschaftsfaktor.html
⊕ www.oktoberfest.de/magazin/oktoberfest-news/2019/die-offizielle-oktoberfest-bilanz-2019
⊕ www.oktoberfest.de/magazin/oktoberfest-news/2019/die-offizielle-oktoberfest-bilanz-2019
⊕ rp-online.de/nrw/staedte/duesseldorf/kirmes/so-schoen-war-die-duesseldorfer-rheinkirmes-2019_bid-44256775
⊕ www.waz.de/staedte/herne-wanne-eickel/cranger-kirmes-besucherzahlen-in-2019-sind-kehrtwende-id226743085.html

100 • Ordnung
⊕ www.dw.com/de/die-deutsche-ordnung-a-16340846
⊕ wohneigentum.net/nrw/beitrag/gartenhaus-und-terrassendach

101 • Papierverbrauch
⊕ www.bettina-hoffmann.info/de/blog/2019/10/kleine_anfrage_papierverbrauch.php
⊕ de.statista.com/statistik/daten/studie/164756/umfrage/umsatz-der-papierindustrie-in-deutschland/
⊕ de.statista.com/statistik/daten/studie/5940/umfrage/entwicklung-der-papierproduktion-nach-sorten-seit-2007/
⊕ de.statista.com/statistik/daten/studie/167102/umfrage/produktion-von-papier-karton-und-pappe-ausgewaehlter-laender/
⊕ www.dw.com/de/gier-nach-papier-und-ihre-folgen-a-50936357
⊕ einzelhandel.de/presse/zahlenfaktengrafiken/861-online-handel/1889-e-commerce-umsaetze
⊕ www.papiernetz.de
⊕ www.zdf.de/nachrichten/heute/spitzenreiter-unter-g20-laendern-deutsche-verbrauchen-viel-papier-100.html
⊕ www.zeit.de/wirtschaft/2019-10/verbrauch-pappe-papier-bundesregierung?utm_referrer=https%3A%2F%2Fwww.google.com

102 • Partnerlook
⊕ www.jolie.de/mode/twinning-ist-der-neue-fashion-street-style-trend

103 • Penibel
⊕ www.berlin.de/aktuelles/berlin/2568034-958092-kaminer-fuer-den-deutschen-muss-natur-be.html
⊕ www.dj-lab.de/legacy-kraftwerk-samples-cover-hommagen/
⊕ www.faz.net/aktuell/gesellschaft/menschen/interview-mit-farin-urlaub-ueber-reisen-andere-kulturen-und-songwriting-14011650.html

104 • Pflichtbewusstsein
⊕ www.badische-zeitung.de/der-pflichtmensch-wolfgang-schaeuble-harrt-aus--30884795.html
⊕ www.ksta.de/hartnaeckiger-journalist-und-leiser-diplomat-14400646
⊙ Asserate, Asfa-Wossen (2019): *Deutsche Tugenden. Von Anmut bis Weltschmerz*. München.
⊙ Calmbach, Marc/Flaig, Bodo/Edwards, James/Möller-Slawinski/Borchard, Inga/Schleer, Christoph (2020): *Wie ticken Jugendliche? 2020. Lebenswelten von Jugendlichen im Alter von 14 bis 17 Jahren in Deutschland*. Bonn.
⊙ Dueck, Gunter (2003): *Supramanie. Vom Pflichtmenschen zum Score-Man*. Wiesbaden.
⊙ Han, Byung-Chul (2016): *Die Müdigkeitsgesellschaft, Burnoutgesellschaft, Hoch-Zeit*. Berlin/Heidelberg.
⊙ Schermuly, Carsten (2016): *New Work – Gute Arbeit gestalten. Psychologisches Empowerment von Mitarbeitern*. Freiburg/München/Stuttgart.

105 • Polterabend
⊕ www.deutschland-feiert.de/polterabend/spiele-polterabend/
⊕ www.hochzeitsplaza.de/polterabend/polterabend-braeuche
⊕ www.hochzeitsplaza.de/polterabend/polterhochzeit

106 • Pop
⊕ de.statista.com/statistik/daten/studie/215773/umfrage/umsatzentwicklung-von-musikdownloads-gegenueber-vorjahr/
⊕ www.fernsehserien.de/breakdance
⊕ www.fernsehserien.de/stop-rock
⊕ www.youtube.com/watch?v=eK1tV8I1K-c&t=258s
⊕ www.youtube.com/watch?v=rwz2lZnqxSk
⊕ www.youtube.com/watch?v=jLKvl_VSRds
⊙ Baßler, Moritz/Gödden, Walter/Grywatsch, Jochen/Riesenweber, Christina (Hrsg.) (2008): *Stadt.Land.Pop. popmusik zwischen westfälischer provinz und hamburger schule*. Bielefeld.
⊙ Hecken, Thomas/Kleiner, Marcus S./Menke, André (2015): *Popliteratur. Eine Einführung*. Stuttgart.
⊙ Hecken, Thomas/Kleiner, Marcus S. (Hrsg.) (2017): *Handbuch Popkultur*. Stuttgart.
⊙ Huck, Christian (2018): *Wie die Populärkultur nach Deutschland kam. Transatlantische Geschichten aus dem 20. Jahrhundert*. Hamburg.

107 • Pünktlichkeit
⊕ www.dw.com/de/der-deutsche-und-die-pünktlichkeit/a-16398754
⊙ Baxmann, Matthias/Eckoldt, Matthias (Hrsg.) (2018): *Typisch deutsch? Von A wie Ämter bis Z wie Zuverlässigkeit – wie ausländische Korrespondenten Deutschland und die Deutschen sehen*. München.

108 • Querulant
⊕ www.advocard.de/streitlotse/deutschlands-grosser-streitatlas/
⊕ www.cicero.de/innenpolitik/stroebele-gauweiler-kubicki-die-querulatoren/58212
⊕ www.finanzen.net/news/so-streiten-die-deutschen-wer-legt-sich-wo-mit-wem-an
⊕ www.spiegel.de/politik/koenig-der-querulanten-a-e700a90e-0002-0001-0000-000032205186?context=issue
⊕ www.tagesspiegel.de/gesellschaft/medien/ueber-die-lust-der-querulanten/676284.html

109 • Ratinger Hof
⊕ www.express.de/duesseldorf/legendaer-in-duesseldorf-duerfen-sich-diese-lokale-ueber-ein-comeback-freuen--37144250?cb-1624016504252
⊕ www.spiegel.de/kultur/musik/punk-kneipe-ratinger-hof-legendaeres-drecksloch-a-716379.html
⊙ Caianiello, Tiziana (2005): *Der Lichtraum (Hommage à Fontana) und das Creamcheese im museum kunst palast. Zur Musealisierung der Düsseldorfer Kunstszene der 1960er Jahre*. Bielefeld.
⊙ Dreyer, Sven-André/Wenzel, Michael/Hecken, Thomas (2007): »Überlegungen am Beispiel des Creamcheese und der Internationalen Essener Song-Tage 1968.« In: Dirk Matejovski, Marcus S. Kleiner (Hrsg.): *Pop in R(h)einkultur. Oberflächenästhetik und Alltagskultur in der Region*. Essen, S. 245–264.
⊙ Seffcheque, Xao/Labonté, Edmund (Hrsg.) (2019): *Geschichte wird gemacht: Deutscher Underground in den Achtzigern*. München.
⊙ Stahl, Enno (2007): »Ratinger Hof – Thomas Kling und die Düsseldorfer Punkszene.« In: Dirk Matejovski, Marcus S. Kleiner, Enno Stahl (Hrsg.): *Pop in R(h)einkultur. Oberflächenästhetik und Alltagskultur in der Region*. Essen, S. 205–226.
⊙ Zeigermann, Ralf (Hrsg.) (2010): *Ratinger Hof – Fotos und Geschichten*. Düsseldorf.

110 • Rechnung
⊕ www.ehi.org/de/pressemitteilungen/schneller-check-out-beim-bezahlen-im-netz/
⊕ www.faz.net/aktuell/finanzen/online-shopping-verbraucher-kaufen-am-liebsten-auf-rechnung-17328566.html
⊕ www.sueddeutsche.de/wirtschaft/einzelhandel-studie-einkaufsverhalten-hat-sich-deutlich-veraendert-dpa.urn-newsml-dpa-com-20090101-210505-99-475880

111 • Reeperbahn
⊕ www.hamburg.de/kultur/1525822/beatles-in-hamburg-geschichte/
⊕ www.youtube.com/watch?v=M-RTO_0mcpw
⊙ Fichte, Hubert (1968): *Die Palette*. Reinbek.
⊙ Fichte, Hubert (1972): *Interviews aus dem Palais D'Amour*. Reinbek.
⊙ Fichte, Hubert (1978): *Wolli Indienfahrer*. Frankfurt/M.
⊙ Hubert Fichte (1966): *Beat und Prosa. Live im Star-Club*. Hamburg. Musik: Ian & The Zodiacs, Ferre Grignard. Herausgegeben von Klaus Sander. Produktion: supposé 2004. Audio-CD, 50 Minuten. https://suppose.de/produkt/hubert-fichte-starclub/

112 • Reformhaus
⊕ www.spiegel.de/wirtschaft/unternehmen/reformhaeuser-in-der-krise-haben-die-juengeren-generationen-verschlafen-a-1286224.html
⊕ vivani.de/das-reformhaus-geschichte-und-perspektiven/
⊕ www.wz.de/nrw/wuppertal/wuppertaler-geschichte-reformhaus-jungbrunnen-und-die-kohlrabijuenger_aid-55842425
⊕ www.zeit.de/zeit-geschichte/2013/02/ernaehrungsreform-vegetarismus/komplettansicht

113 • Regeln
⊕ www.faz.net/aktuell/gesellschaft/deutschland-verbote-verbote-verbote-1409327.html
⊕ taz.de/Verbotskultur-in-Deutschland/!5009155/

114 • Retour
⊕ www.bitkom.com/Presse/Presseinformation/Verbraucher-vermissen-ein-Online-Angebot-ihrer-Geschaefte-vor-Ort
⊕ de.statista.com/themen/3112/retouren-im-online-handel/
⊕ de.statista.com/statistik/daten/studie/652514/umfrage/anteil-der-retouren-bei-online-kaeufen-in-ausgewaehlten-laendern-europas/
⊕ www.dw.com/de/corona-sorgt-für-beispiellosen-boom-beim-onlinehandel/a-56348180

- www.handelsblatt.com/politik/deutschland/nachhaltiger-konsum-bundesverbraucherministerium-nimmt-retouren-boom-im-online-handel-ins-visier/26665932.html?ticket=ST-2581668-Dxi9L06SwDAdg9SdA5l9-ap3
- retouren.info
- www.retourenforschung.de/index.html
- www.retourenforschung.de/lexikon.html

115 • Sahnetorte
- www.deutschlandfunkkultur.de/typisch-deutsch-kuchen-deutschland-ist-ein-kuchenland.2857.de.html?dram:article_id=406072
- www.konditoren.de
- www.sueddeutsche.de/leben/roland-kochs-abschied-aber-bitte-mit-sahne-1.994489
- www.wz.de/nrw/kreis-viersen/willich-und-toenisvorst/willich-rockt-wo-sahnetorte-verkauft-wird_aid-27828057

116 • Sandalen und Socken
- www.dw.com/de/im-land-der-socken-und-sandalenträger-erkundung-eines-klischees/a-49704781

117 • Satire
- www.bpb.de/lernen/themen-im-unterricht/mit-satire-gegen-rechtsextremismus/224197/was-darf-satire
- Tucholsky, Kurt (1983): *Rheinsberg; Der Zeitsparer; Fromme Gesänge; Träumereien an preußischen Kaminen. Auswahl 1907 bis 1919.* Berlin.
- Tucholsky, Kurt (1984): *Politische Briefe.* Reinbek.

118 • Sauerkraut
- de.statista.com/daten/studie/155265/umfrage/produktionsmenge-von-sauerkraut-in-deutschland-seit-2004/

119 • Schlager
- de.statista.com/statistik/daten/studie/171210/umfrage/interesse-fuer-deutsche-schlager/
- Moritz, Rainer (2017): *Schlager: 100 Seiten.* Ditzingen.

120 • Schrebergarten
- www.gesetze-im-internet.de/bkleingg/BJNR002100983.html
- www.kleingarten-bund.de/de/bundesverband/zahlen-und-fakten/
- www.bbsr.bund.de/BBSR/DE/veroeffentlichungen/sonderveroeffentlichungen/2019/kleingaerten-im-wandel.html
- Henschel, Jana/Schacht, Ulrike (2021): *Gartenglück: Zuhause im Schrebergarten.* München.

121 • Schwarzwald
- www.badische-zeitung.de/woher-kommt-das-romantisch-kitschige-klischee-des-schwarzwalds--176439746.html
- www.hochschwarzwald.de/attraktionen/schwarzwaelder-schinkenmuseum-d9372da2b9
- www.schwarzwald-tourismus.info/presse/aktuelle-presseinfos/weitere-meldungen/neuer-rekord-fuer-den-tourismus
- www.wuv.wo.de/marketing/dunkel_und_mystisch_so_wirbt_schwarzwald_tourismus

123 • Servicewüste
- www.aboutamazon.de/über-amazon/unsere-geschichte-was-aus-einer-garagen-idee-werden-kann
- blog.hubspot.de/service/servicewueste-deutschland
- de.statista.com/themen/1434/dienstleistungsbranche/
- de.statista.com/statistik/daten/studie/255082/umfrage/struktur-des-bruttoinlandsprodukts-in-deutschland/
- de.statista.com/statistik/daten/studie/1248/umfrage/anzahl-der-erwerbstaetigen-in-deutschland-nach-wirtschaftsbereichen/
- www.dtgv.de/awards/deutscher-kunden-award-2020-21/#kuzu
- www.dw.com/de/mein-deutschland-immer-noch-eine-servicewüste-a-18702774
- www.servicebarometer.com/de/
- www.servicebarometer.net/kundenmonitor/de/
- www.spiegel.de/politik/servicewueste-deutschland-a-0a25c266-0002-0001-0000-000009248874?context=issue
- www1.wdr.de/stichtag/stichtag-selfridge-eroeffnet-kaufhaus-100.html
- www.welt.de/print-welt/article663420/Das-Kreuz-mit-dem-Service.html
- Deutsche Marketing-Vereinigung/Deutsche Post AG (Hrsg.): *Das Deutsche Kundenbarometer 1995 – Qualität und Zufriedenheit – Jahrbuch der Kundenzufriedenheit in Deutschland.* München.
- Stone, Brad (2019): *Der Allesverkäufer. Jeff Bezos und das Imperium von Amazon.* Frankfurt/M.

124 • Sparfuchs
- de.statista.com/statistik/daten/studie/2699/umfrage/entwicklung-der-sparquote-privater-haushalte-seit-1991/
- onlinebanken.com/weltspartag/
- www.sparkassengeschichte.de/historisches-archiv/werbung/werbesprueche/index.html
- www.spiegel.de/spiegel/kulturgeschichte-wie-die-deutschen-zu-sparern-wurden-a-1198871.html
- www.vz.de/privatkunden/news/weltspartag
- www.welt.de/wirtschaft/article189283761/Sparverhalten-der-Deutschen-Fast-jeder-Dritte-hat-am-Monatsende-kein-Geld-mehr.html
- www.wiwo.de/technologie/blick-hinter-die-zahlen/blick-hinter-die-zahlen-56-sparverhalten-die-pandemie-sparer/27008690.html
- Theiss, Konrad (Hrsg.) (2018): *Sparen: Geschichte einer deutschen Tugend.* Berlin.

125 • Spießer
- www.deutschlandfunknova.de/beitrag/spießer
- www.stern.de/panorama/gesellschaft/typologie-des-biedersinns-gestatten--die-neue-deutsche-spiesser-3225532.html
- www.vice.com/de/article/5g4yga/die-renaissance-der-spiessigkeit-030
- wendland-net.de/video/filmtipp-lucy-32700
- Knebel, Herbert (2004): *Boh glaube... Die WDR U-Punkt Geschichten.* Bottrop.
- Knebel, Herbert (2010): *Jetz is, wo früher inne Vergangenheit die Zukunft war.* Reinbek.

126 • Streamland
- de.statista.com/statistik/daten/studie/196642/umfrage/abonnenten-von-netflix-quartalszahlen/
- www.tz.de/leben/serien/netflix-amazon-prime-video-disney-plus-joyn-tvnow-paramount-hbo-max-streaming-zr-90218081.html
- Kleiner, Marcus S. (2020): *Streamland. Wie Netflix, Amazon Prime und Co. unsere Demokratie bedrohen.* München.
- Precht, Richard David (2018): *Jäger, Hirten, Kritiker. Eine Utopie für die digitale Gesellschaft.* München.

127 • Suburbanisierung
- www.arl-net.de/de/lexica/de/suburbanisierung
- www.demografie-portal.de/DE/Service/Publikationen/2021/stadtentwicklungsbericht-der-bundesregierung-2020.pdf?__blob=publicationFile&v=2
- de.statista.com/statistik/daten/studie/662560/umfrage/urbanisierung-in-deutschland/
- www.destatis.de/DE/Themen/Gesellschaft-Umwelt/Bevoelkerung/Bevoelkerungsstand/_inhalt.html

- onlineshop.zukunftsinstitut.de/shop/progressive-provinz-die-zukunft-des-landes/
- publications.jrc.ec.europa.eu/repository/handle/JRC118979
- publications.jrc.ec.europa.eu/repository/handle/JRC122364
- www.tagesschau.de/wirtschaft/verbraucher/stadt-land-corona-ifo-101.html
- wirtschaftslexikon.gabler.de/definition/stadt-43260
- www.wiwo.de/erfolg/trends/weltbevoelkerung-die-groessten-staedte-der-welt-nach-einwohnerzahl/26895932.html
- www.zukunftsinstitut.de
- www.zukunftsinstitut.de/artikel/megatrend-glossar/urbanisierung-glossar/

128 • Synchronisation
- www.deutschlandfunknova.de/beitrag/deutsche-synchronbranche-die-qualitaet-leider-unter-dem-serienboom
- www.goethe.de/de/m/kul/flm/20894148.html
- www.personalwirtschaft.de/der-job-hr/arbeitswelt/artikel/die-haelfte-der-deutschen-arbeitnehmer-braucht-fremdsprachen.html
- www.sprechersprecher.de/blog/die-geschichte-der-film-synchronisation-in-deutschland
- www.sueddeutsche.de/kultur/filmsynchronisation-die-bequemlichkeit-siegt-ueber-die-wahrheit-1.1103239-2
- Bräutigam, Thomas/Peiler, Nils Daniel (Hrsg.) (2015): *Film im Transferprozess: Transdisziplinäre Studien zur Filmsynchronisation.* Marburg.
- Bräutigam, Thomas (2008): *Stars und ihre deutschen Stimmen. Lexikon der Synchronsprecher.* Marburg.

129 • Techno
- de.statista.com/statistik/daten/studie/1168093/umfrage/interesse-an-techno-house-dance/
- www.ravetheplanet.com/info/ueber-uns/
- taz.de/Die-steile-These/!5654348/
- Goetz, Rainald/WestBam (1997): *Mix, Cuts & Scratches.* Berlin.
- Kaul, Timor (2017): »Techno«. In: Thomas Hecken/Marcus S. Kleiner (Hrsg.): *Handbuch Popkultur.* Stuttgart, S. 106–110.
- Laarmann, Jürgen (1995): »The Raving Society«. In: Philipp Anz/Patrick Walder (Hrsg.): *Techno.* Zürich, S. 217–219.
- Rapp, Tobias (2009): *Lost and Sound. Berlin, Techno und Easyjetset.* Frankfurt/M.

130 • Trachten
- www.deutscher-trachtenverband.de/index.php
- www.deutscher-trachtenverband.de/fileadmin/user_upload/pdf/DTV_210414Mi2100-SWR_-_KK_Text__210408__gjp.pdf
- www.deutscher-trachtenverband.de/deutscher-trachtenverband/ziele/
- www.deutsche-trachtenjugend.de/startseite/?L=0

131 • Tribal Tattoo
- de.statista.com/themen/5435/aeusseres-erscheinungsbild/#dossierSummary__chapter3
- www.spiegel.de/fotostrecke/tattoos-klassische-motive-und-ihre-bedeutung-fotostrecke-87192.html
- www.welt.de/kultur/article109183938/Die-Spiessigkeit-auf-der-Haut-der-Bettina-Wulff.html

132 • Universität
- www.hochschulkompass.de/home.html
- www.ieconline.de/studieren-in/nordamerika/usa/ivy-league.html
- www.nbs.de/nbs/aktuelles/news/details/news/positive-entwicklung-des-studiengangs-coffeemanagement/
- www.studycheck.de
- www.timeshighereducation.com/world-university-rankings/2021/world-ranking#!/page/0/length/25/sort_by/rank/sort_order/asc/cols/stats
- www.uni-heidelberg.de/de/universitaet/geschichte/chronologie

133 • Urlaubsweltmeister
- de.statista.com/themen/1342/reiseverhalten-der-deutschen/#dossierSummary__chapter2
- www.deutsche-handwerks-zeitung.de/urlaubstage-in-diesen-bundeslaendern-gibt-es-am-meisten-urlaub/150/3096/404207
- www.dw.com/de/die-10-beliebtesten-reiseziele-der-deutschen/g-53631102
- www.tourismusanalyse.de/zahlen/daten/statistik/tourismus-urlaub-reisen/2021/reisebilanz-2020/
- drv.de/themen/reisen-in-zahlen/destinationen.html

134 • Verein
- de.statista.com/statistik/daten/studie/215297/umfrage/bevoelkerungsanteil-mit-einer-mitgliedschaft-im-sportverein-nach-alter/
- www.dgap.de/dgap/News/corporate/vereinslotterie-gegen-das-vereinssterben-news-mit-zusatzmaterial/?newsID=1420739
- www.stiftungfuerzukunftsfragen.de/newsletter-forschung-aktuell/254/
- www.ziviz.info/ziviz-survey-2017
- www.ziviz.de/landdigital
- Priemer, Jana/Krimmer, Holger/Labigne, Anaël (2017): *Vielfalt verstehen. Zusammenhalt stärken. ZiviZ-Survey 2017.* Essen. (Digital unter: https://www.ziviz.info/ziviz-survey-2017)

135 • Vernunft
- www.wiwo.de/ausgabe/2020/november/zombieindustrialismus-corona-oder-die-verwahrlosung-der-vernunft
- www.bundesregierung.de/breg-de/mediathek/-die-unvernuenftigen-gibt-es-in-jeder-altersgruppe--1829386
- www.fr.de/meinung/kolumne/deutsche-corona-politikueberraschend-vernuenftig-90067534.html

136 • Versandhandel
- www.bevh.org/fileadmin/content/05_presse/Pressemitteilungen_2020/Onlinehandel_Finale.jpg
- www.bevh.org/fileadmin/content/04_politik/Impact-Studie/Die_bedeutung_des_E-Commerce_fuer_die_deutsche_Wirtschaft.pdf
- www.ehi.org/top-100-umsatzstaerkste-onlineshops-in-deutschland/
- www.handelsdaten.de/branchen/e-commerce-und-versandhandel
- www.iwd.de/artikel/online-handel-in-deutschland-boomt-467561/?gclid=CjwKCAjwr56IBhAvEiwA1fuqGlMfmlQ1-MyhebS5Z0pHj855rpLeLnlJozqQ8IoW0UkadU1Uijgl4xoC6joQAvD_BwE

137 • Versicherung
- de.statista.com/statistik/daten/studie/6589/umfrage/anzahl-der-versicherungsunternehmen-im-zeitraum-seit-1995/
- de.statista.com/statistik/daten/studie/171490/umfrage/gesellschaften-bei-denen-haushalt-versicherungen-hat/
- de.statista.com/statistik/daten/studie/1901/umfrage/top-20-der-deutschen-versicherungen/
- de.statista.com/infografik/10827/diese-versicherungen-haben-die-deutschen/
- disq.de/2020/20200902-Versicherer-des-Jahres.html
- www.gdv.de/de/zahlen-und-fakten/versicherungsbereiche/ueberblick-4580
- www.test.de/Versicherungen-Optimaler-Risikoschutz-1162242-1162245/

www.versicherungsjournal.de/markt-und-politik/dies-sind-die-groessten-versicherer-dcutschlands-142351.php

138 • VIVA

www.quotenmeter.de/n/105948/kaum-einer-will-viva-bei-mtv-die-letzte-ehre-erweisen

www.welt.de/kmpkt/article185703732/Nach-25-Jahren-Viva-ich-werde-dich-vermissen.html

viva-deutschland.fandom.com/de/wiki/VIVA_Forever_-_Die_Show

Hachmeister, Lutz/Lingemann, Jan: »Das Gefühl VIVA. Deutsches Musikfernsehen und die neue Sozialdemokratie.« In: Klaus Neumann-Braun (Hrsg.): *VivaMTV! Popmusik im Fernsehen*. Frankfurt/M. 1999, S. 132–172.

Kleiner, Marcus S. (2017): »Musikfernsehen«. In: Marcus S. Kleiner/Thomas Hecken (Hrsg.): *Handbuch Popkultur*. Stuttgart, S. 169–173.

Kleiner, Marcus S. (2018): »Internet kills the TV-Star. Musikfernsehen 2.0«. In: Ders./Ulrich Wünsch/Matthias Welker (Hrsg.): *Atmosphären des Populären. Bd. 3: Digitale Popkulturen*. Berlin, S. 158–173.

139 • Volksmusik

www.bayern.by/erlebnisse/stadt-land-kultur/bayerisches-brauchtum/volkstanz/

www.historisches-lexikon-bayerns.de/Lexikon/Volksmusik

www.musikindustrie.de/fileadmin/bvmi/upload/05_Presse/02_Fotos_News/2021/Halbjahreszahlen/Umsatzanteile_der_einzelnen_Repertoiresegmente_.jpg

www.musikindustrie.de/markt-bestseller/musikindustrie-in-zahlen/musikkaeufer-2020#c1482

www.schlager.de/stars/de-randfichten/

Herder, Johann Gottfried (1990): *Werke. Bd. 3: Volkslieder. Übertragungen. Dichtungen.* Frankfurt/M.

Penke, Niels/Schaffrick, Matthias (2018): *Populäre Kulturen zur Einführung*. Hamburg.

140 • Vokuhila

bellevue.nzz.ch/mode-beauty/vokuhila-die-schlimmste-frisur-aller-zeiten-feiert-ihr-comeback-ld.1496739

www.elle.de/beauty-frisuren-trend-vokuhila-haare-sommer-2021

www.vice.com/de/article/pazapz/wir-haben-leute-mit-vokuhila-gefragt-warum-sie-vokuhila-tragen

141 • Waldromantik

www.goethe.de/de/kul/mol/20802194.html

www.dw.com/de/verehrt-und-verteufelt-der-wald-und-die-deutschen/a-45540402

www.forschung-und-lehre.de/der-wald-und-die-deutschen-869/

Kern, Björn (2019): *Im Freien. Abenteuer vor der Tür*. Frankfurt.

Wohlleben, Peter (2015): *Das geheime Leben der Bäume. Was sie fühlen, wie sie kommunizieren – die Entdeckung einer verborgenen Welt*. München

142 • Willkommenskultur

www.otto-brenner-stiftung.de/wissenschaftsportal/informationsseiten-zu-studien/studien-2017/die-fluechtlingskrise-in-den-medien

www.faz.net/aktuell/feuilleton/medien/studie-wie-ueber-fluechtlinge-berichtet-wurde-14378135.html

www.bamf.de/DE/Themen/Integration/AkteureEhrenamtlicheInteressierte/EhrenamtlichesEngagement/Willkommenskultur/willkommenskultur-node.html

Alexander, Robin (2017): *Die Getriebenen. Merkel und die Flüchtlingspolitik. Report aus dem Innern der Macht*. München.

143 • Wirtschaftswunder

www.planet-wissen.de/geschichte/deutsche_geschichte/wirtschaftswunder/pwiewissensfrage398.html

www.planet-wissen.de/geschichte/deutsche_geschichte/wirtschaftswunder/pwiechansonsausderwirtschaftswunderzeit100.html

taz.de/Ueberfaelliger-Denkmalssturz/!5624636/

www.wiwo.de/unternehmen/industrie/konzerne-im-dritten-reich-wie-deutsche-unternehmen-mit-ihrer-ns-zeit-umgehen/9949128.html

Hermann, Ulrike (2019): *Deutschland, ein Wirtschaftsmärchen. Warum es kein Wunder ist, dass wir reich geworden sind*. Frankfurt/M.

Schildt, Axel/Siegfried, Detlef (2009): *Deutsche Kulturgeschichte. Die Bundesrepublik – 1945 bis zur Gegenwart*. München 2009.

144 • Wohlstandsmüll

www.deutschlandfunkkultur.de/sprachmissbrauch-sozialtourismus-ist-unwort-des-jahres.1895.de.html?dram:article_id=274526

www.spiegel.de/wirtschaft/im-hoehenrausch-a-78f5e7db-0002-0001-0000-000007833195

unwortdesjahres.net/index.php?id=114

www.zeit.de/1996/30/maucher.txt.19960719.xml/seite-6?utm_referrer=https%3A%2F%2Fde.wikipedia.org

145 • Woke

www.bbc.com/news/world-us-canada-50239261

www.kulturrat.de/themen/texte-zur-kulturpolitik/woke/

www.sueddeutsche.de/kultur/debatte-meinungsfreiheit-wokeness-1.5091173

146 • Wurst

de.statista.com/infografik/24000/anzahl-der-vegetarier-und-veganer-in-deutschland/

de.statista.com/statistik/daten/studie/163791/umfrage/pro-kopf-konsum-von-wurstwaren-und-sonstigen-fleischerzeugnissen-in-deutschland/

www.deutschlandistvegan.de/vegane-wurstalternativen/

www.sueddeutsche.de/wirtschaft/fleischindustrie-so-viel-wurst-essen-die-deutschen-1.2710373

www.umdiewurst.de/ueber-das-bratwursthotel

www.welt.de/satire/article227333157/Damit-Deutsche-bedenkenlos-zugreifen-AstraZeneca-jetzt-als-Wurst.html

www.v-d-f.de/news

www.welt.de/icon/unterwegs/article188851815/Eine-Nacht-in-Deutschlands-erstem-Wursthotel.html

Pöhlmann, Wolfger (2017): *Es geht um die Wurst: Eine deutsche Kulturgeschichte*. München.

147 • Xenophobie

www.deutschlandfunk.de/die-ddr-und-ihre-neonazis-real-existierender.862.de.html?dram:article_id=460746

lichtenhagen-1992.de/pogrom/

www.mdr.de/nachrichten/deutschland/gesellschaft/nsu-netzwerk-was-machen-unterstuetzer-heute-100.html

Abdollahi, Michel (2020): *Deutschland schafft mich: Als ich erfuhr, dass ich doch kein Deutscher bin*. Hamburg.

149 • Yps-Heft

www.focus.de/kultur/medien/tid-30093/kult-magazin-steht-wieder-zum-verkauf-yps-was-ist-aus-dir-geworden_aid_940383.html

150 • Zensur

www.vice.com/de/article/bjxbya/damals-als-die-aerzte-die-meistindizierte-band-der-westlichen-welt-waren

www.sueddeutsche.de/kultur/bushido-sonny-black-index-1.4663461

www.tagesschau.de/faktenfinder/hintergrund/lexikon-zensur-101.html

Koßbach, Nikola (2018): *Achtung, Zensur! Über Meinungsfreiheit und ihre Grenzen*. Berlin.

151 • Zuckertüte

www.dw.com/de/die-schultüte-wie-der-schulanfang-in-deutschland-gefeiert-wird-a-19492315

de.statista.com/statistik/daten/studie/738553/umfrage/durchschnittliche-ausgaben-fuer-eine-schultuete-in-deutschland/

de.statista.com/statistik/daten/studie/71863/umfrage/einschulungen-in-deutschland/

www.news4teachers.de/2016/08/die-schultuete-als-wirtschaftsfaktor-fast-9-von-10-kommen-aus-sachsen/

www.stern.de/familie/kinder/was-kommt-in-die-schultuete--10-ideen-8830604.html

www.schulministerium.nrw/themen/familie-bildung/bildungs-und-teilhabepaket

www.wa.de/nordrhein-westfalen/landkarte-i-maennchen-westfalen-westfaelische-i-maennchen-rheinische-i-doetzchen-3781026.html

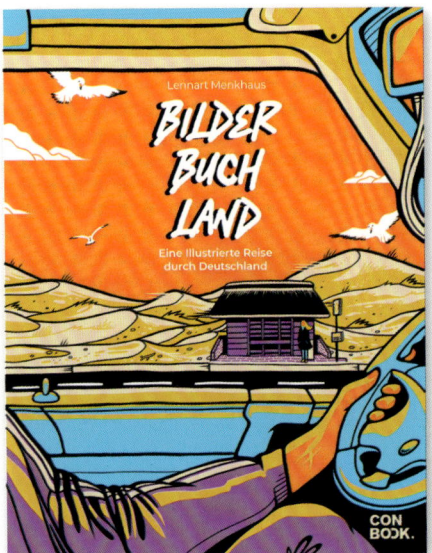

Die erste rein illustrierte Reise durch Deutschland – 60 besondere Orte in 60 eindrucksvollen Grafiken

In diesem strahlenden Bildband nimmt Lennart Menkhaus Sie auf Abwegen mit durch ein Land zwischen Alpen, Meer und Sichtbeton. Die Rundreise führt Sie zu den stählernen Industriebauten der Ferropolis, an die Hamburger Große Freiheit und zum Neujahrsspringen in Garmisch-Partenkirchen. Auf 60 Illustrationen erleben Sie einen sonnigen Tag im Westerland, eine lange Nacht in den Clubs von Berlin und einen ganz normalen Samstagnachmittag im Ruhrgebiet. Ein Werk zum Blättern und Entdecken für alle, die es kaum erwarten können, sich wieder ins volle Leben zu stürzen.

»Um den höchsten Punkt der Düne kreisen ein paar Möwen. Bevor ich den Zündschlüssel umdrehe, kommt mir ein Gedanke. Ich krame mein Skizzenbuch hervor.« (Lennart Menkhaus)

Lennart Menkhaus • **Bilderbuchland**
Eine illustrierte Reise durch Deutschland
ISBN 978-3-95889-400-6

»Was am Ende bleibt, sind nicht die Stempel im Pass, sondern die Erlebnisse im Herzen.«

Mit dem Fernglas zwischen Sträuchern am funkelnden Nachthimmel nach Sternbildern suchen, mit der Sauerstoffflasche auf dem Rücken durch Höhlen tauchen und dick in den Schlafsack eingewickelt in einem Iglu übernachten. Afrika, Nordamerika, Asien, Arktis? Nein, Deutschland.

Gänsehautmomente haben viel weniger mit Ländernamen und Reisezeiten zu tun als mit Abenteuern, die uns zum Staunen bringen. Franziska Consolati präsentiert Ihnen exotische Reiseerlebnisse (fast) vor der Haustür – praktisch sortiert nach den Kontinenten, in denen Sie danach suchen würden.

»Franziska Consolati holt die Welt nach Deutschland.« (Deutschlandfunk)

Franziska Consolati • **In Deutschland um die Welt**
Abenteuer aus allen Kontinenten, für die wir nicht in die Ferne reisen müssen
ISBN 978-3-95889-387-0

CON
BOOK.
www.conbook-verlag.de
instagram.com/conbook_verlag